LES SIMPSON COMICS
BIG BONANZA

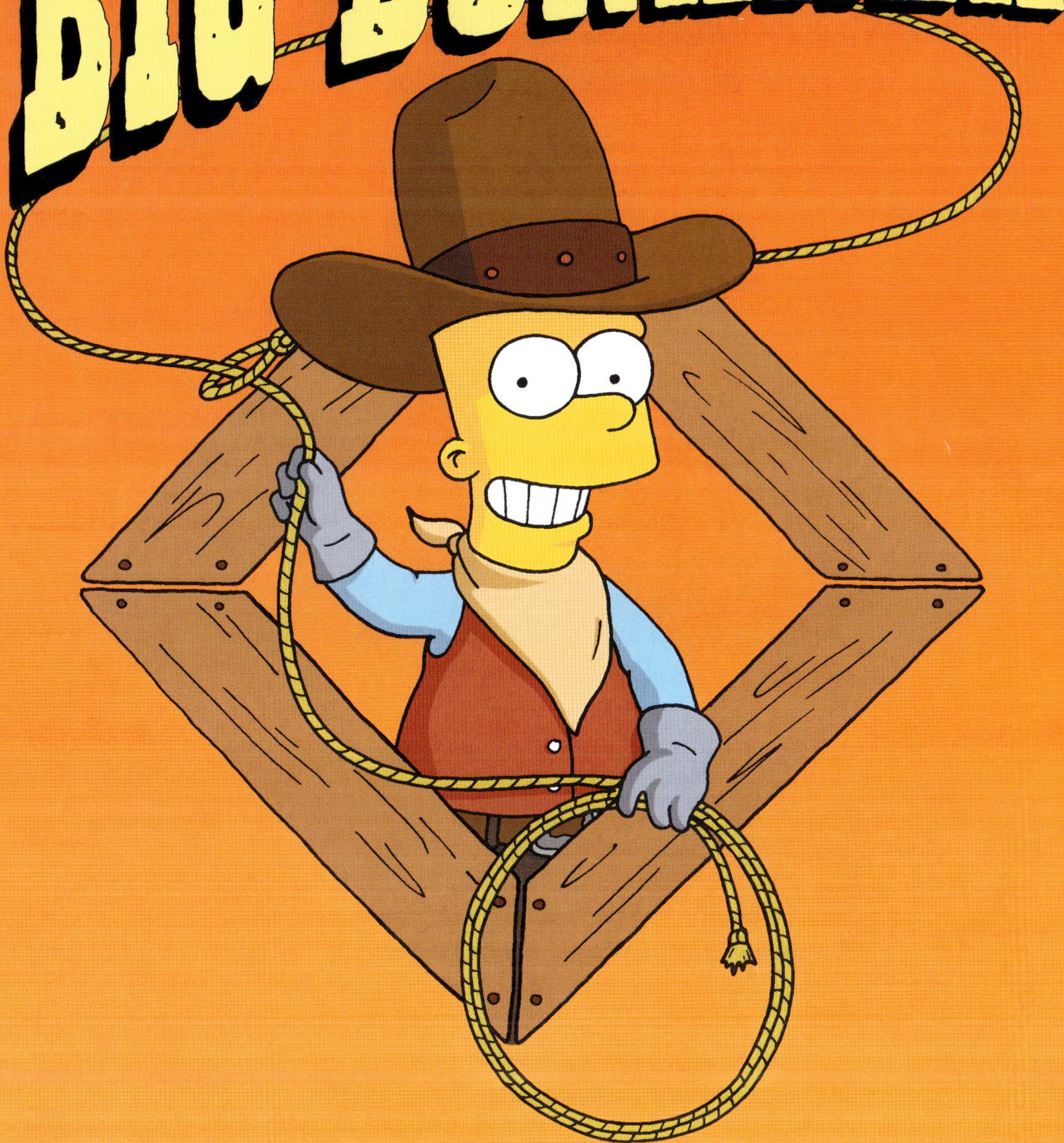

PANINI COMICS

Dédié à la mémoire de Boule-de-Neige I :
tu nous manques chaque jour car nous ne
trouvons plus ta tombe dans le jardin.

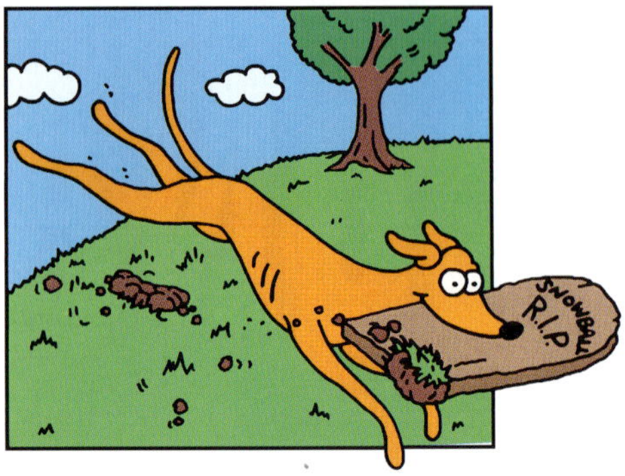

SIMPSONS COMICS BIG BONANZA

Bongo Comics Group books may be purchased for educational, business,
or sales promotional use. For information, please write:
Bongo Comics Group, P.O. Box 1963 Santa Monica, CA 90406

Les Simpson : Big Bonanza
Titre original : Simpsons Comics Big Bonanza
Publié par Panini France, Saint-Laurent-du-Var
Impression : Rotolito Lombarda, Pioltello (MI)
Dépôt légal : janvier 2009
Loi n°49-956 du 16 juillet 1949 sur les publications destinées à la jeunesse.

ISBN : 978-2-8094-0619-1

Équipe Bongo :
Publisher: MATT GROENING
Art Director / Editor: BILL MORRISON
Managing Editor: TERRY DELEGEANE
Director of Operations: ROBERT ZAUGH
Book Design: MARILYN FRANDSEN
Legal Guardian: SUSAN A. GRODE

Contributing Artists:
KAREN BATES, TIM BAVINGTON, JEANNINE BLACK, CHRIS CLEMENTS,
STEPHANIE GLADDEN, TIM HARKINS, CARL HARMON, NATHAN KANE,
BILL MORRISON, JULIUS PREITE, PHIL ORTIZ, STEVE STEERE, JR.,
CHRISTOPHER UNGAR, CINDY VANCE, STEVE VANCE

Contributing Writers:
SCOTT M. GIMPLE, GARY GLASBERG, JIM LINCOLN, BILL MORRISON,
JEFF ROSENTHAL, DAN STUDNEY, CINDY VANCE, STEVE VANCE, ROB WALTON

Un ouvrage Panini France S.A. – Z.I. SECTEUR D – B.P. 62 – 06702 ST-LAURENT-DU-VAR CEDEX
www.paninicomics.fr - presse-bd@panini.fr - tél. 04 92 12 57 57 / fax 04 92 12 57 58. Directeur de l'édition française ALAIN GUERRINI. Comité de direction A. GUERRINI, A. DENECHERE, S. DALLAIN. Directeur délégué SÉBASTIEN DALLAIN. Directeur éditorial européen MARCO M. LUPOI. Rédacteur en chef WALTER DE MARCHI. Responsable marketing opérationnel MARJORIE TODRANI. Chef des ventes BENOÎT FRAPPAT. Coordinatrice commerciale LYDIE PHAM. Contrôleur de gestion GRÉGORY PELUSO. Relations presse FHCOM. Coordinateurs éditoriaux MATTEO LOSSO, ANNA RODELLA. Supervision LAETITIA SAMMARTINO. Rédactrice SARA MATTIOLI. Directeur artistique MARIO CORTICELLI. Concepteur graphique : DRZ. Maquettiste ALESSIO TRIPPETTA. Avec la collaboration de J. BAGLIO, S. CONY, A. JODKOWSKI, MPG, V. PARRA, S. VAUBOIS et de toute l'équipe de Panini.

SOMMAIRE

SIMPSONS #26

SIMPSONS #27

SIMPSONS #28

SIMPSONS #29

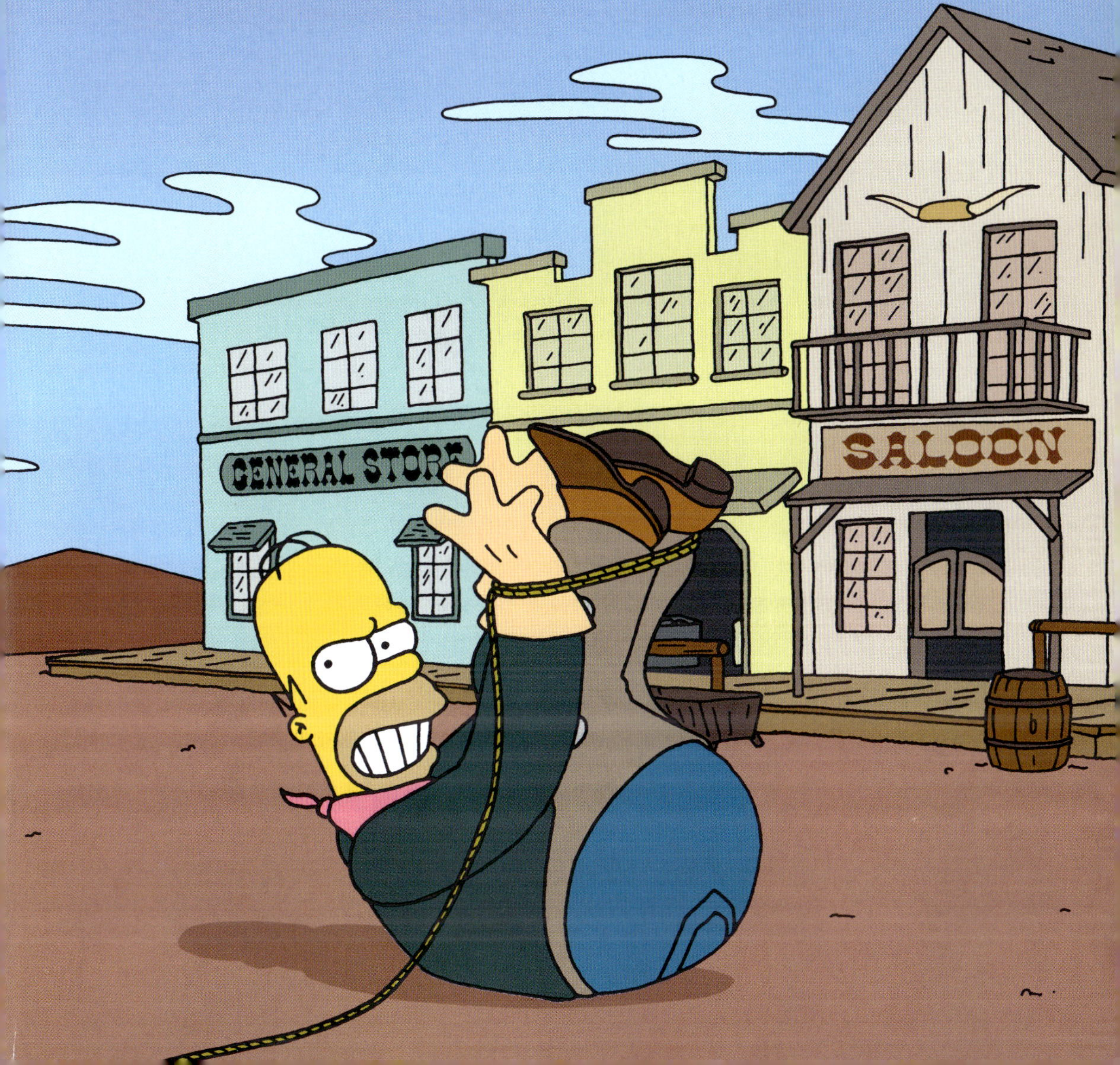

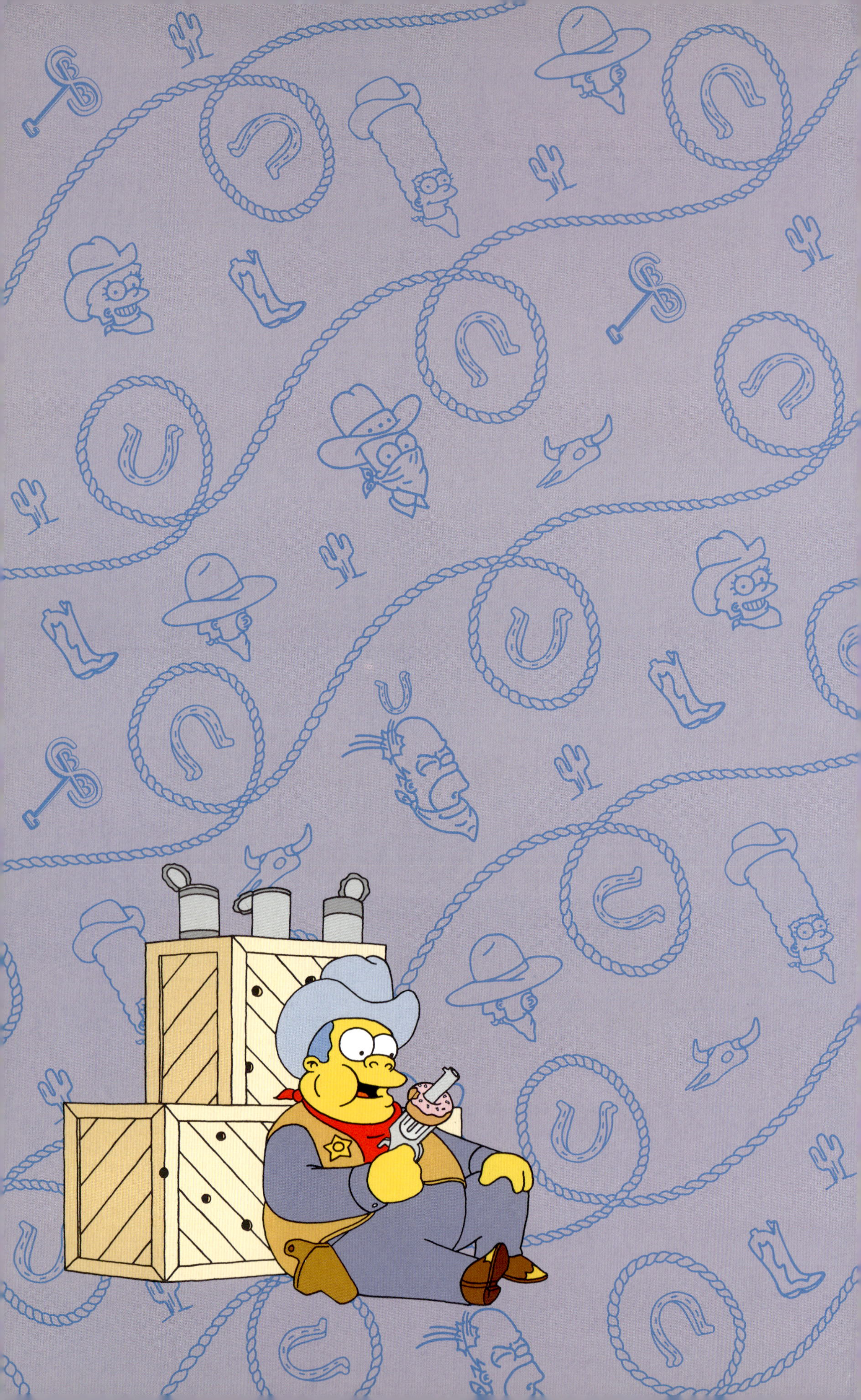

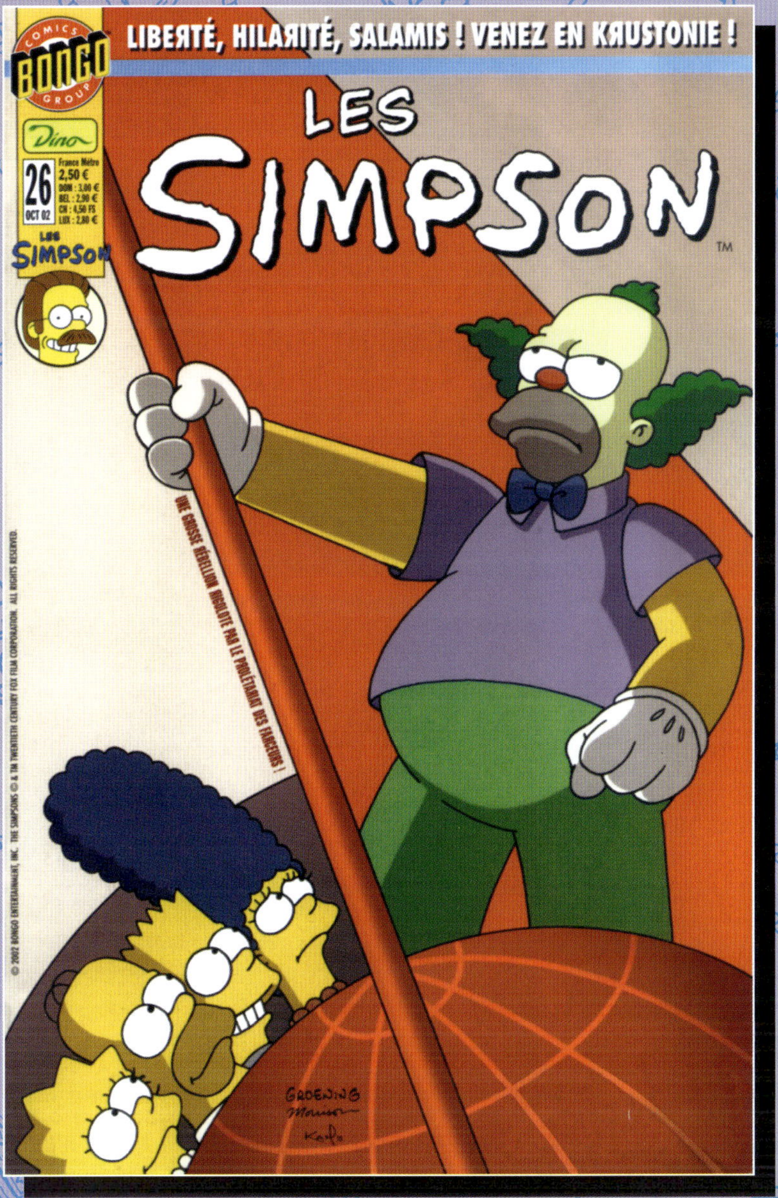
LIBERTÉ, HILARITÉ, SALAMIS ! VENEZ EN KRUSTONIE !
LES SIMPSON
BONGO COMICS GROUP
Dino
26
OCT 02
France Métro 2,50 €
DOM : 3,00 €
BEL : 2,90 €
CH : 4,50 FS
LUX : 2,80 €
LES SIMPSON

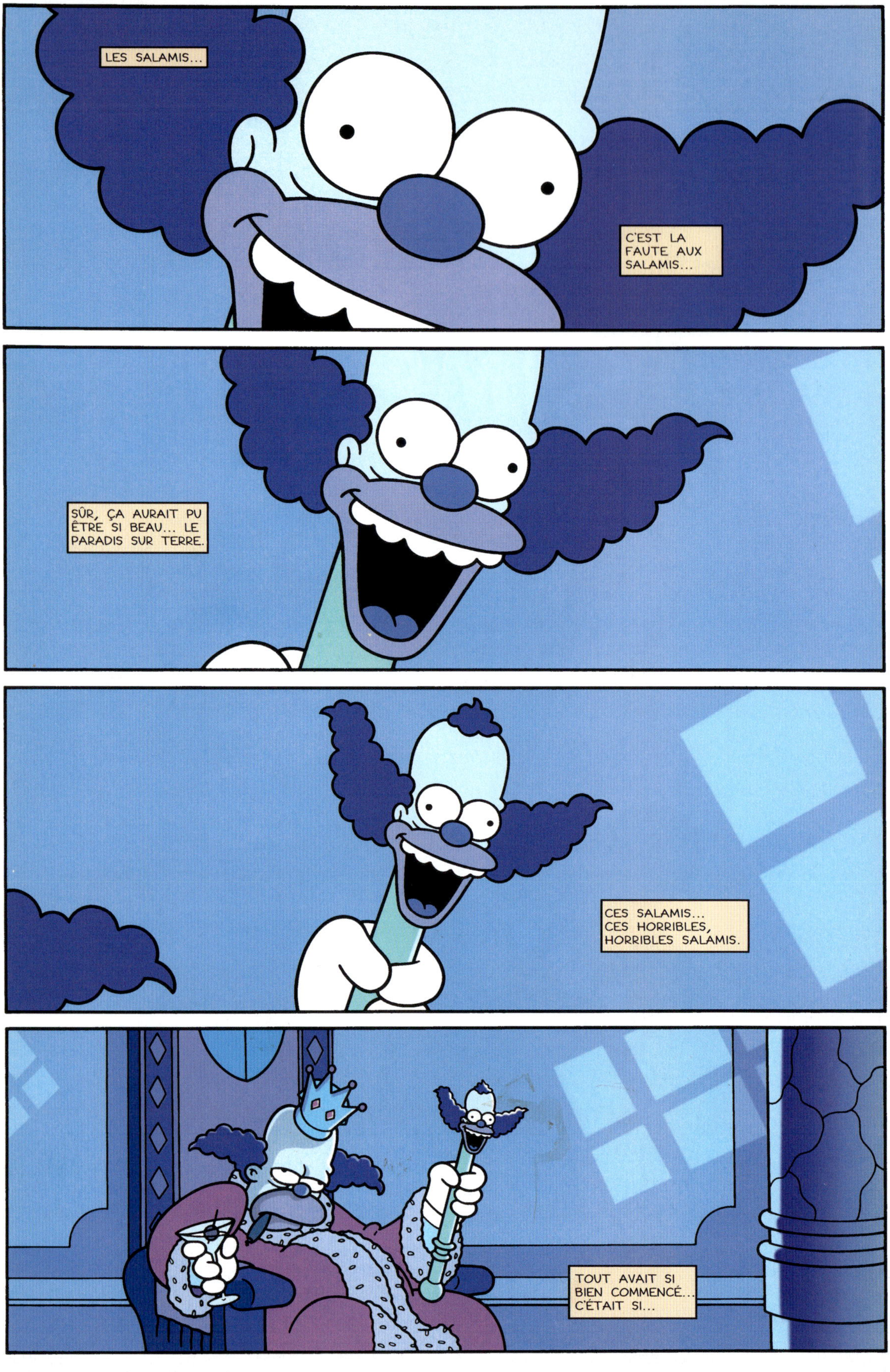
LES SALAMIS...
C'EST LA FAUTE AUX SALAMIS...
SÛR, ÇA AURAIT PU ÊTRE SI BEAU... LE PARADIS SUR TERRE.
CES SALAMIS... CES HORRIBLES, HORRIBLES SALAMIS.
TOUT AVAIT SI BIEN COMMENCÉ... C'ÉTAIT SI...

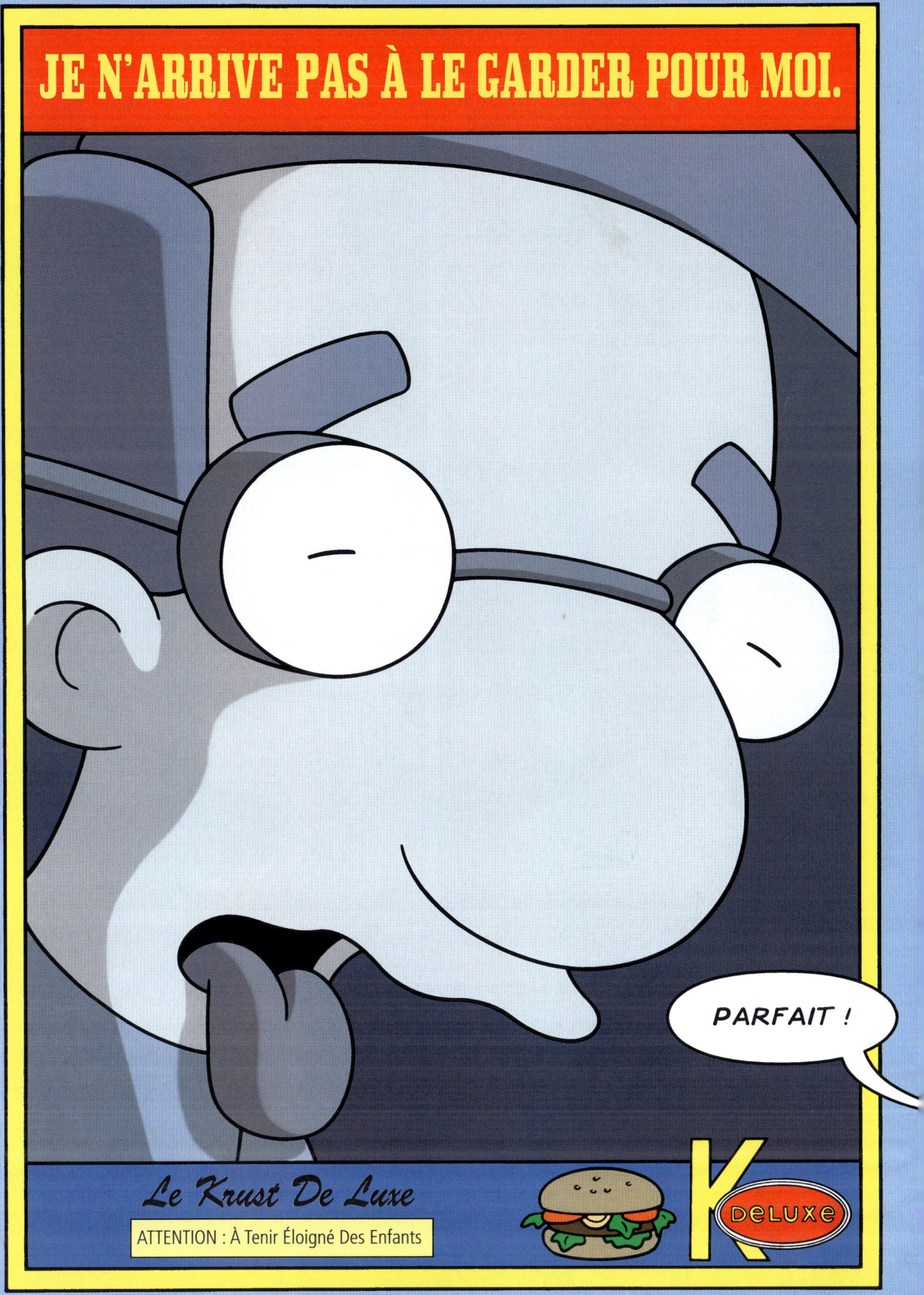

Des produits préparés pour Krustyburger par le conglomérat Bongo & Dino Communication - Scott M. Gimple, Copie ; Bill Morrison, Design ; Chris Clements, Iconographie ; Steven Steere Jr, Ornementation ; Nathan Kane, Amélioration Chromatique ; Matt Groening, Cadre Exécutif ; François Peneaud, Emberlification ; Louis-Antoine Dujardin, Plus Grand Bureau ; Max Müller, Consultant.

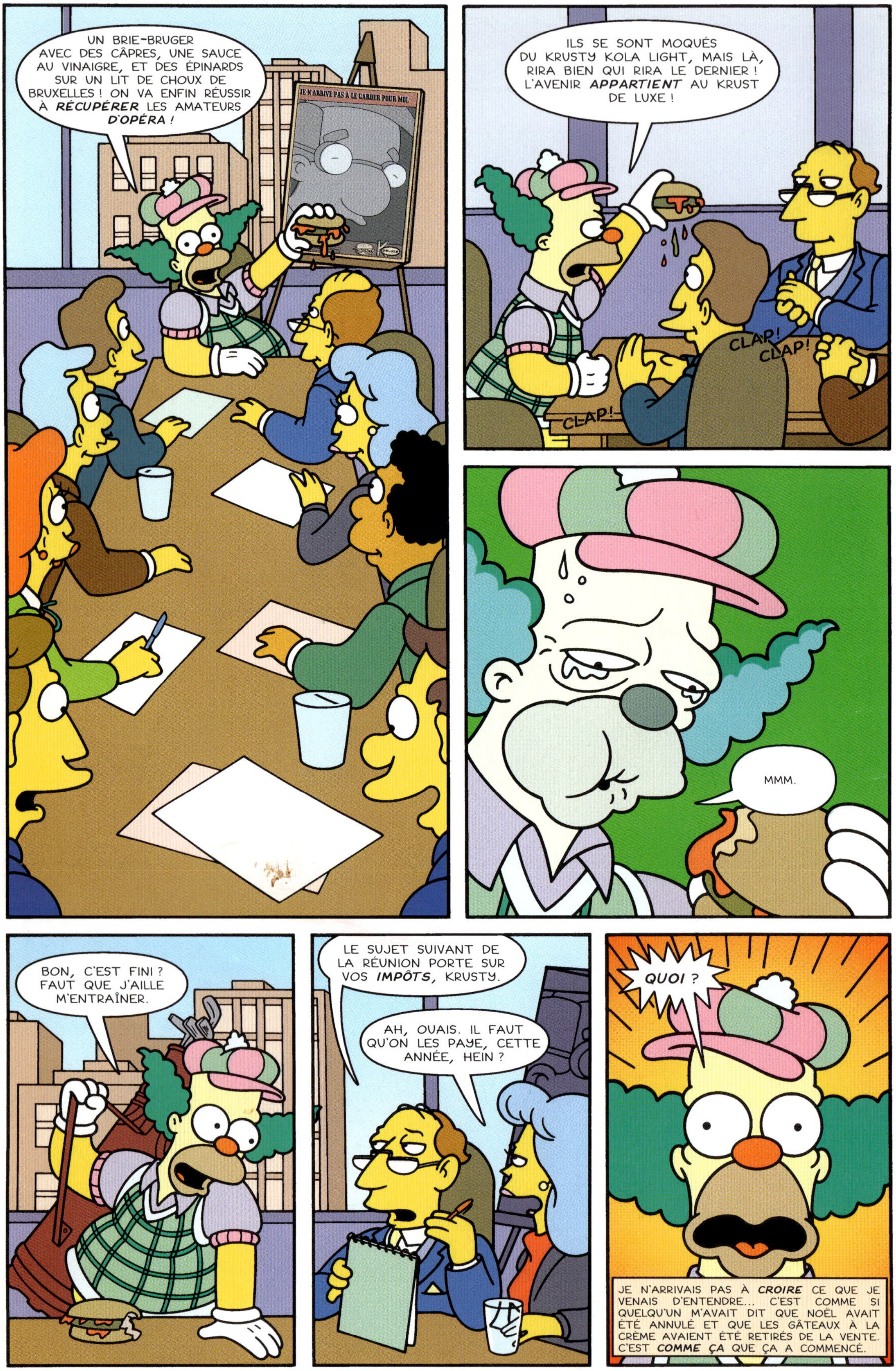
UN BRIE-BRUGER AVEC DES CÂPRES, UNE SAUCE AU VINAIGRE, ET DES ÉPINARDS SUR UN LIT DE CHOUX DE BRUXELLES ! ON VA ENFIN RÉUSSIR À RÉCUPÉRER LES AMATEURS D'OPÉRA !
JE N'ARRIVE PAS À LE GARDER POUR MOI
ILS SE SONT MOQUÉS DU KRUSTY KOLA LIGHT, MAIS LÀ, RIRA BIEN QUI RIRA LE DERNIER ! L'AVENIR APPARTIENT AU KRUST DE LUXE !
CLAP! CLAP!
CLAP!
MMM.
BON, C'EST FINI ? FAUT QUE J'AILLE M'ENTRAÎNER.
LE SUJET SUIVANT DE LA RÉUNION PORTE SUR VOS IMPÔTS, KRUSTY.
AH, OUAIS. IL FAUT QU'ON LES PAYE, CETTE ANNÉE, HEIN ?
QUOI ?
JE N'ARRIVAIS PAS À CROIRE CE QUE JE VENAIS D'ENTENDRE... C'EST COMME SI QUELQU'UN M'AVAIT DIT QUE NOËL AVAIT ÉTÉ ANNULÉ ET QUE LES GÂTEAUX À LA CRÈME AVAIENT ÉTÉ RETIRÉS DE LA VENTE. C'EST COMME ÇA QUE ÇA A COMMENCÉ.

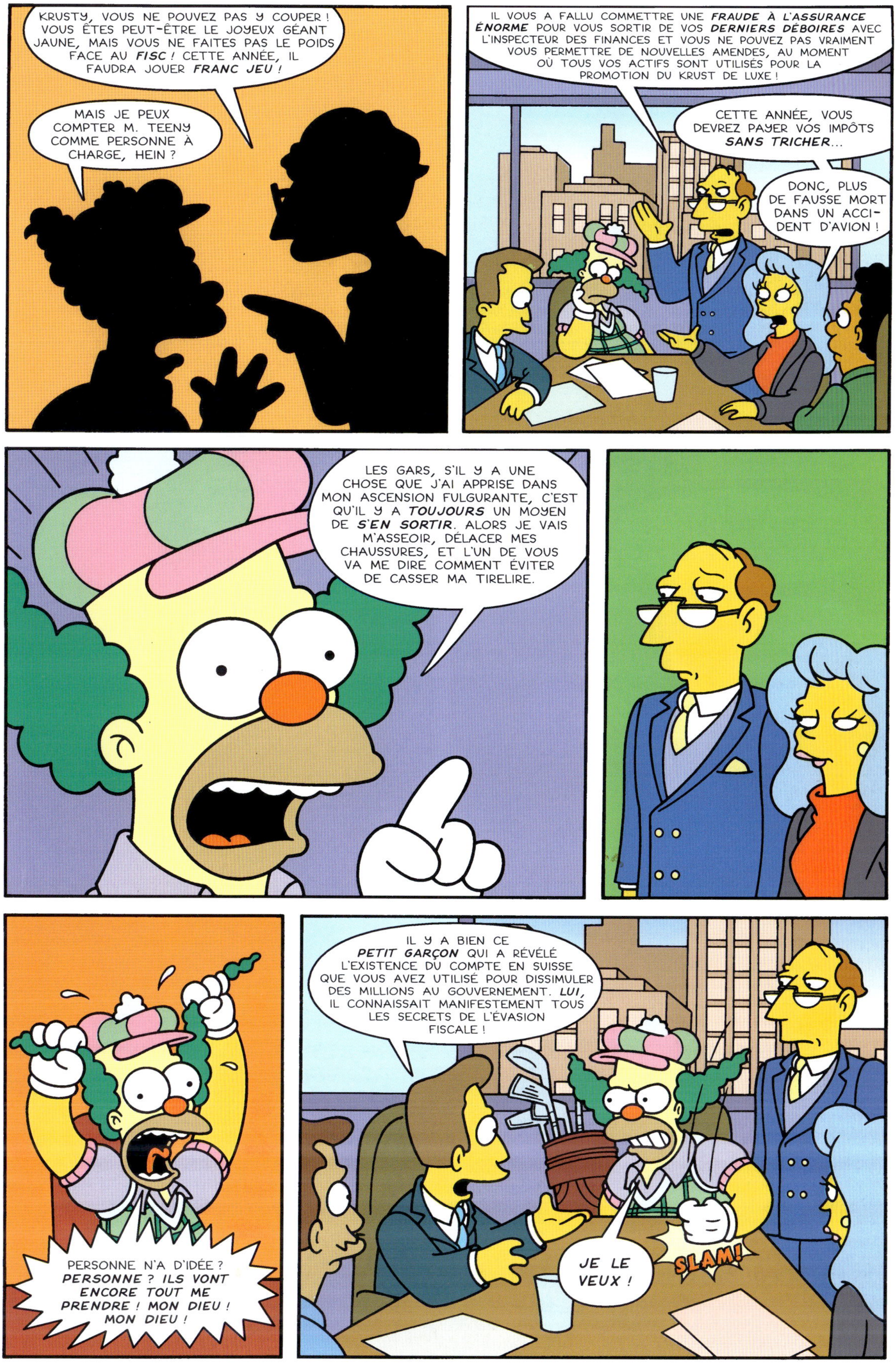
KRUSTY, VOUS NE POUVEZ PAS Y COUPER ! VOUS ÊTES PEUT-ÊTRE LE JOYEUX GÉANT JAUNE, MAIS VOUS NE FAITES PAS LE POIDS FACE AU *FISC* ! CETTE ANNÉE, IL FAUDRA JOUER *FRANC JEU* !
MAIS JE PEUX COMPTER M. TEENY COMME PERSONNE À CHARGE, HEIN ?
IL VOUS A FALLU COMMETTRE UNE *FRAUDE À L'ASSURANCE ÉNORME* POUR VOUS SORTIR DE VOS *DERNIERS DÉBOIRES* AVEC L'INSPECTEUR DES FINANCES ET VOUS NE POUVEZ PAS VRAIMENT VOUS PERMETTRE DE NOUVELLES AMENDES, AU MOMENT OÙ TOUS VOS ACTIFS SONT UTILISÉS POUR LA PROMOTION DU KRUST DE LUXE !
CETTE ANNÉE, VOUS DEVREZ PAYER VOS IMPÔTS *SANS TRICHER*...
DONC, PLUS DE FAUSSE MORT DANS UN ACCIDENT D'AVION !
LES GARS, S'IL Y A UNE CHOSE QUE J'AI APPRISE DANS MON ASCENSION FULGURANTE, C'EST QU'IL Y A *TOUJOURS* UN MOYEN DE *S'EN SORTIR*. ALORS JE VAIS M'ASSEOIR, DÉLACER MES CHAUSSURES, ET L'UN DE VOUS VA ME DIRE COMMENT ÉVITER DE CASSER MA TIRELIRE.
PERSONNE N'A D'IDÉE ? *PERSONNE ? ILS VONT ENCORE TOUT ME PRENDRE ! MON DIEU ! MON DIEU !*
IL Y A BIEN CE *PETIT GARÇON* QUI A RÉVÉLÉ L'EXISTENCE DU COMPTE EN SUISSE QUE VOUS AVEZ UTILISÉ POUR DISSIMULER DES MILLIONS AU GOUVERNEMENT. *LUI*, IL CONNAISSAIT MANIFESTEMENT TOUS LES SECRETS DE L'ÉVASION FISCALE !
JE LE VEUX !
SLAM !

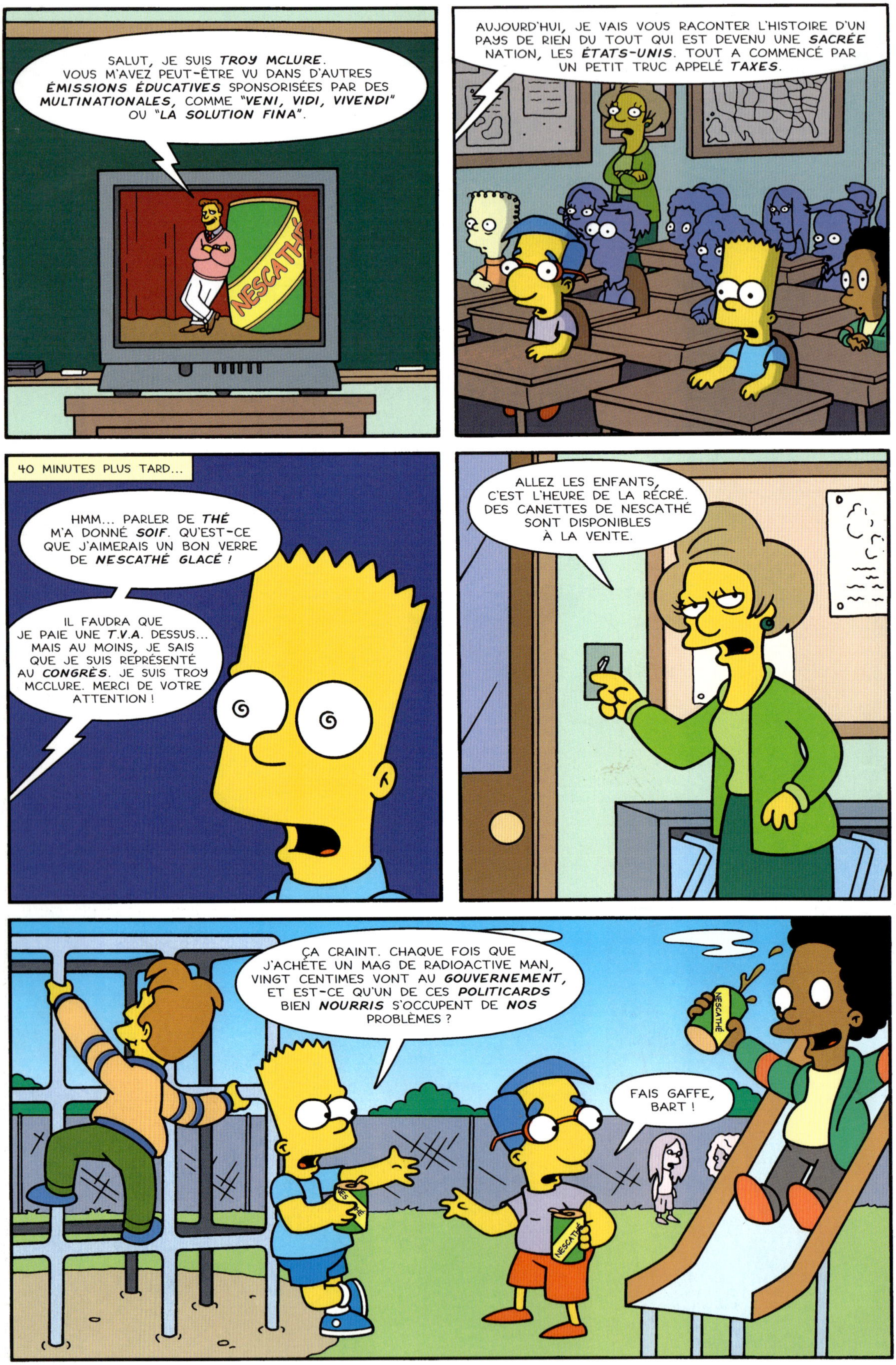

SALUT, JE SUIS TROY MCLURE. VOUS M'AVEZ PEUT-ÊTRE VU DANS D'AUTRES ÉMISSIONS ÉDUCATIVES SPONSORISÉES PAR DES MULTINATIONALES, COMME "VENI, VIDI, VIVENDI" OU "LA SOLUTION FINA".
NESCATHÉ
AUJOURD'HUI, JE VAIS VOUS RACONTER L'HISTOIRE D'UN PAYS DE RIEN DU TOUT QUI EST DEVENU UNE SACRÉE NATION, LES ÉTATS-UNIS. TOUT A COMMENCÉ PAR UN PETIT TRUC APPELÉ TAXES.
40 MINUTES PLUS TARD...
HMM... PARLER DE THÉ M'A DONNÉ SOIF. QU'EST-CE QUE J'AIMERAIS UN BON VERRE DE NESCATHÉ GLACÉ !
IL FAUDRA QUE JE PAIE UNE T.V.A. DESSUS... MAIS AU MOINS, JE SAIS QUE JE SUIS REPRÉSENTÉ AU CONGRÈS. JE SUIS TROY MCCLURE. MERCI DE VOTRE ATTENTION !
ALLEZ LES ENFANTS, C'EST L'HEURE DE LA RÉCRÉ. DES CANETTES DE NESCATHÉ SONT DISPONIBLES À LA VENTE.
ÇA CRAINT. CHAQUE FOIS QUE J'ACHÈTE UN MAG DE RADIOACTIVE MAN, VINGT CENTIMES VONT AU GOUVERNEMENT, ET EST-CE QU'UN DE CES POLITICARDS BIEN NOURRIS S'OCCUPENT DE NOS PROBLÈMES ?
FAIS GAFFE, BART !
NESCATHÉ

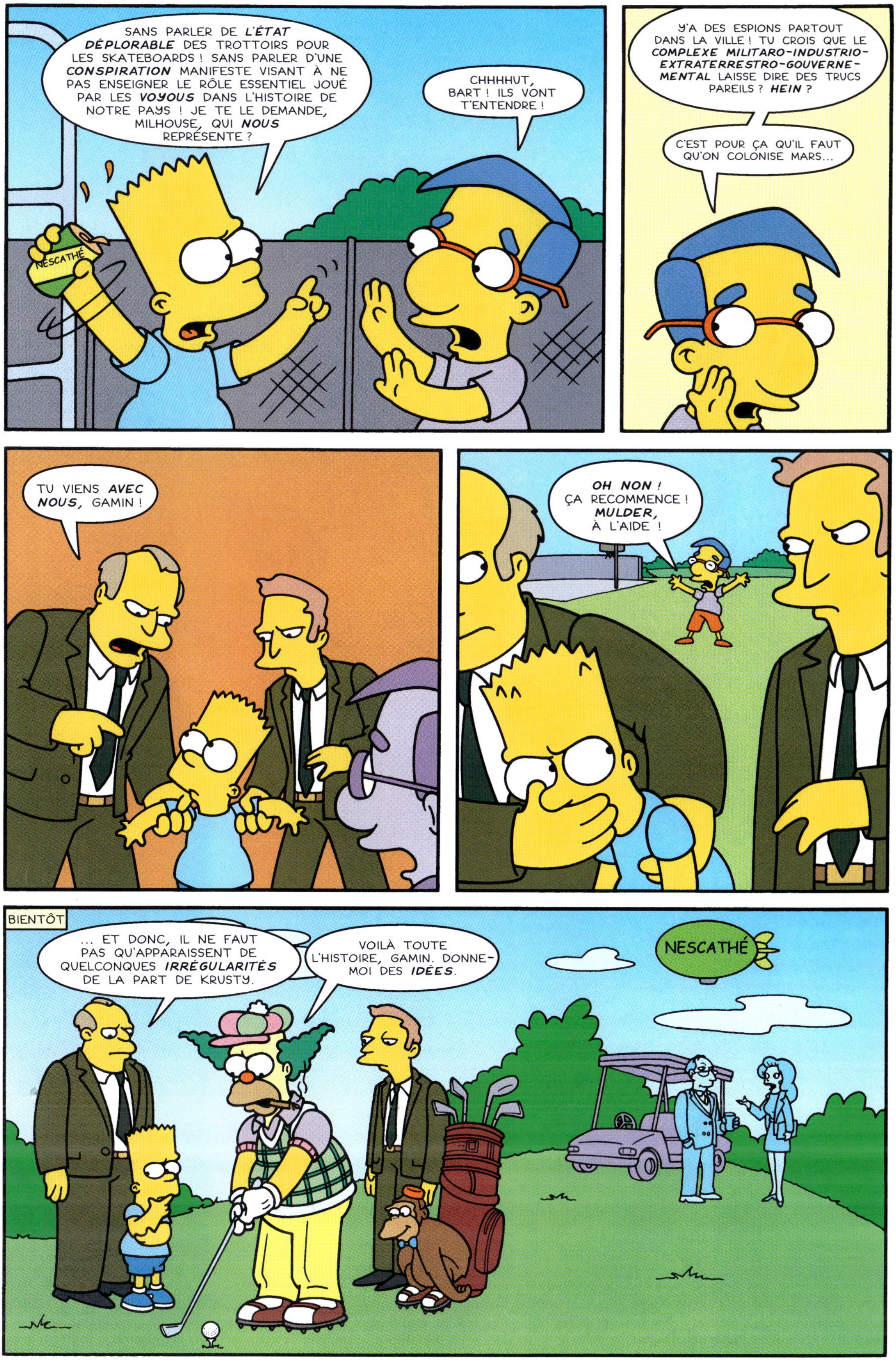
SANS PARLER DE L'ÉTAT DÉPLORABLE DES TROTTOIRS POUR LES SKATEBOARDS ! SANS PARLER D'UNE CONSPIRATION MANIFESTE VISANT À NE PAS ENSEIGNER LE RÔLE ESSENTIEL JOUÉ PAR LES VOYOUS DANS L'HISTOIRE DE NOTRE PAYS ! JE TE LE DEMANDE, MILHOUSE, QUI NOUS REPRÉSENTE ?
NESCATHÉ
CHHHHUT, BART ! ILS VONT T'ENTENDRE !
Y'A DES ESPIONS PARTOUT DANS LA VILLE ! TU CROIS QUE LE COMPLEXE MILITARO-INDUSTRIO-EXTRATERRESTRO-GOUVERNEMENTAL LAISSE DIRE DES TRUCS PAREILS ? HEIN ?
C'EST POUR ÇA QU'IL FAUT QU'ON COLONISE MARS...
TU VIENS AVEC NOUS, GAMIN !
OH NON ! ÇA RECOMMENCE ! MULDER, À L'AIDE !
BIENTÔT
... ET DONC, IL NE FAUT PAS QU'APPARAISSENT DE QUELCONQUES IRRÉGULARITÉS DE LA PART DE KRUSTY.
VOILÀ TOUTE L'HISTOIRE, GAMIN. DONNE-MOI DES IDÉES.
NESCATHÉ

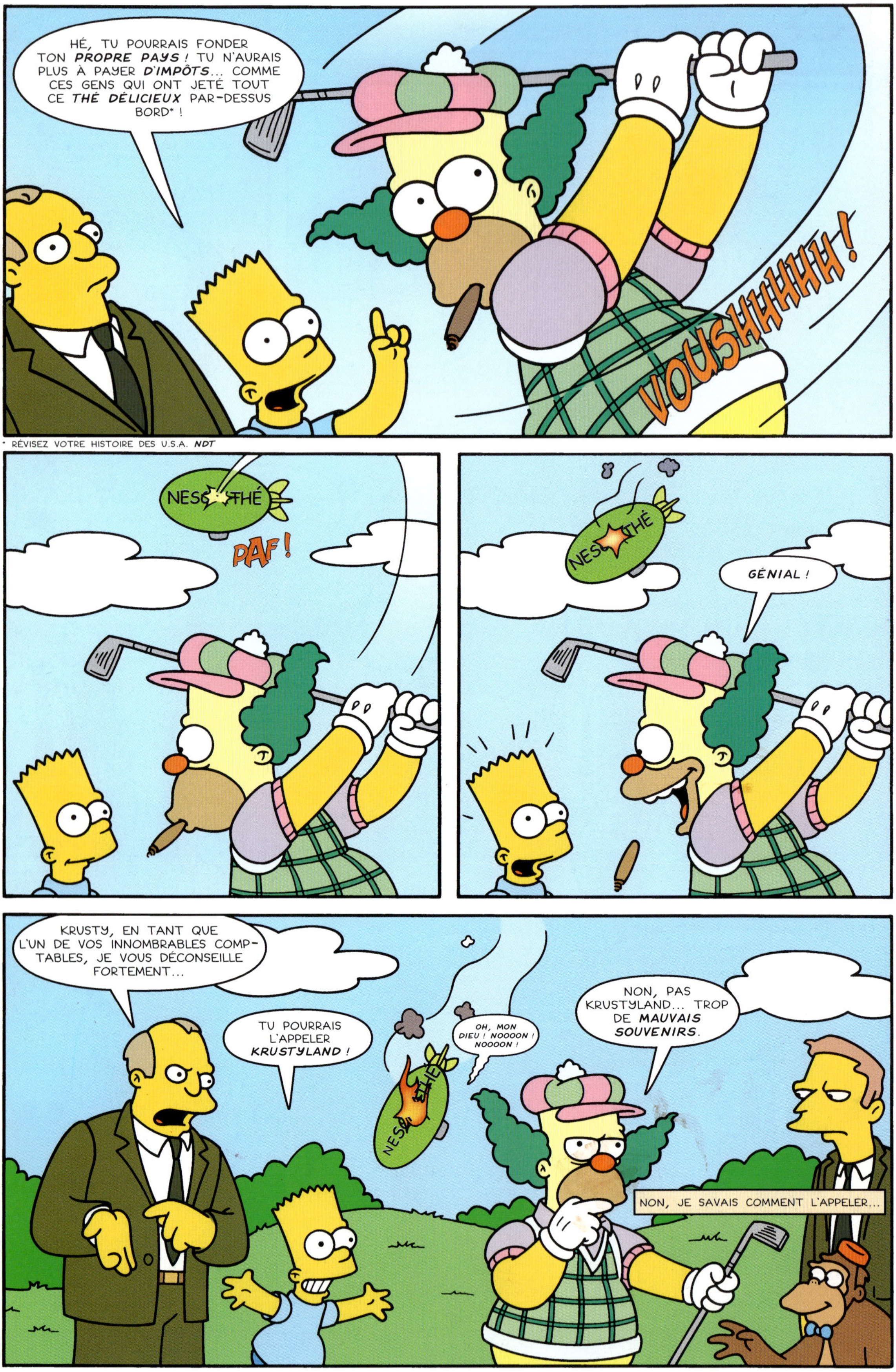

* RÉVISEZ VOTRE HISTOIRE DES U.S.A. *NDT*

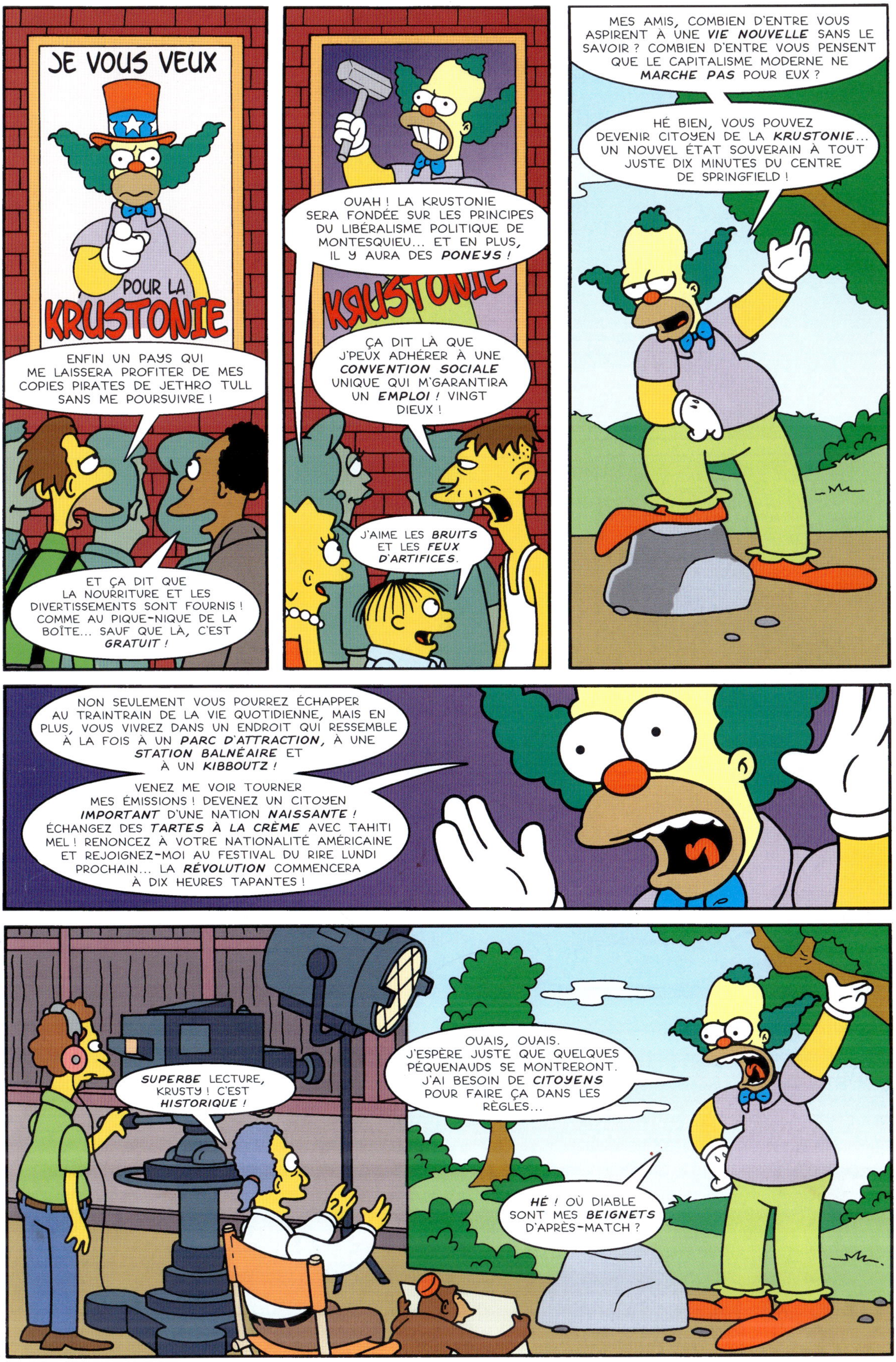

JE VOUS VEUX
POUR LA KRUSTONIE
ENFIN UN PAYS QUI ME LAISSERA PROFITER DE MES COPIES PIRATES DE JETHRO TULL SANS ME POURSUIVRE !
ET ÇA DIT QUE LA NOURRITURE ET LES DIVERTISSEMENTS SONT FOURNIS ! COMME AU PIQUE-NIQUE DE LA BOÎTE... SAUF QUE LÀ, C'EST **GRATUIT** !
KRUSTONIE
OUAH ! LA KRUSTONIE SERA FONDÉE SUR LES PRINCIPES DU LIBÉRALISME POLITIQUE DE MONTESQUIEU... ET EN PLUS, IL Y AURA DES **PONEYS** !
ÇA DIT LÀ QUE J'PEUX ADHÉRER À UNE **CONVENTION SOCIALE** UNIQUE QUI M'GARANTIRA UN **EMPLOI** ! VINGT DIEUX !
J'AIME LES **BRUITS** ET LES **FEUX D'ARTIFICES**.
MES AMIS, COMBIEN D'ENTRE VOUS ASPIRENT À UNE **VIE NOUVELLE** SANS LE SAVOIR ? COMBIEN D'ENTRE VOUS PENSENT QUE LE CAPITALISME MODERNE NE **MARCHE PAS** POUR EUX ?
HÉ BIEN, VOUS POUVEZ DEVENIR CITOYEN DE LA **KRUSTONIE**... UN NOUVEL ÉTAT SOUVERAIN À TOUT JUSTE DIX MINUTES DU CENTRE DE SPRINGFIELD !
NON SEULEMENT VOUS POURREZ ÉCHAPPER AU TRAINTRAIN DE LA VIE QUOTIDIENNE, MAIS EN PLUS, VOUS VIVREZ DANS UN ENDROIT QUI RESSEMBLE À LA FOIS À UN **PARC D'ATTRACTION**, À UNE **STATION BALNÉAIRE** ET À UN **KIBBOUTZ** !
VENEZ ME VOIR TOURNER MES ÉMISSIONS ! DEVENEZ UN CITOYEN **IMPORTANT** D'UNE NATION **NAISSANTE** ! ÉCHANGEZ DES **TARTES À LA CRÈME** AVEC TAHITI MEL ! RENONCEZ À VOTRE NATIONALITÉ AMÉRICAINE ET REJOIGNEZ-MOI AU FESTIVAL DU RIRE LUNDI PROCHAIN... LA **RÉVOLUTION** COMMENCERA À DIX HEURES TAPANTES !
SUPERBE LECTURE, KRUSTY ! C'EST **HISTORIQUE** !
OUAIS, OUAIS. J'ESPÈRE JUSTE QUE QUELQUES PÉQUENAUDS SE MONTRERONT. J'AI BESOIN DE **CITOYENS** POUR FAIRE ÇA DANS LES RÈGLES...
HÉ ! OÙ DIABLE SONT MES **BEIGNETS** D'APRÈS-MATCH ?

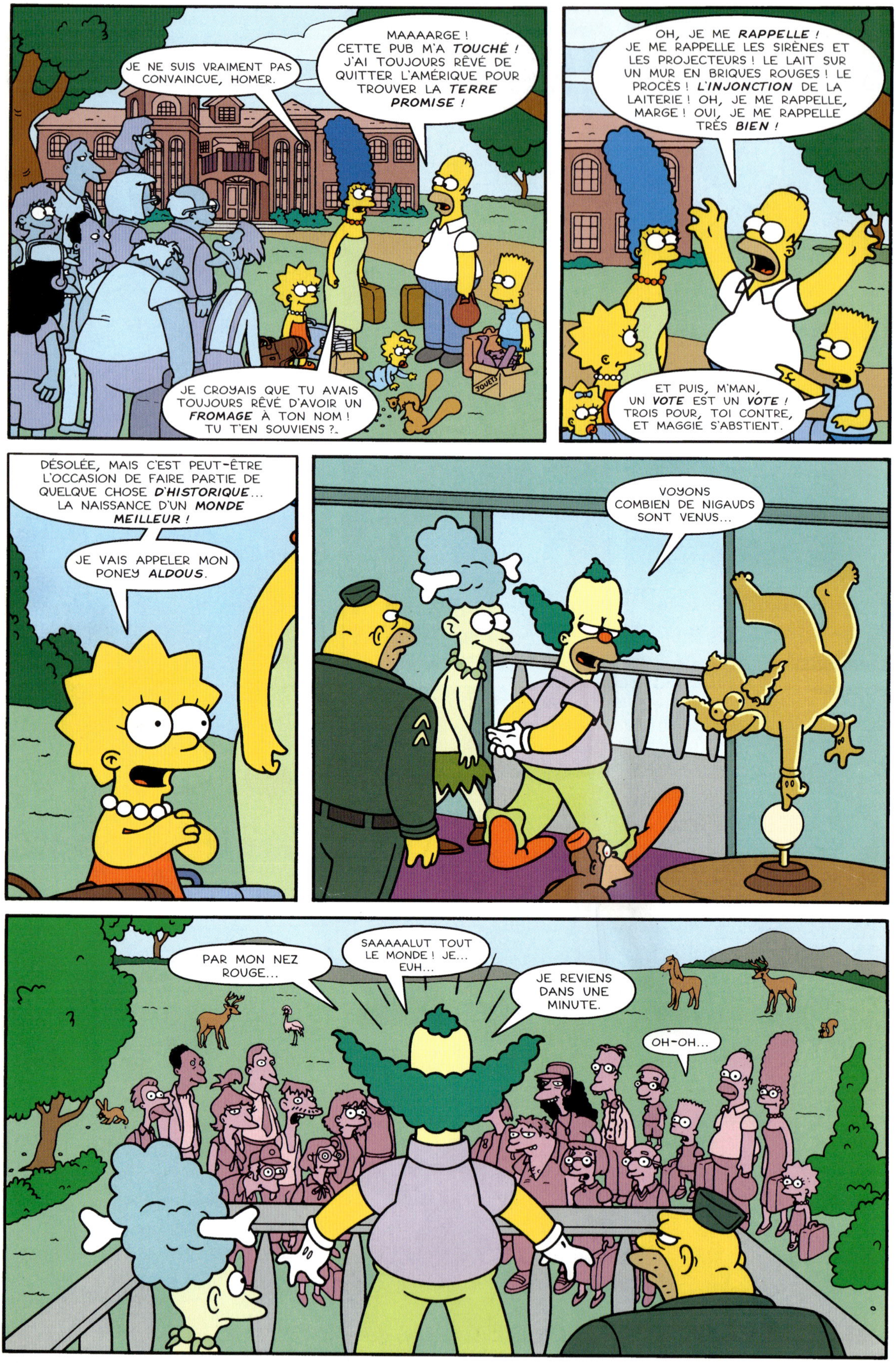
JE NE SUIS VRAIMENT PAS CONVAINCUE, HOMER.
MAAAARGE ! CETTE PUB M'A TOUCHÉ ! J'AI TOUJOURS RÊVÉ DE QUITTER L'AMÉRIQUE POUR TROUVER LA TERRE PROMISE !
JE CROYAIS QUE TU AVAIS TOUJOURS RÊVÉ D'AVOIR UN FROMAGE À TON NOM ! TU T'EN SOUVIENS ?..
JOUETS
OH, JE ME RAPPELLE ! JE ME RAPPELLE LES SIRÈNES ET LES PROJECTEURS ! LE LAIT SUR UN MUR EN BRIQUES ROUGES ! LE PROCÈS ! L'INJONCTION DE LA LAITERIE ! OH, JE ME RAPPELLE, MARGE ! OUI, JE ME RAPPELLE TRÈS BIEN !
ET PUIS, M'MAN, UN VOTE EST UN VOTE ! TROIS POUR, TOI CONTRE, ET MAGGIE S'ABSTIENT.
DÉSOLÉE, MAIS C'EST PEUT-ÊTRE L'OCCASION DE FAIRE PARTIE DE QUELQUE CHOSE D'HISTORIQUE... LA NAISSANCE D'UN MONDE MEILLEUR !
JE VAIS APPELER MON PONEY ALDOUS.
VOYONS COMBIEN DE NIGAUDS SONT VENUS...
PAR MON NEZ ROUGE...
SAAAAALUT TOUT LE MONDE ! JE... EUH...
JE REVIENS DANS UNE MINUTE.
OH-OH...

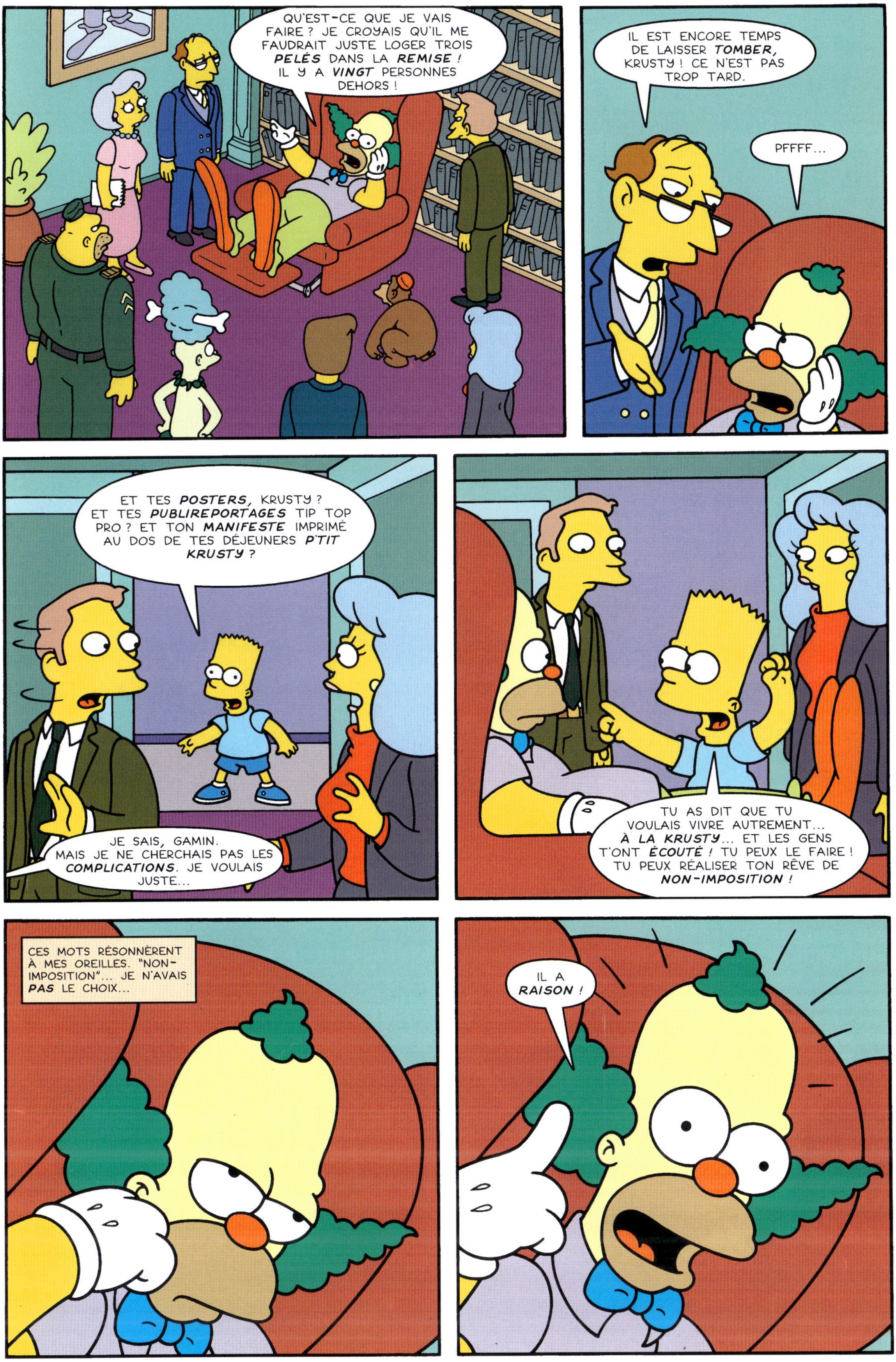
QU'EST-CE QUE JE VAIS FAIRE ? JE CROYAIS QU'IL ME FAUDRAIT JUSTE LOGER TROIS PELÉS DANS LA REMISE ! IL Y A VINGT PERSONNES DEHORS !
IL EST ENCORE TEMPS DE LAISSER TOMBER, KRUSTY ! CE N'EST PAS TROP TARD.
PFFFF...
ET TES POSTERS, KRUSTY ? ET TES PUBLIREPORTAGES TIP TOP PRO ? ET TON MANIFESTE IMPRIMÉ AU DOS DE TES DÉJEUNERS P'TIT KRUSTY ?
JE SAIS, GAMIN. MAIS JE NE CHERCHAIS PAS LES COMPLICATIONS. JE VOULAIS JUSTE...
TU AS DIT QUE TU VOULAIS VIVRE AUTREMENT... À LA KRUSTY... ET LES GENS T'ONT ÉCOUTÉ ! TU PEUX LE FAIRE ! TU PEUX RÉALISER TON RÊVE DE NON-IMPOSITION !
CES MOTS RÉSONNÈRENT À MES OREILLES. "NON-IMPOSITION"... JE N'AVAIS PAS LE CHOIX...
IL A RAISON !

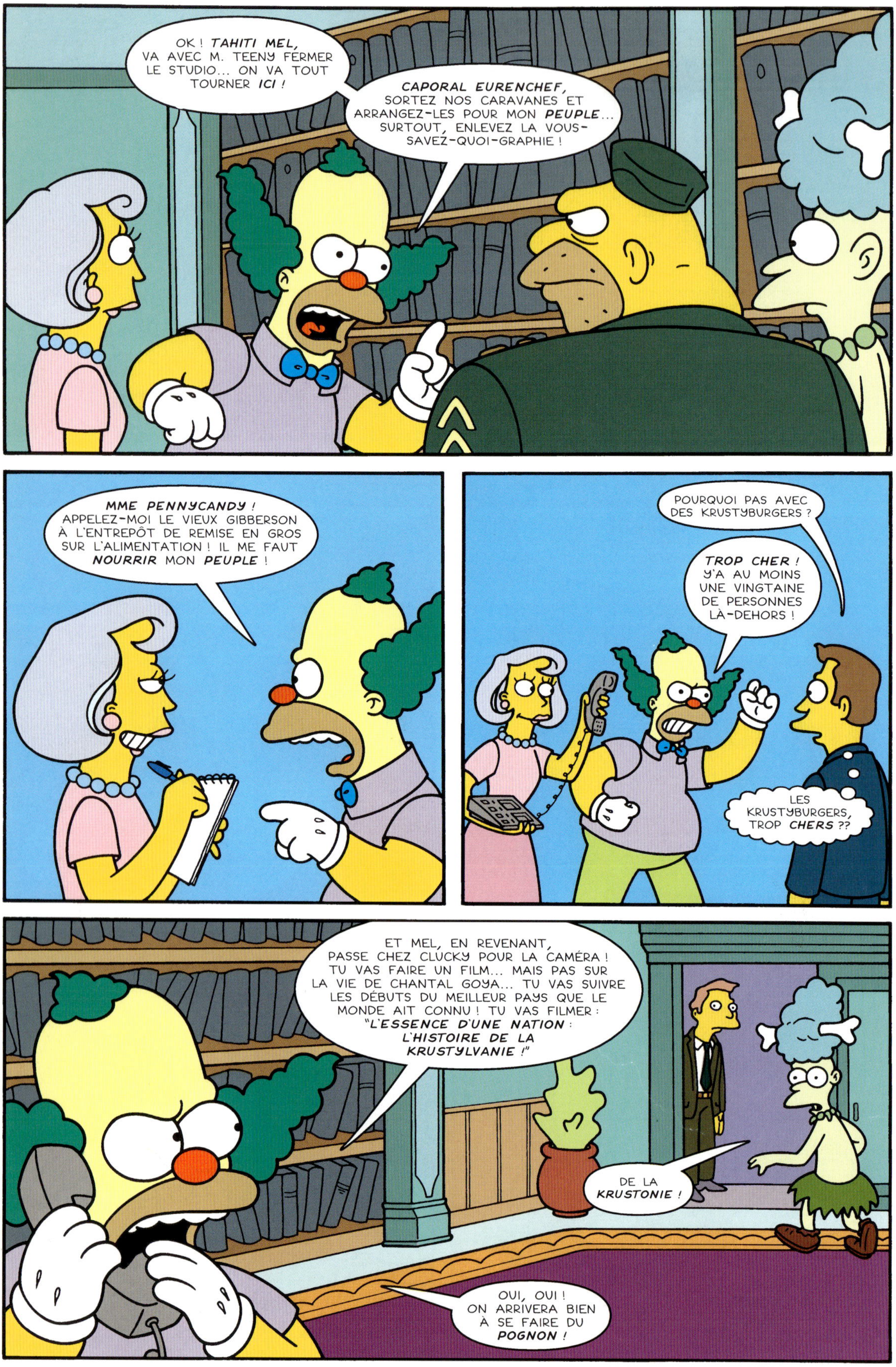
OK ! TAHITI MEL, VA AVEC M. TEENY FERMER LE STUDIO... ON VA TOUT TOURNER ICI !
CAPORAL EURENCHEF, SORTEZ NOS CARAVANES ET ARRANGEZ-LES POUR MON PEUPLE... SURTOUT, ENLEVEZ LA VOUS-SAVEZ-QUOI-GRAPHIE !
MME PENNYCANDY ! APPELEZ-MOI LE VIEUX GIBBERSON À L'ENTREPÔT DE REMISE EN GROS SUR L'ALIMENTATION ! IL ME FAUT NOURRIR MON PEUPLE !
POURQUOI PAS AVEC DES KRUSTYBURGERS ?
TROP CHER ! Y'A AU MOINS UNE VINGTAINE DE PERSONNES LÀ-DEHORS !
LES KRUSTYBURGERS, TROP CHERS ??
ET MEL, EN REVENANT, PASSE CHEZ CLUCKY POUR LA CAMÉRA ! TU VAS FAIRE UN FILM... MAIS PAS SUR LA VIE DE CHANTAL GOYA... TU VAS SUIVRE LES DÉBUTS DU MEILLEUR PAYS QUE LE MONDE AIT CONNU ! TU VAS FILMER : "L'ESSENCE D'UNE NATION : L'HISTOIRE DE LA KRUSTYLVANIE !"
DE LA KRUSTONIE !
OUI, OUI ! ON ARRIVERA BIEN À SE FAIRE DU POGNON !

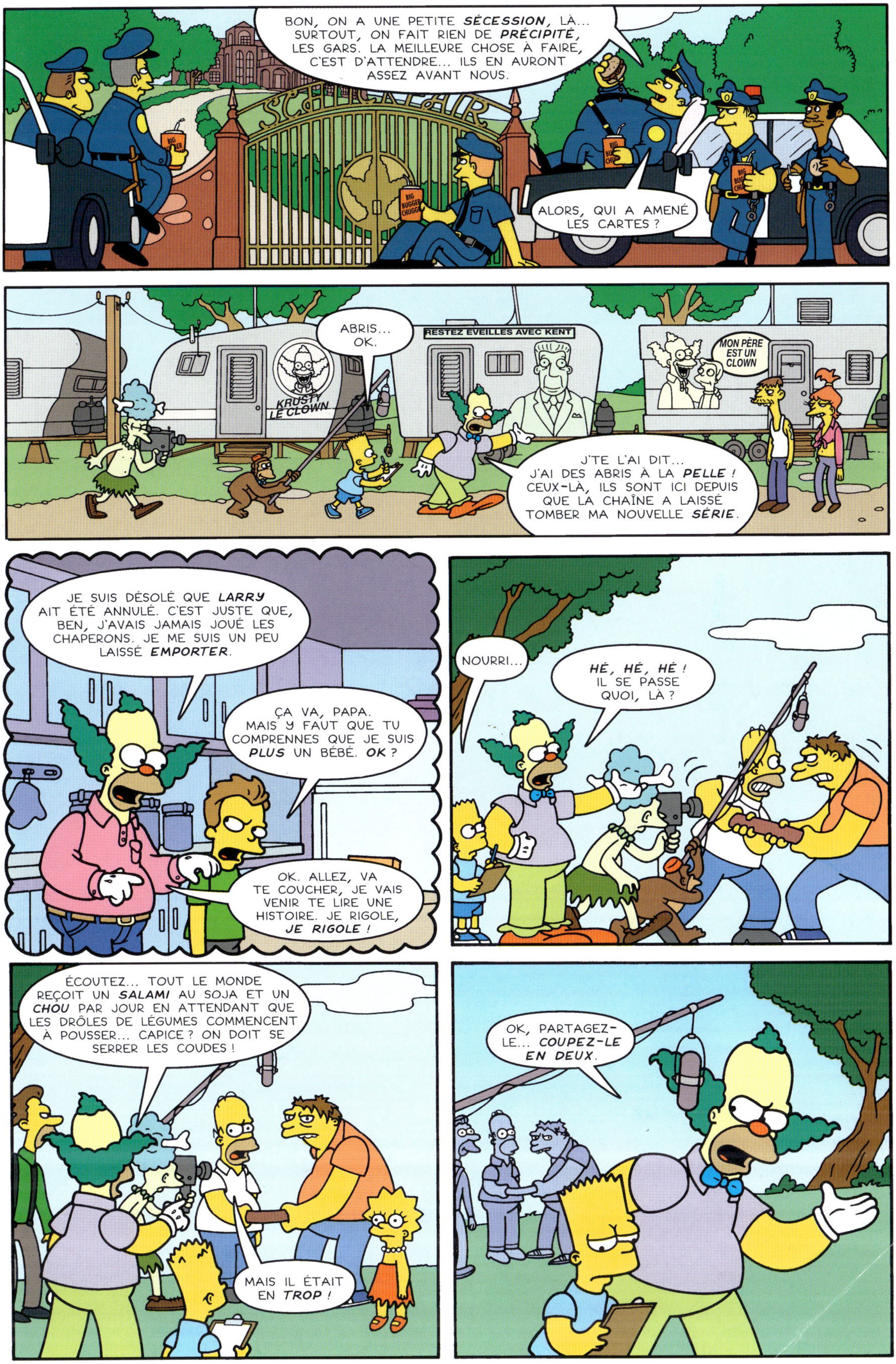

BON, ON A UNE PETITE SÉCESSION, LÀ... SURTOUT, ON FAIT RIEN DE PRÉCIPITÉ, LES GARS. LA MEILLEURE CHOSE À FAIRE, C'EST D'ATTENDRE... ILS EN AURONT ASSEZ AVANT NOUS.
ALORS, QUI A AMENÉ LES CARTES ?
ABRIS... OK.
RESTEZ EVEILLES AVEC KENT
KRUSTY LE CLOWN
MON PÈRE EST UN CLOWN
J'TE L'AI DIT... J'AI DES ABRIS À LA PELLE ! CEUX-LÀ, ILS SONT ICI DEPUIS QUE LA CHAÎNE A LAISSÉ TOMBER MA NOUVELLE SÉRIE.
JE SUIS DÉSOLÉ QUE LARRY AIT ÉTÉ ANNULÉ. C'EST JUSTE QUE, BEN, J'AVAIS JAMAIS JOUÉ LES CHAPERONS. JE ME SUIS UN PEU LAISSÉ EMPORTER.
ÇA VA, PAPA. MAIS Y FAUT QUE TU COMPRENNES QUE JE SUIS PLUS UN BÉBÉ. OK ?
OK. ALLEZ, VA TE COUCHER, JE VAIS VENIR TE LIRE UNE HISTOIRE. JE RIGOLE, JE RIGOLE !
NOURRI...
HÉ, HÉ, HÉ ! IL SE PASSE QUOI, LÀ ?
ÉCOUTEZ... TOUT LE MONDE REÇOIT UN SALAMI AU SOJA ET UN CHOU PAR JOUR EN ATTENDANT QUE LES DRÔLES DE LÉGUMES COMMENCENT À POUSSER... CAPICE ? ON DOIT SE SERRER LES COUDES !
MAIS IL ÉTAIT EN TROP !
OK, PARTAGEZ-LE... COUPEZ-LE EN DEUX.

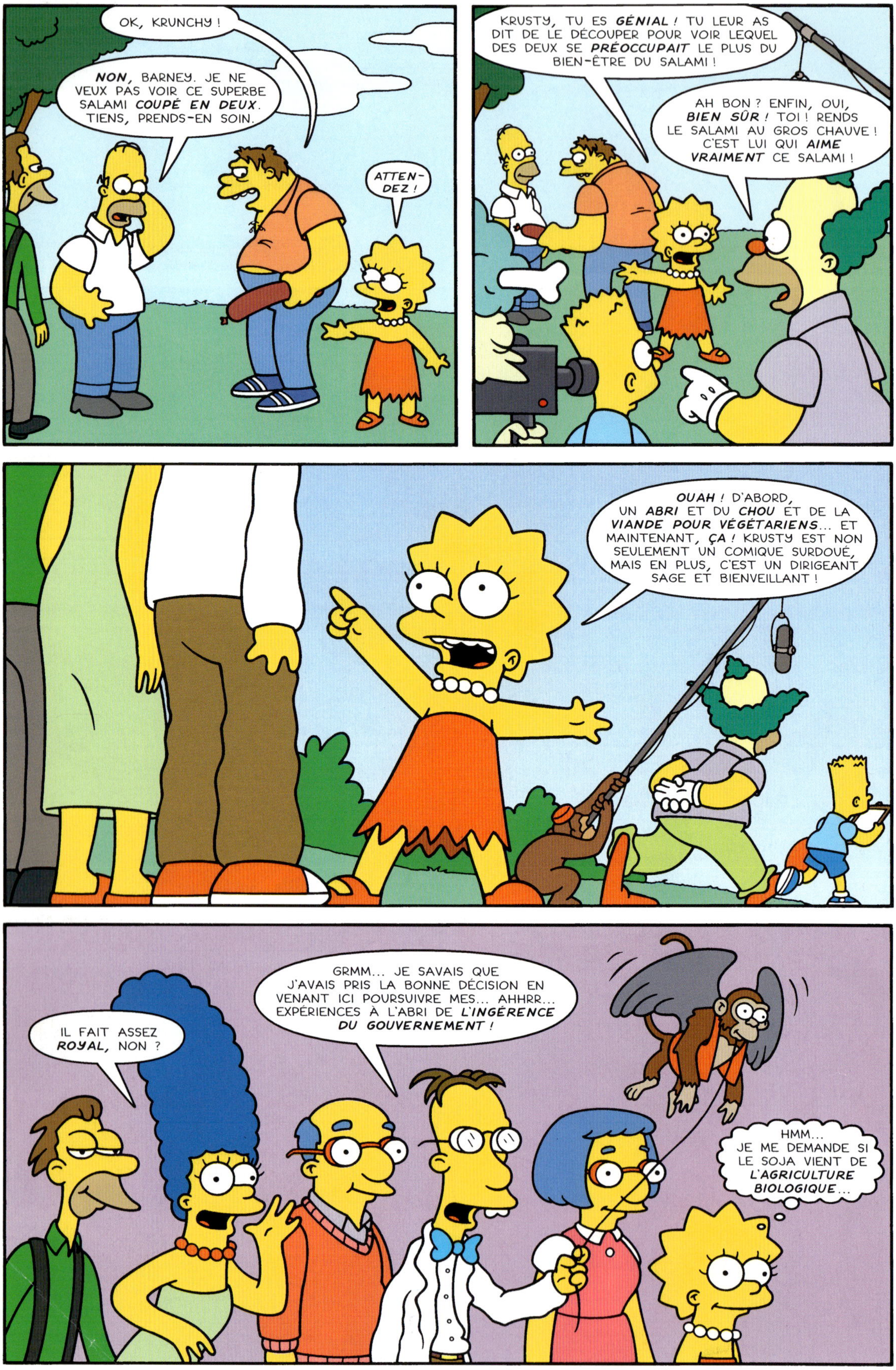
OK, KRUNCHY !
NON, BARNEY. JE NE VEUX PAS VOIR CE SUPERBE SALAMI COUPÉ EN DEUX. TIENS, PRENDS-EN SOIN.
ATTEN-DEZ !
KRUSTY, TU ES GÉNIAL ! TU LEUR AS DIT DE LE DÉCOUPER POUR VOIR LEQUEL DES DEUX SE PRÉOCCUPAIT LE PLUS DU BIEN-ÊTRE DU SALAMI !
AH BON ? ENFIN, OUI, BIEN SÛR ! TOI ! RENDS LE SALAMI AU GROS CHAUVE ! C'EST LUI QUI AIME VRAIMENT CE SALAMI !
OUAH ! D'ABORD, UN ABRI ET DU CHOU ET DE LA VIANDE POUR VÉGÉTARIENS... ET MAINTENANT, ÇA ! KRUSTY EST NON SEULEMENT UN COMIQUE SURDOUÉ, MAIS EN PLUS, C'EST UN DIRIGEANT SAGE ET BIENVEILLANT !
IL FAIT ASSEZ ROYAL, NON ?
GRMM... JE SAVAIS QUE J'AVAIS PRIS LA BONNE DÉCISION EN VENANT ICI POURSUIVRE MES... AHHRR... EXPÉRIENCES À L'ABRI DE L'INGÉRENCE DU GOUVERNEMENT !
HMM... JE ME DEMANDE SI LE SOJA VIENT DE L'AGRICULTURE BIOLOGIQUE...

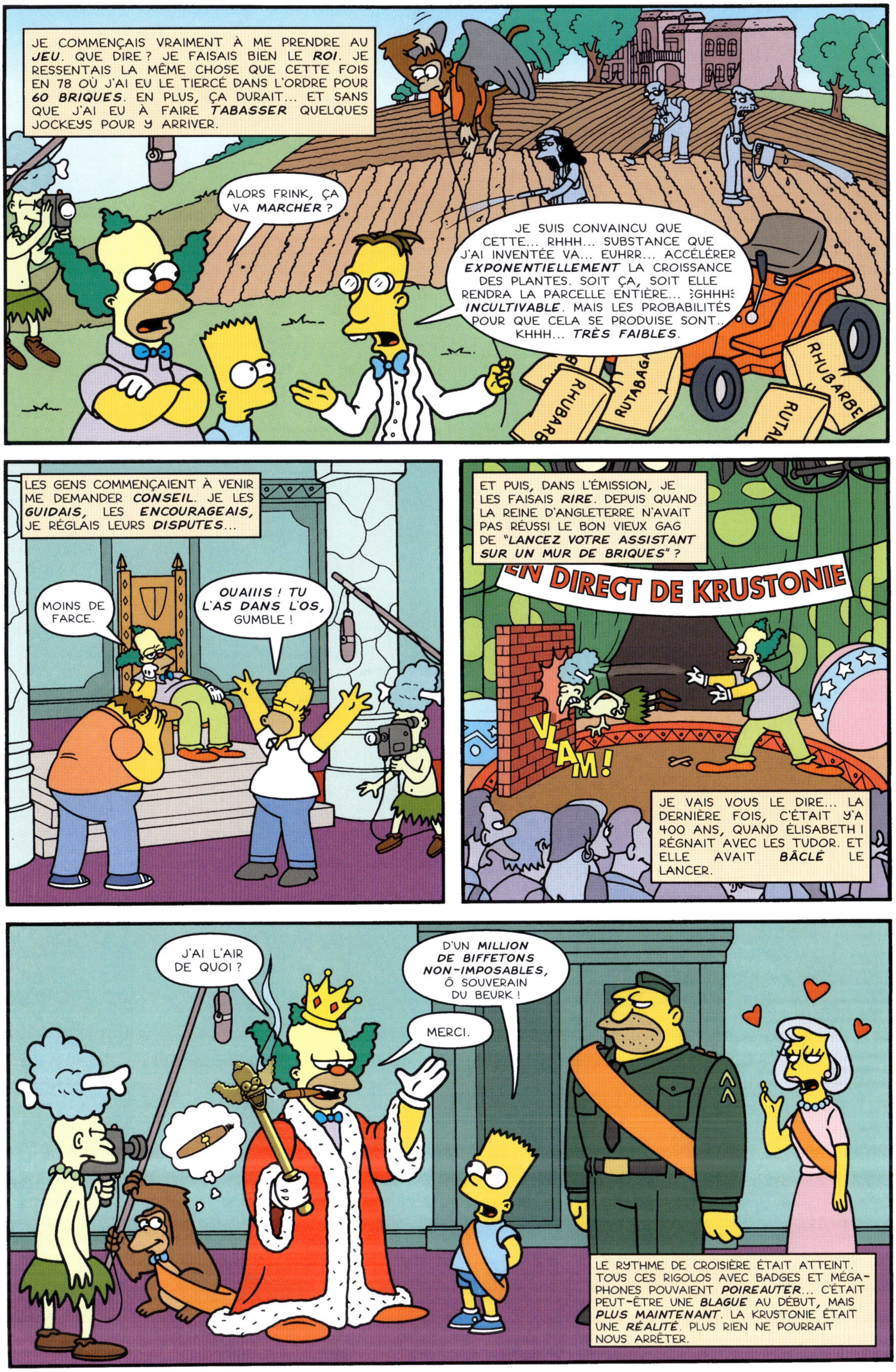
JE COMMENÇAIS VRAIMENT À ME PRENDRE AU *JEU*. QUE DIRE ? JE FAISAIS BIEN LE *ROI*. JE RESSENTAIS LA MÊME CHOSE QUE CETTE FOIS EN 78 OÙ J'AI EU LE TIERCÉ DANS L'ORDRE POUR *60 BRIQUES*. EN PLUS, ÇA DURAIT... ET SANS QUE J'AI EU À FAIRE *TABASSER* QUELQUES JOCKEYS POUR Y ARRIVER.
ALORS FRINK, ÇA VA *MARCHER* ?
JE SUIS CONVAINCU QUE CETTE... RHHH... SUBSTANCE QUE J'AI INVENTÉE VA... EUHRR... ACCÉLÉRER *EXPONENTIELLEMENT* LA CROISSANCE DES PLANTES. SOIT ÇA, SOIT ELLE RENDRA LA PARCELLE ENTIÈRE... GHHH *INCULTIVABLE*. MAIS LES PROBABILITÉS POUR QUE CELA SE PRODUISE SONT... KHHH... *TRÈS FAIBLES*.
RHUBARBE
RUTABAGA
RHUBARBE
LES GENS COMMENÇAIENT À VENIR ME DEMANDER *CONSEIL*. JE LES *GUIDAIS*, LES *ENCOURAGEAIS*, JE RÉGLAIS LEURS *DISPUTES*...
MOINS DE FARCE.
OUAIIIS ! TU L'AS DANS L'OS, GUMBLE !
ET PUIS, DANS L'ÉMISSION, JE LES FAISAIS *RIRE*. DEPUIS QUAND LA REINE D'ANGLETERRE N'AVAIT PAS RÉUSSI LE BON VIEUX GAG DE *"LANCEZ VOTRE ASSISTANT SUR UN MUR DE BRIQUES"* ?
EN DIRECT DE KRUSTONIE
VLAM !
JE VAIS VOUS LE DIRE... LA DERNIÈRE FOIS, C'ÉTAIT Y'A 400 ANS, QUAND ÉLISABETH I RÉGNAIT AVEC LES TUDOR. ET ELLE AVAIT *BÂCLÉ* LE LANCER.
J'AI L'AIR DE QUOI ?
D'UN *MILLION DE BIFFETONS NON-IMPOSABLES*, Ô SOUVERAIN DU BEURK !
MERCI.
LE RYTHME DE CROISIÈRE ÉTAIT ATTEINT. TOUS CES RIGOLOS AVEC BADGES ET MÉGAPHONES POUVAIENT *POIREAUTER*... C'ÉTAIT PEUT-ÊTRE UNE *BLAGUE* AU DÉBUT, MAIS *PLUS MAINTENANT*. LA KRUSTONIE ÉTAIT UNE *RÉALITÉ*. PLUS RIEN NE POURRAIT NOUS ARRÊTER.

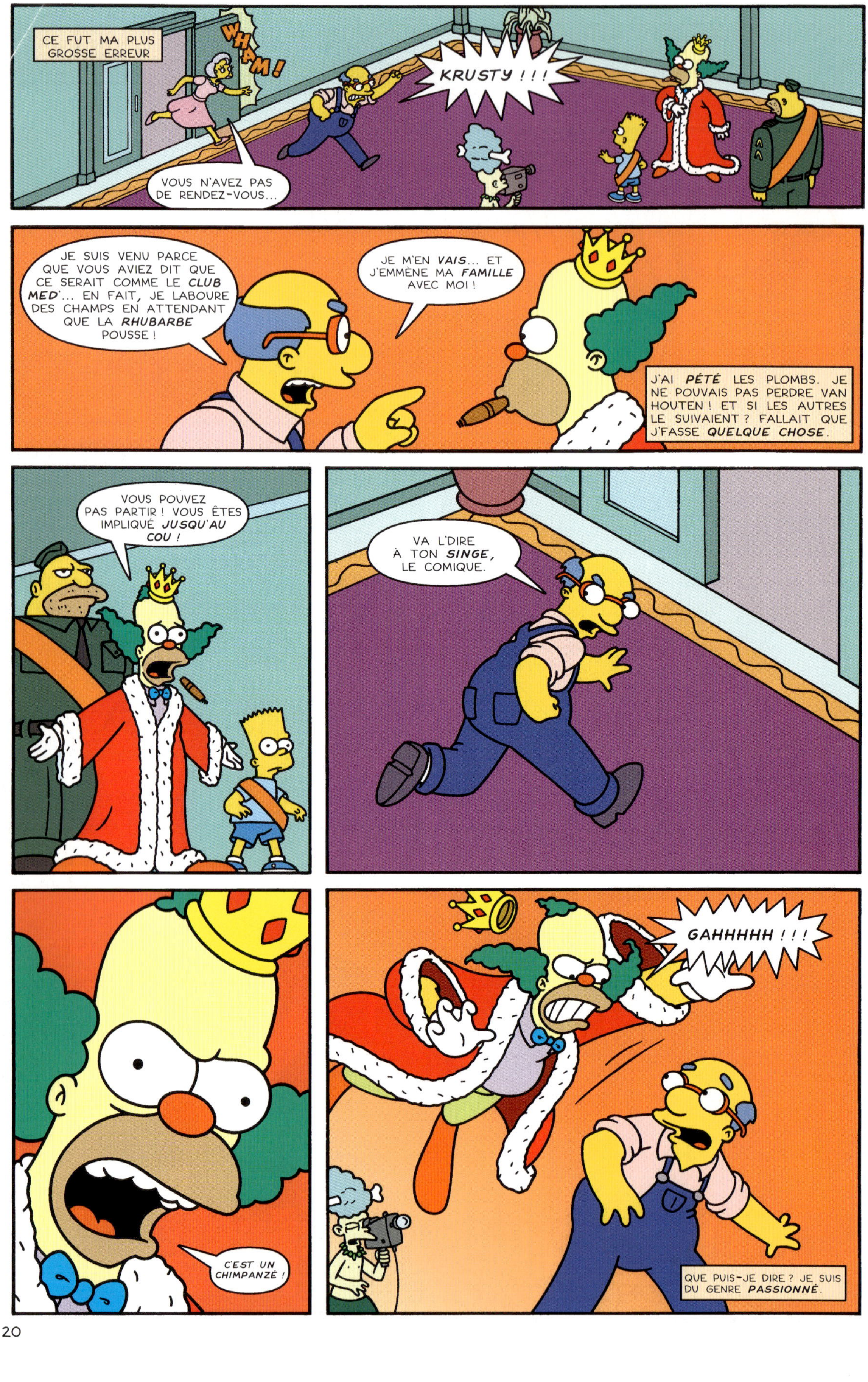
CE FUT MA PLUS GROSSE ERREUR
WHAM !
KRUSTY ! ! !
VOUS N'AVEZ PAS DE RENDEZ-VOUS...
JE SUIS VENU PARCE QUE VOUS AVIEZ DIT QUE CE SERAIT COMME LE CLUB MED'... EN FAIT, JE LABOURE DES CHAMPS EN ATTENDANT QUE LA RHUBARBE POUSSE !
JE M'EN VAIS... ET J'EMMÈNE MA FAMILLE AVEC MOI !
J'AI PÉTÉ LES PLOMBS. JE NE POUVAIS PAS PERDRE VAN HOUTEN ! ET SI LES AUTRES LE SUIVAIENT ? FALLAIT QUE J'FASSE QUELQUE CHOSE.
VOUS POUVEZ PAS PARTIR ! VOUS ÊTES IMPLIQUÉ JUSQU'AU COU !
VA L'DIRE À TON SINGE, LE COMIQUE.
C'EST UN CHIMPANZÉ !
GAHHHHH ! ! !
QUE PUIS-JE DIRE ? JE SUIS DU GENRE PASSIONNÉ.

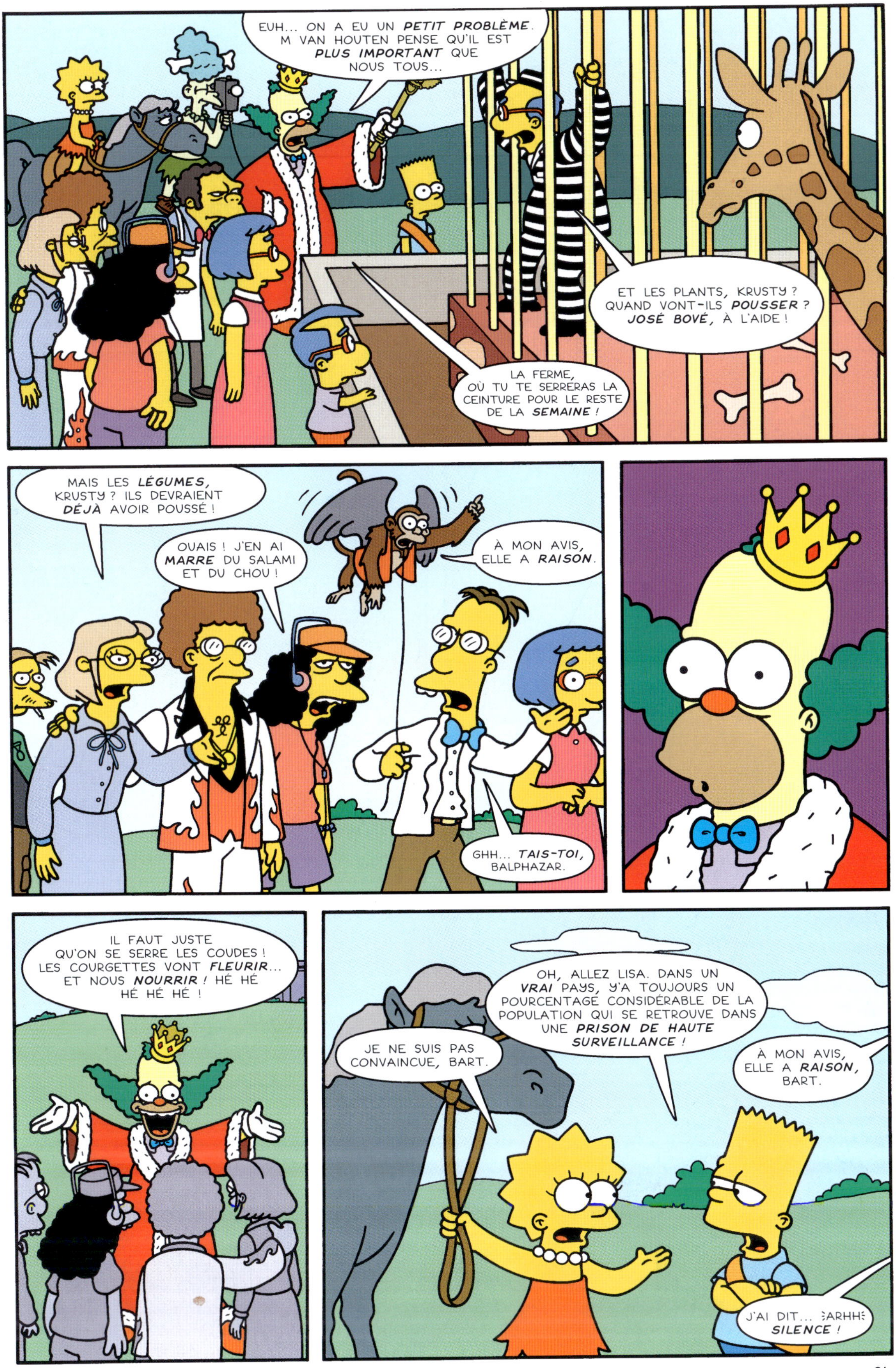
EUH... ON A EU UN PETIT PROBLÈME. M VAN HOUTEN PENSE QU'IL EST PLUS IMPORTANT QUE NOUS TOUS...
ET LES PLANTS, KRUSTY ? QUAND VONT-ILS POUSSER ? JOSÉ BOVÉ, À L'AIDE !
LA FERME, OÙ TU TE SERRERAS LA CEINTURE POUR LE RESTE DE LA SEMAINE !
MAIS LES LÉGUMES, KRUSTY ? ILS DEVRAIENT DÉJÀ AVOIR POUSSÉ !
OUAIS ! J'EN AI MARRE DU SALAMI ET DU CHOU !
À MON AVIS, ELLE A RAISON.
GHH... TAIS-TOI, BALPHAZAR.
IL FAUT JUSTE QU'ON SE SERRE LES COUDES ! LES COURGETTES VONT FLEURIR... ET NOUS NOURRIR ! HÉ HÉ HÉ HÉ HÉ !
JE NE SUIS PAS CONVAINCUE, BART.
OH, ALLEZ LISA. DANS UN VRAI PAYS, Y'A TOUJOURS UN POURCENTAGE CONSIDÉRABLE DE LA POPULATION QUI SE RETROUVE DANS UNE PRISON DE HAUTE SURVEILLANCE !
À MON AVIS, ELLE A RAISON, BART.
J'AI DIT... GARHH! SILENCE !

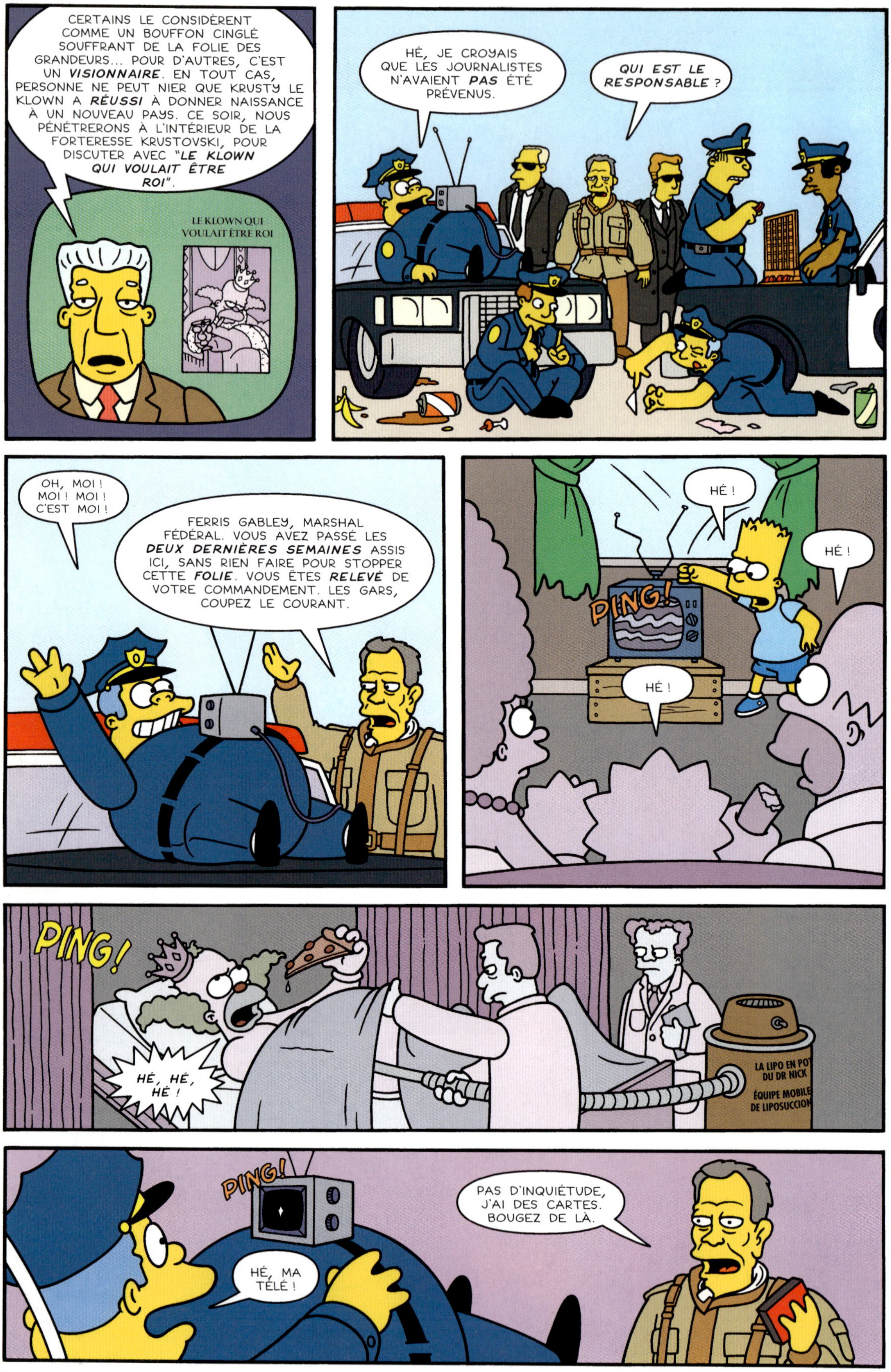
CERTAINS LE CONSIDÈRENT COMME UN BOUFFON CINGLÉ SOUFFRANT DE LA FOLIE DES GRANDEURS... POUR D'AUTRES, C'EST UN **VISIONNAIRE**. EN TOUT CAS, PERSONNE NE PEUT NIER QUE KRUSTY LE KLOWN A **RÉUSSI** À DONNER NAISSANCE À UN NOUVEAU PAYS. CE SOIR, NOUS PÉNÉTRERONS À L'INTÉRIEUR DE LA FORTERESSE KRUSTOVSKI, POUR DISCUTER AVEC **"LE KLOWN QUI VOULAIT ÊTRE ROI"**.
LE KLOWN QUI VOULAIT ÊTRE ROI
HÉ, JE CROYAIS QUE LES JOURNALISTES N'AVAIENT **PAS** ÉTÉ PRÉVENUS.
QUI EST LE RESPONSABLE ?
OH, MOI ! MOI ! MOI ! C'EST MOI !
FERRIS GABLEY, MARSHAL FÉDÉRAL. VOUS AVEZ PASSÉ LES **DEUX DERNIÈRES SEMAINES** ASSIS ICI, SANS RIEN FAIRE POUR STOPPER CETTE **FOLIE**. VOUS ÊTES **RELEVÉ** DE VOTRE COMMANDEMENT. LES GARS, COUPEZ LE COURANT.
PING!
HÉ !
HÉ !
HÉ !
PING!
HÉ, HÉ, HÉ !
LA LIPO EN POT
DU DR NICK
ÉQUIPE MOBILE
DE LIPOSUCCION
PING!
HÉ, MA TÉLÉ !
PAS D'INQUIÉTUDE, J'AI DES CARTES. BOUGEZ DE LÀ.

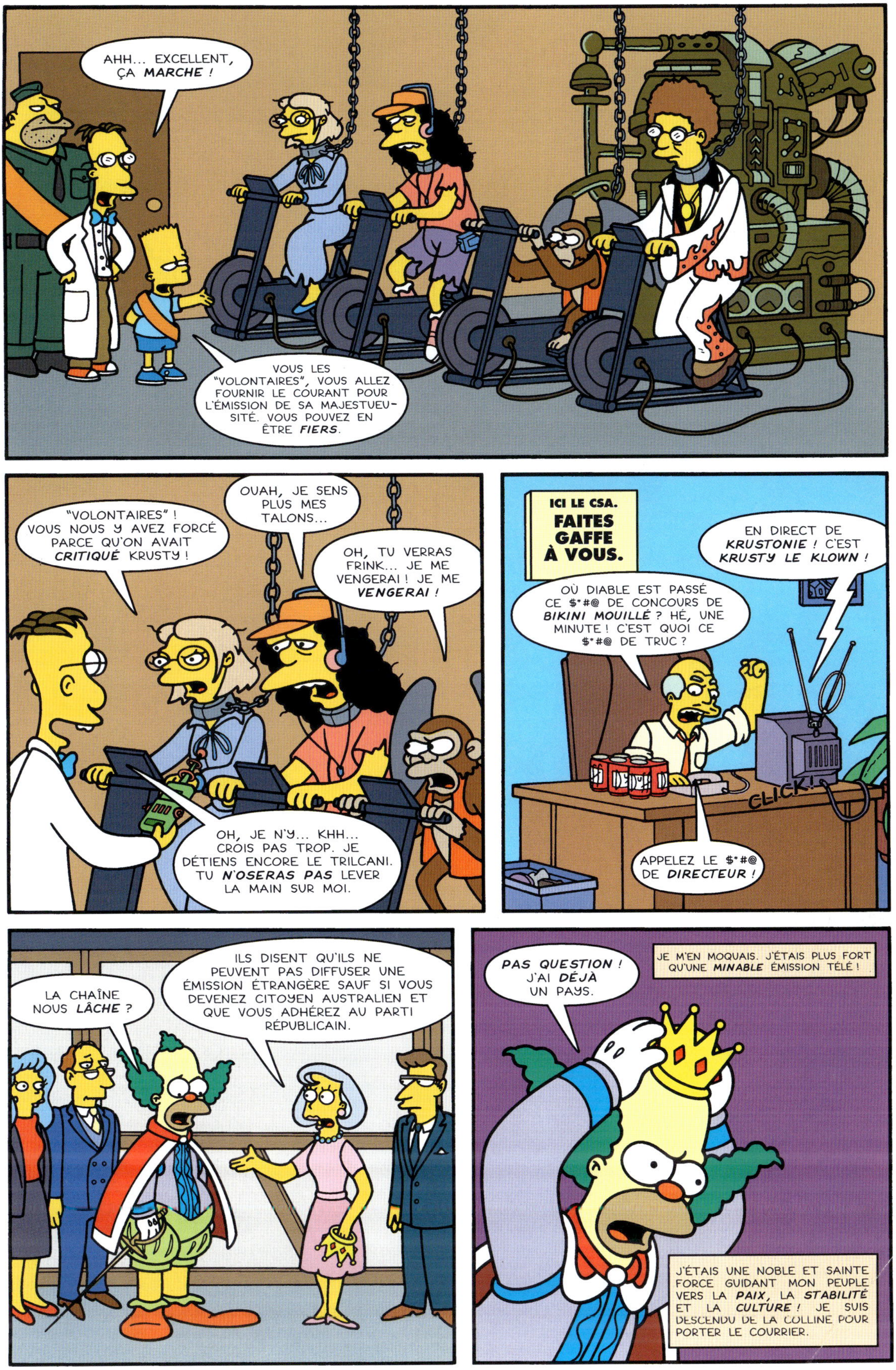
AHH... EXCELLENT, ÇA **MARCHE** !
VOUS LES "VOLONTAIRES", VOUS ALLEZ FOURNIR LE COURANT POUR L'ÉMISSION DE SA MAJESTUEUSITÉ. VOUS POUVEZ EN ÊTRE **FIERS**.
"VOLONTAIRES" ! VOUS NOUS Y AVEZ FORCÉ PARCE QU'ON AVAIT **CRITIQUÉ** KRUSTY !
OUAH, JE SENS PLUS MES TALONS...
OH, TU VERRAS FRINK... JE ME VENGERAI ! JE ME **VENGERAI** !
OH, JE N'Y... KHH... CROIS PAS TROP. JE DÉTIENS ENCORE LE TRILCANI. TU **N'OSERAS PAS** LEVER LA MAIN SUR MOI.
ICI LE CSA. FAITES GAFFE À VOUS.
EN DIRECT DE **KRUSTONIE** ! C'EST **KRUSTY LE KLOWN** !
OÙ DIABLE EST PASSÉ CE $*#@ DE CONCOURS DE **BIKINI MOUILLÉ** ? HÉ, UNE MINUTE ! C'EST QUOI CE $*#@ DE TRUC ?
CLICK !
APPELEZ LE $*#@ DE **DIRECTEUR** !
LA CHAÎNE NOUS **LÂCHE** ?
ILS DISENT QU'ILS NE PEUVENT PAS DIFFUSER UNE ÉMISSION ÉTRANGÈRE SAUF SI VOUS DEVENEZ CITOYEN AUSTRALIEN ET QUE VOUS ADHÉREZ AU PARTI RÉPUBLICAIN.
JE M'EN MOQUAIS. J'ÉTAIS PLUS FORT QU'UNE **MINABLE** ÉMISSION TÉLÉ !
PAS QUESTION ! J'AI **DÉJÀ** UN PAYS.
J'ÉTAIS UNE NOBLE ET SAINTE FORCE GUIDANT MON PEUPLE VERS LA **PAIX**, LA **STABILITÉ** ET LA **CULTURE** ! JE SUIS DESCENDU DE LA COLLINE POUR PORTER LE COURRIER.

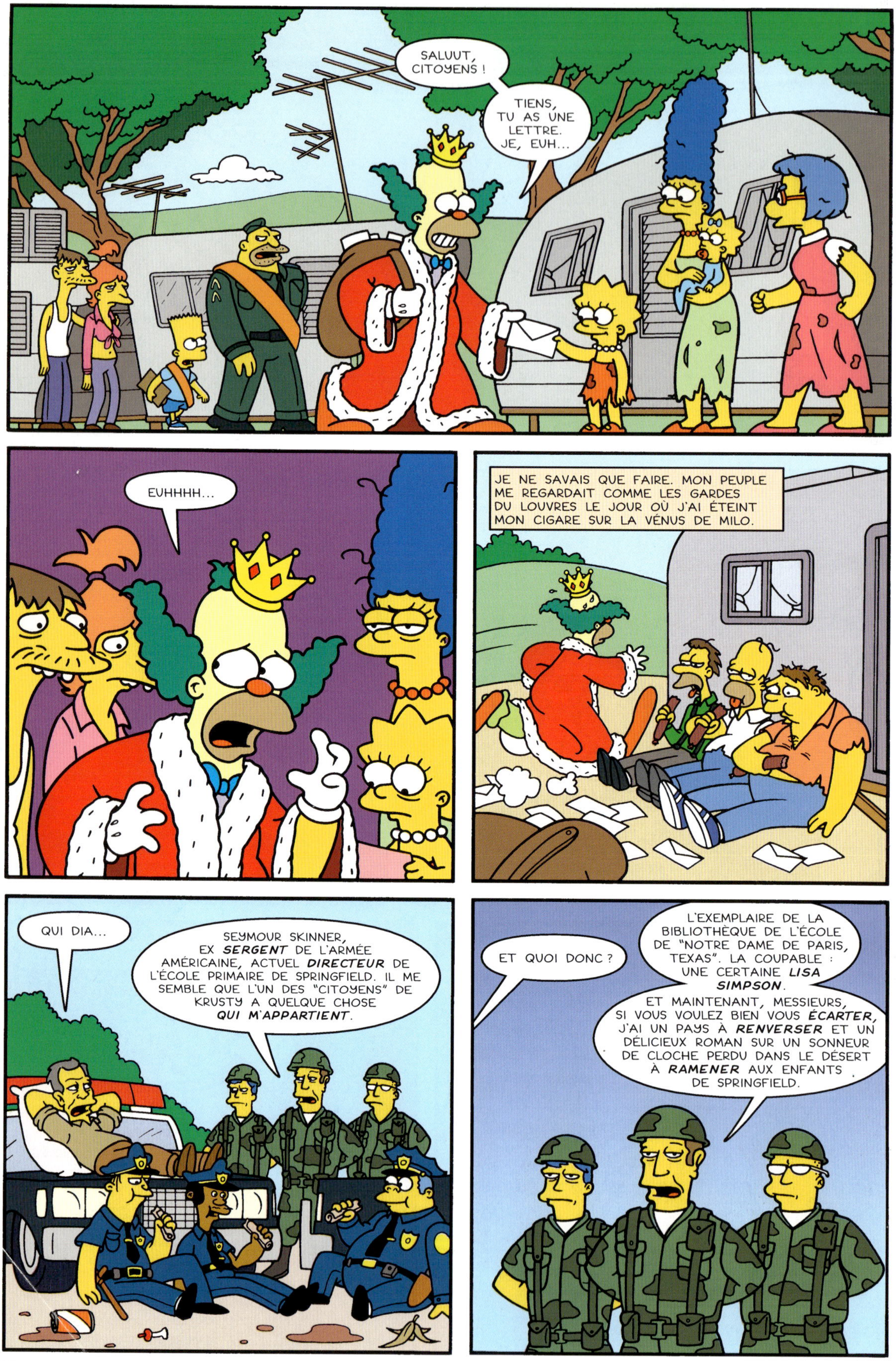
SALUUT, CITOYENS !
TIENS, TU AS UNE LETTRE. JE, EUH...
EUHHHH...
JE NE SAVAIS QUE FAIRE. MON PEUPLE ME REGARDAIT COMME LES GARDES DU LOUVRES LE JOUR OÙ J'AI ÉTEINT MON CIGARE SUR LA VÉNUS DE MILO.
QUI DIA...
SEYMOUR SKINNER, EX **SERGENT** DE L'ARMÉE AMÉRICAINE, ACTUEL **DIRECTEUR** DE L'ÉCOLE PRIMAIRE DE SPRINGFIELD. IL ME SEMBLE QUE L'UN DES "CITOYENS" DE KRUSTY A QUELQUE CHOSE **QUI M'APPARTIENT**.
ET QUOI DONC ?
L'EXEMPLAIRE DE LA BIBLIOTHÈQUE DE L'ÉCOLE DE "NOTRE DAME DE PARIS, TEXAS". LA COUPABLE : UNE CERTAINE **LISA SIMPSON**.
ET MAINTENANT, MESSIEURS, SI VOUS VOULEZ BIEN VOUS **ÉCARTER**, J'AI UN PAYS À **RENVERSER** ET UN DÉLICIEUX ROMAN SUR UN SONNEUR DE CLOCHE PERDU DANS LE DÉSERT À **RAMENER** AUX ENFANTS DE SPRINGFIELD.

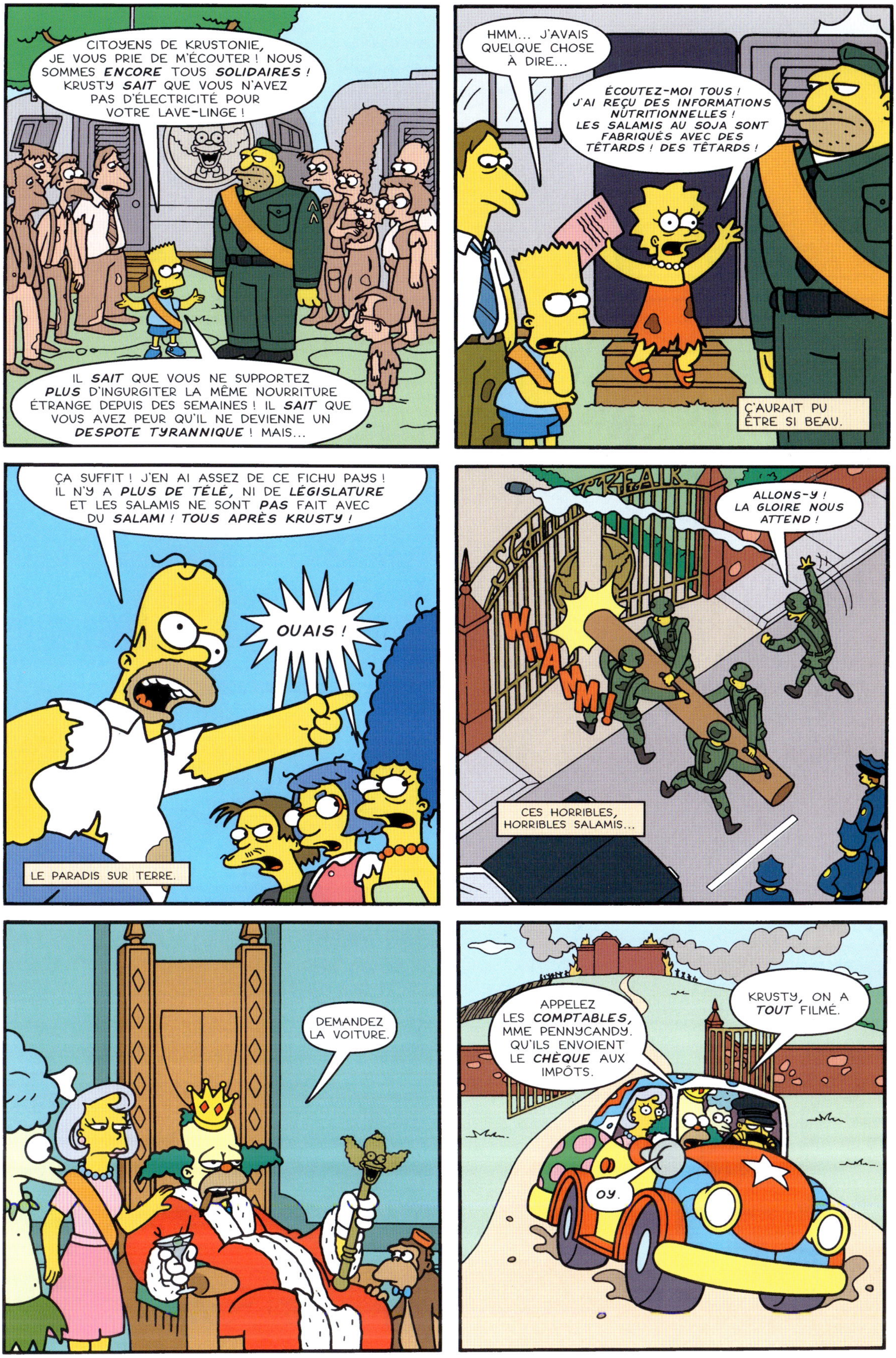
CITOYENS DE KRUSTONIE, JE VOUS PRIE DE M'ÉCOUTER ! NOUS SOMMES ENCORE TOUS SOLIDAIRES ! KRUSTY SAIT QUE VOUS N'AVEZ PAS D'ÉLECTRICITÉ POUR VOTRE LAVE-LINGE !
IL SAIT QUE VOUS NE SUPPORTEZ PLUS D'INGURGITER LA MÊME NOURRITURE ÉTRANGE DEPUIS DES SEMAINES ! IL SAIT QUE VOUS AVEZ PEUR QU'IL NE DEVIENNE UN DESPOTE TYRANNIQUE ! MAIS...
HMM... J'AVAIS QUELQUE CHOSE À DIRE...
ÉCOUTEZ-MOI TOUS ! J'AI REÇU DES INFORMATIONS NUTRITIONNELLES ! LES SALAMIS AU SOJA SONT FABRIQUÉS AVEC DES TÊTARDS ! DES TÊTARDS !
ÇA AURAIT PU ÊTRE SI BEAU.
ÇA SUFFIT ! J'EN AI ASSEZ DE CE FICHU PAYS ! IL N'Y A PLUS DE TÉLÉ, NI DE LÉGISLATURE ET LES SALAMIS NE SONT PAS FAIT AVEC DU SALAMI ! TOUS APRÈS KRUSTY !
OUAIS !
LE PARADIS SUR TERRE.
ALLONS-Y ! LA GLOIRE NOUS ATTEND !
WHAMM !
CES HORRIBLES, HORRIBLES SALAMIS...
DEMANDEZ LA VOITURE.
APPELEZ LES COMPTABLES, MME PENNYCANDY. QU'ILS ENVOIENT LE CHÈQUE AUX IMPÔTS.
KRUSTY, ON A TOUT FILMÉ.
OY.

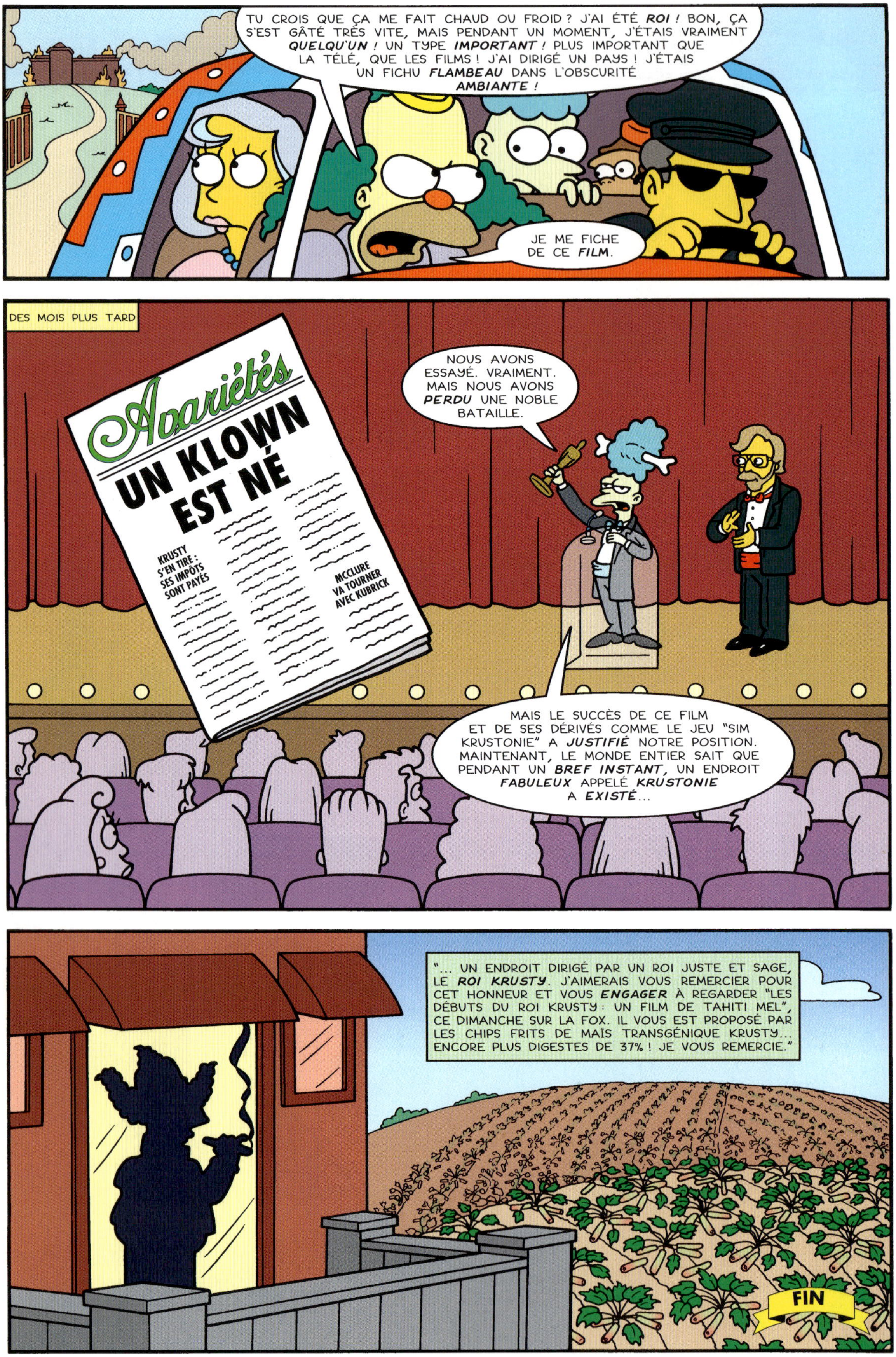
TU CROIS QUE ÇA ME FAIT CHAUD OU FROID ? J'AI ÉTÉ **ROI** ! BON, ÇA S'EST GÂTÉ TRÈS VITE, MAIS PENDANT UN MOMENT, J'ÉTAIS VRAIMENT **QUELQU'UN** ! UN TYPE **IMPORTANT** ! PLUS IMPORTANT QUE LA TÉLÉ, QUE LES FILMS ! J'AI DIRIGÉ UN PAYS ! J'ÉTAIS UN FICHU **FLAMBEAU** DANS L'OBSCURITÉ **AMBIANTE** !
JE ME FICHE DE CE **FILM**.
DES MOIS PLUS TARD
Avariétés
UN KLOWN EST NÉ
KRUSTY S'EN TIRE : SES IMPÔTS SONT PAYÉS
MCCLURE VA TOURNER AVEC KUBRICK
NOUS AVONS ESSAYÉ. VRAIMENT. MAIS NOUS AVONS **PERDU** UNE NOBLE BATAILLE.
MAIS LE SUCCÈS DE CE FILM ET DE SES DÉRIVÉS COMME LE JEU "SIM KRUSTONIE" A **JUSTIFIÉ** NOTRE POSITION. MAINTENANT, LE MONDE ENTIER SAIT QUE PENDANT UN **BREF INSTANT**, UN ENDROIT **FABULEUX** APPELÉ **KRUSTONIE** A **EXISTÉ**...
"... UN ENDROIT DIRIGÉ PAR UN ROI JUSTE ET SAGE, LE **ROI KRUSTY**. J'AIMERAIS VOUS REMERCIER POUR CET HONNEUR ET VOUS **ENGAGER** À REGARDER "LES DÉBUTS DU ROI KRUSTY : UN FILM DE TAHITI MEL", CE DIMANCHE SUR LA FOX. IL VOUS EST PROPOSÉ PAR LES CHIPS FRITS DE MAÏS TRANSGÉNIQUE KRUSTY... ENCORE PLUS DIGESTES DE 37% ! JE VOUS REMERCIE."
FIN

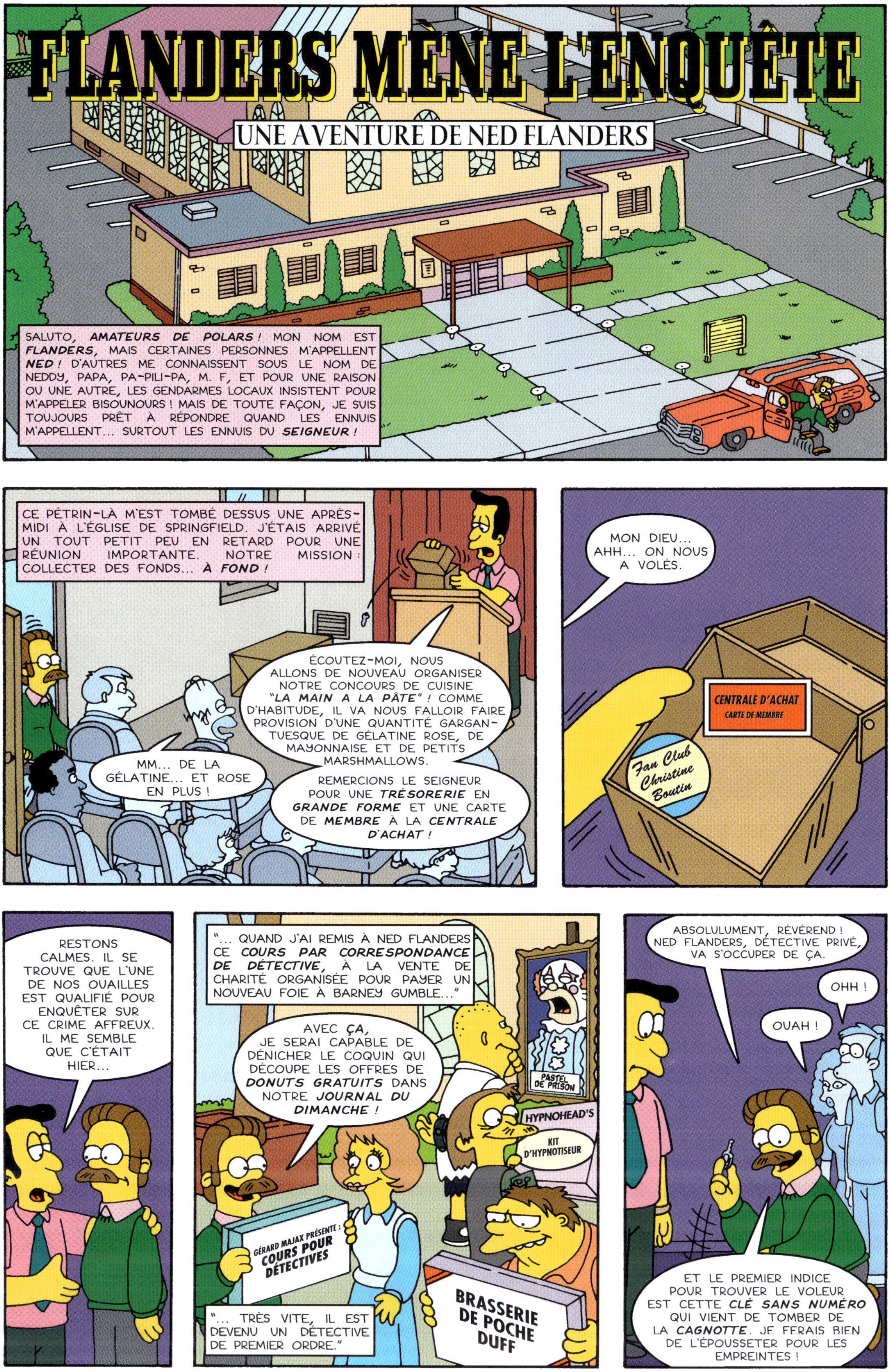

SCRIPT GARY GLASBERG — *CRAYONNÉS* PHIL ORTIZ — *ENCRAGE* TIM HARKINS — *COULEUR* NATHAN KANE — *SUSPECT IDÉAL* MATT GROENING — *PETIT ANGE* FRANÇOIS PENEAUD — *GRAND SATAN* LOUIS-ANTOINE DUJARDIN

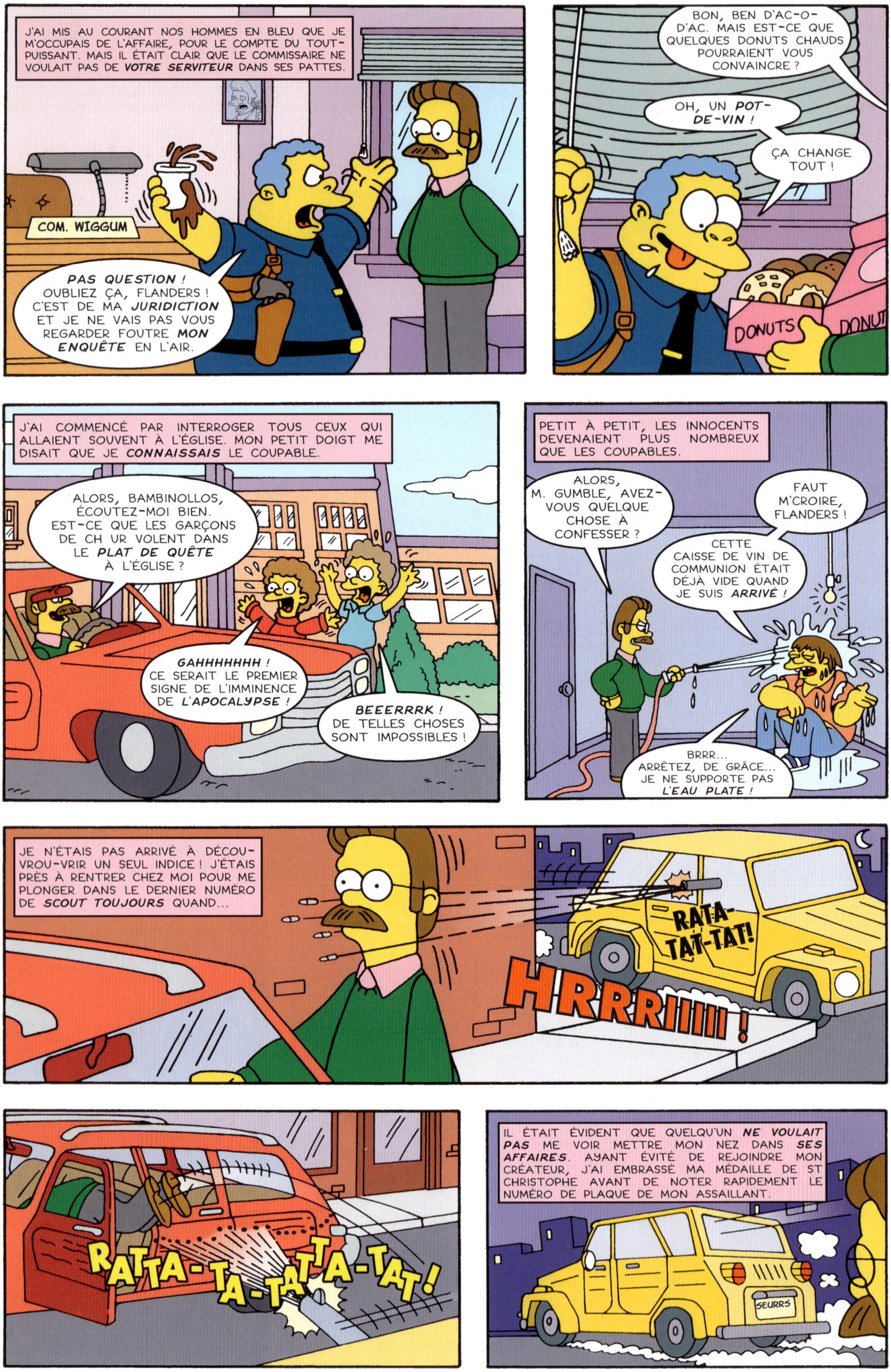
J'AI MIS AU COURANT NOS HOMMES EN BLEU QUE JE M'OCCUPAIS DE L'AFFAIRE, POUR LE COMPTE DU TOUT-PUISSANT. MAIS IL ÉTAIT CLAIR QUE LE COMMISSAIRE NE VOULAIT PAS DE *VOTRE SERVITEUR* DANS SES PATTES.
COM. WIGGUM
PAS QUESTION ! OUBLIEZ ÇA, FLANDERS ! C'EST DE MA *JURIDICTION* ET JE NE VAIS PAS VOUS REGARDER FOUTRE *MON ENQUÊTE* EN L'AIR.
BON, BEN D'AC-O-D'AC. MAIS EST-CE QUE QUELQUES DONUTS CHAUDS POURRAIENT VOUS CONVAINCRE ?
OH, UN *POT-DE-VIN !*
ÇA CHANGE TOUT !
DONUTS
J'AI COMMENCÉ PAR INTERROGER TOUS CEUX QUI ALLAIENT SOUVENT À L'ÉGLISE. MON PETIT DOIGT ME DISAIT QUE JE *CONNAISSAIS* LE COUPABLE.
ALORS, BAMBINOLLOS, ÉCOUTEZ-MOI BIEN. EST-CE QUE LES GARÇONS DE CH UR VOLENT DANS LE *PLAT DE QUÊTE* À L'ÉGLISE ?
GAHHHHHHH ! CE SERAIT LE PREMIER SIGNE DE L'IMMINENCE DE *L'APOCALYPSE !*
BEEERRRK ! DE TELLES CHOSES SONT IMPOSSIBLES !
PETIT À PETIT, LES INNOCENTS DEVENAIENT PLUS NOMBREUX QUE LES COUPABLES.
ALORS, M. GUMBLE, AVEZ-VOUS QUELQUE CHOSE À CONFESSER ?
FAUT M'CROIRE, FLANDERS !
CETTE CAISSE DE VIN DE COMMUNION ÉTAIT DÉJÀ VIDE QUAND JE SUIS *ARRIVÉ !*
BRRR... ARRÊTEZ, DE GRÂCE... JE NE SUPPORTE PAS *L'EAU PLATE !*
JE N'ÉTAIS PAS ARRIVÉ À DÉCOU-VROU-VRIR UN SEUL INDICE ! J'ÉTAIS PRÈS À RENTRER CHEZ MOI POUR ME PLONGER DANS LE DERNIER NUMÉRO DE *SCOUT TOUJOURS* QUAND...
RATTA-TAT-TAT!
HRRRIIIIII !
RATTA-TA-TATTA-TAT !
IL ÉTAIT ÉVIDENT QUE QUELQU'UN *NE VOULAIT PAS* ME VOIR METTRE MON NEZ DANS *SES AFFAIRES*. AYANT ÉVITÉ DE REJOINDRE MON CRÉATEUR, J'AI EMBRASSÉ MA MÉDAILLE DE ST CHRISTOPHE AVANT DE NOTER RAPIDEMENT LE NUMÉRO DE PLAQUE DE MON ASSAILLANT.

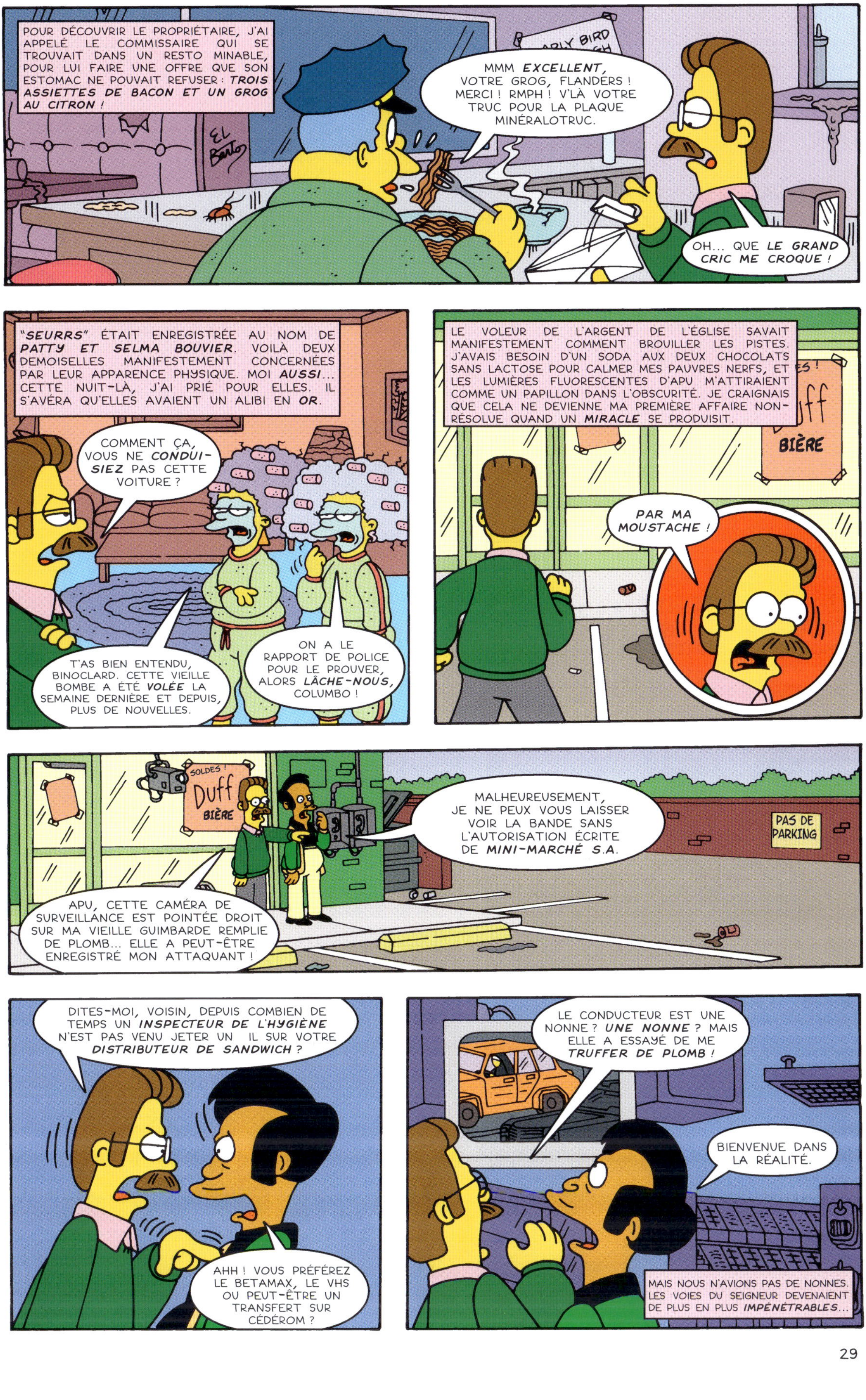
POUR DÉCOUVRIR LE PROPRIÉTAIRE, J'AI APPELÉ LE COMMISSAIRE QUI SE TROUVAIT DANS UN RESTO MINABLE, POUR LUI FAIRE UNE OFFRE QUE SON ESTOMAC NE POUVAIT REFUSER : TROIS ASSIETTES DE BACON ET UN GROG AU CITRON !
MMM EXCELLENT, VOTRE GROG, FLANDERS ! MERCI ! RMPH ! V'LÀ VOTRE TRUC POUR LA PLAQUE MINÉRALOTRUC.
OH... QUE LE GRAND CRIC ME CROQUE !
"SEURRS" ÉTAIT ENREGISTRÉE AU NOM DE PATTY ET SELMA BOUVIER. VOILÀ DEUX DEMOISELLES MANIFESTEMENT CONCERNÉES PAR LEUR APPARENCE PHYSIQUE. MOI AUSSI... CETTE NUIT-LÀ, J'AI PRIÉ POUR ELLES. IL S'AVÉRA QU'ELLES AVAIENT UN ALIBI EN OR.
COMMENT ÇA, VOUS NE CONDUISIEZ PAS CETTE VOITURE ?
T'AS BIEN ENTENDU, BINOCLARD. CETTE VIEILLE BOMBE A ÉTÉ VOLÉE LA SEMAINE DERNIÈRE ET DEPUIS, PLUS DE NOUVELLES.
ON A LE RAPPORT DE POLICE POUR LE PROUVER, ALORS LÂCHE-NOUS, COLUMBO !
LE VOLEUR DE L'ARGENT DE L'ÉGLISE SAVAIT MANIFESTEMENT COMMENT BROUILLER LES PISTES. J'AVAIS BESOIN D'UN SODA AUX DEUX CHOCOLATS SANS LACTOSE POUR CALMER MES PAUVRES NERFS, ET LES LUMIÈRES FLUORESCENTES D'APU M'ATTIRAIENT COMME UN PAPILLON DANS L'OBSCURITÉ. JE CRAIGNAIS QUE CELA NE DEVIENNE MA PREMIÈRE AFFAIRE NON-RÉSOLUE QUAND UN MIRACLE SE PRODUISIT.
BIÈRE
PAR MA MOUSTACHE !
SOLDES !
Duff
BIÈRE
APU, CETTE CAMÉRA DE SURVEILLANCE EST POINTÉE DROIT SUR MA VIEILLE GUIMBARDE REMPLIE DE PLOMB... ELLE A PEUT-ÊTRE ENREGISTRÉ MON ATTAQUANT !
MALHEUREUSEMENT, JE NE PEUX VOUS LAISSER VOIR LA BANDE SANS L'AUTORISATION ÉCRITE DE MINI-MARCHÉ S.A.
PAS DE PARKING
DITES-MOI, VOISIN, DEPUIS COMBIEN DE TEMPS UN INSPECTEUR DE L'HYGIÈNE N'EST PAS VENU JETER UN ŒIL SUR VOTRE DISTRIBUTEUR DE SANDWICH ?
AHH ! VOUS PRÉFÉREZ LE BETAMAX, LE VHS OU PEUT-ÊTRE UN TRANSFERT SUR CÉDÉROM ?
LE CONDUCTEUR EST UNE NONNE ? UNE NONNE ? MAIS ELLE A ESSAYÉ DE ME TRUFFER DE PLOMB !
BIENVENUE DANS LA RÉALITÉ.
MAIS NOUS N'AVIONS PAS DE NONNES. LES VOIES DU SEIGNEUR DEVENAIENT DE PLUS EN PLUS IMPÉNÉTRABLES...

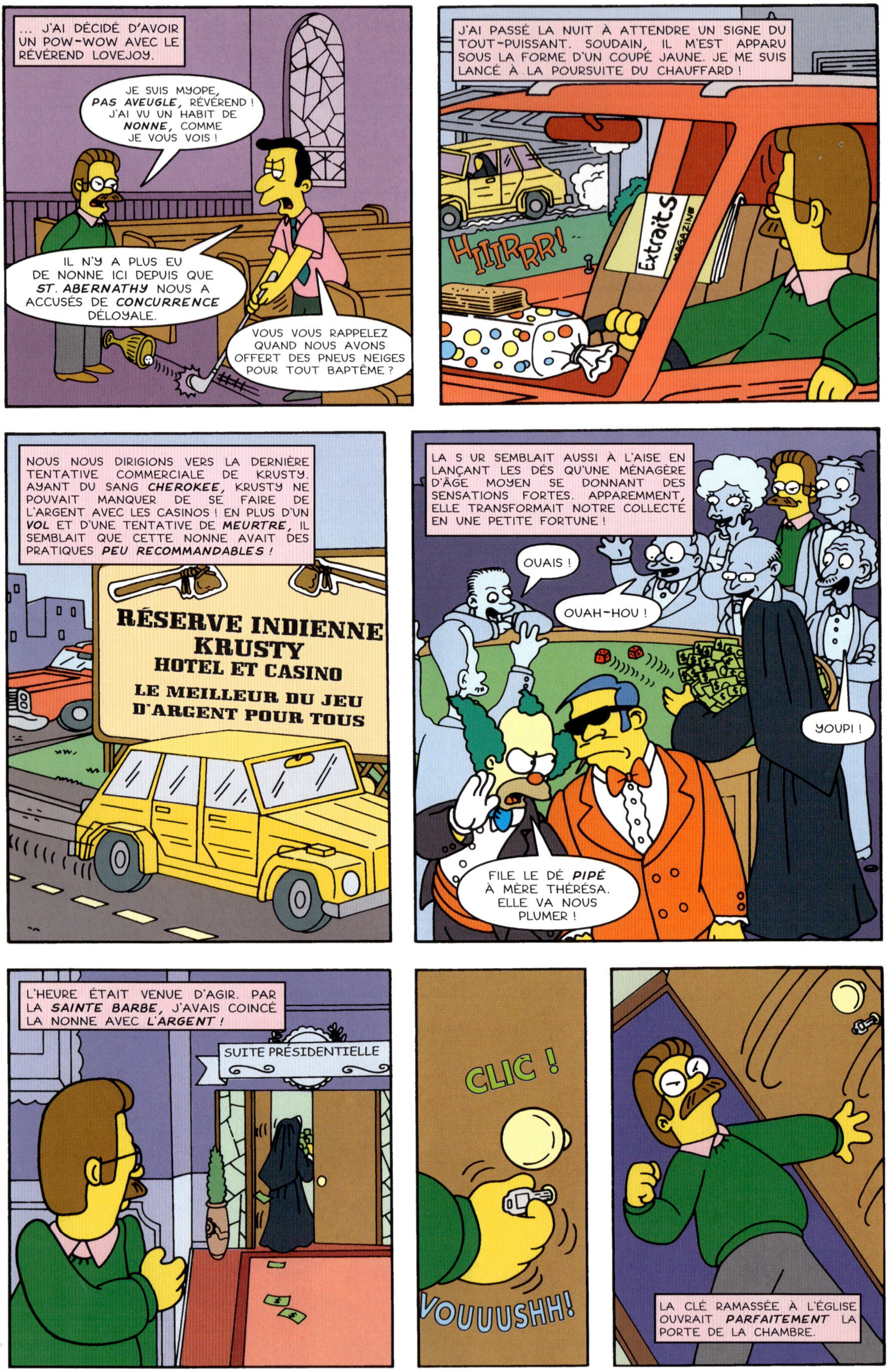
... J'AI DÉCIDÉ D'AVOIR UN POW-WOW AVEC LE RÉVÉREND LOVEJOY.
JE SUIS MYOPE, PAS AVEUGLE, RÉVÉREND ! J'AI VU UN HABIT DE NONNE, COMME JE VOUS VOIS !
IL N'Y A PLUS EU DE NONNE ICI DEPUIS QUE ST. ABERNATHY NOUS A ACCUSÉS DE CONCURRENCE DÉLOYALE.
VOUS VOUS RAPPELEZ QUAND NOUS AVONS OFFERT DES PNEUS NEIGES POUR TOUT BAPTÊME ?
J'AI PASSÉ LA NUIT À ATTENDRE UN SIGNE DU TOUT-PUISSANT. SOUDAIN, IL M'EST APPARU SOUS LA FORME D'UN COUPÉ JAUNE. JE ME SUIS LANCÉ À LA POURSUITE DU CHAUFFARD !
HIIIRRR!
Extraits
MAGAZINE
NOUS NOUS DIRIGIONS VERS LA DERNIÈRE TENTATIVE COMMERCIALE DE KRUSTY. AYANT DU SANG CHEROKEE, KRUSTY NE POUVAIT MANQUER DE SE FAIRE DE L'ARGENT AVEC LES CASINOS ! EN PLUS D'UN VOL ET D'UNE TENTATIVE DE MEURTRE, IL SEMBLAIT QUE CETTE NONNE AVAIT DES PRATIQUES PEU RECOMMANDABLES !
RÉSERVE INDIENNE KRUSTY
HOTEL ET CASINO
LE MEILLEUR DU JEU D'ARGENT POUR TOUS
LA S UR SEMBLAIT AUSSI À L'AISE EN LANÇANT LES DÉS QU'UNE MÉNAGÈRE D'ÂGE MOYEN SE DONNANT DES SENSATIONS FORTES. APPAREMMENT, ELLE TRANSFORMAIT NOTRE COLLECTE EN UNE PETITE FORTUNE !
OUAIS !
OUAH-HOU !
YOUPI !
FILE LE DÉ PIPÉ À MÈRE THÉRÉSA. ELLE VA NOUS PLUMER !
L'HEURE ÉTAIT VENUE D'AGIR. PAR LA SAINTE BARBE, J'AVAIS COINCÉ LA NONNE AVEC L'ARGENT !
SUITE PRÉSIDENTIELLE
CLIC !
VOUUUSHH!
LA CLÉ RAMASSÉE À L'ÉGLISE OUVRAIT PARFAITEMENT LA PORTE DE LA CHAMBRE.

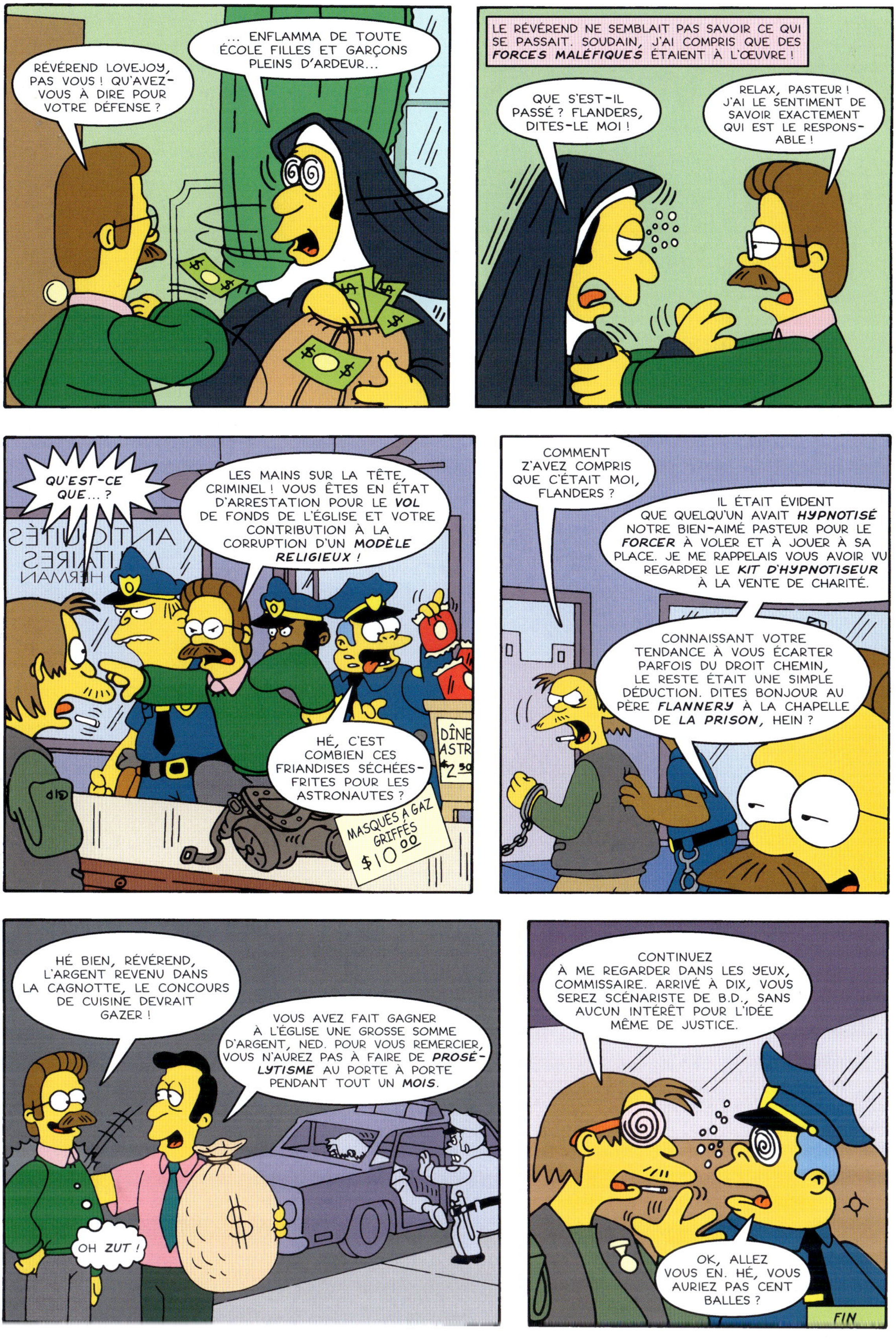
RÉVÉREND LOVEJOY, PAS VOUS ! QU'AVEZ-VOUS À DIRE POUR VOTRE DÉFENSE ?
... ENFLAMMA DE TOUTE ÉCOLE FILLES ET GARÇONS PLEINS D'ARDEUR...
LE RÉVÉREND NE SEMBLAIT PAS SAVOIR CE QUI SE PASSAIT. SOUDAIN, J'AI COMPRIS QUE DES ***FORCES MALÉFIQUES*** ÉTAIENT À L'ŒUVRE !
QUE S'EST-IL PASSÉ ? FLANDERS, DITES-LE MOI !
RELAX, PASTEUR ! J'AI LE SENTIMENT DE SAVOIR EXACTEMENT QUI EST LE RESPONSABLE !
QU'EST-CE QUE... ?
LES MAINS SUR LA TÊTE, CRIMINEL ! VOUS ÊTES EN ÉTAT D'ARRESTATION POUR LE ***VOL*** DE FONDS DE L'ÉGLISE ET VOTRE CONTRIBUTION À LA CORRUPTION D'UN ***MODÈLE RELIGIEUX*** !
HÉ, C'EST COMBIEN CES FRIANDISES SÉCHÉES-FRITES POUR LES ASTRONAUTES ?
MASQUES À GAZ GRIFFÉS $10 00
COMMENT Z'AVEZ COMPRIS QUE C'ÉTAIT MOI, FLANDERS ?
IL ÉTAIT ÉVIDENT QUE QUELQU'UN AVAIT ***HYPNOTISÉ*** NOTRE BIEN-AIMÉ PASTEUR POUR LE ***FORCER*** À VOLER ET À JOUER À SA PLACE. JE ME RAPPELAIS VOUS AVOIR VU REGARDER LE ***KIT D'HYPNOTISEUR*** À LA VENTE DE CHARITÉ.
CONNAISSANT VOTRE TENDANCE À VOUS ÉCARTER PARFOIS DU DROIT CHEMIN, LE RESTE ÉTAIT UNE SIMPLE DÉDUCTION. DITES BONJOUR AU PÈRE ***FLANNERY*** À LA CHAPELLE DE ***LA PRISON***, HEIN ?
HÉ BIEN, RÉVÉREND, L'ARGENT REVENU DANS LA CAGNOTTE, LE CONCOURS DE CUISINE DEVRAIT GAZER !
VOUS AVEZ FAIT GAGNER À L'ÉGLISE UNE GROSSE SOMME D'ARGENT, NED. POUR VOUS REMERCIER, VOUS N'AUREZ PAS À FAIRE DE ***PROSÉLYTISME*** AU PORTE À PORTE PENDANT TOUT UN ***MOIS***.
OH *ZUT* !
CONTINUEZ À ME REGARDER DANS LES YEUX, COMMISSAIRE. ARRIVÉ À DIX, VOUS SEREZ SCÉNARISTE DE B.D., SANS AUCUN INTÉRÊT POUR L'IDÉE MÊME DE JUSTICE.
OK, ALLEZ VOUS EN. HÉ, VOUS AURIEZ PAS CENT BALLES ?
FIN

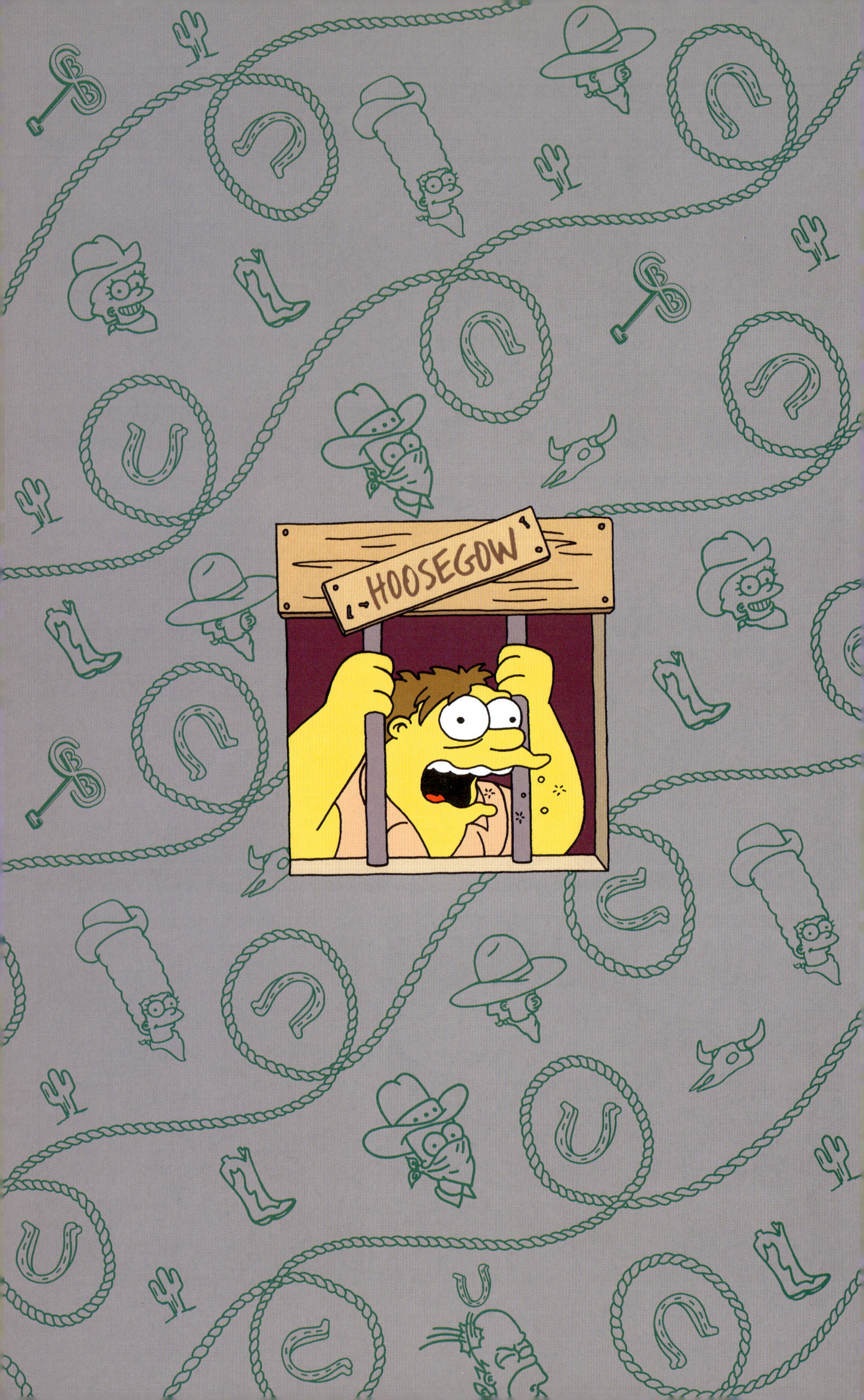
HOOSEGOW

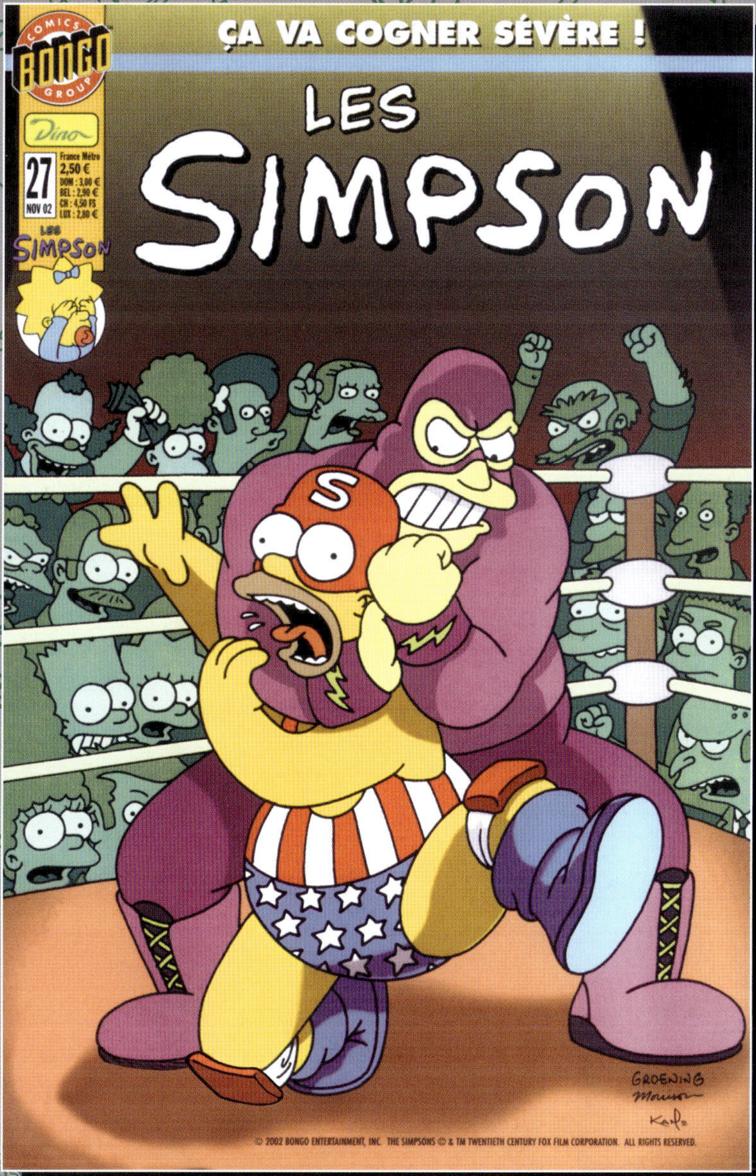
COMICS BONGO GROUP
Dino
27
NOV 02
France Métro
2,50 €
DOM : 3,00 €
BEL : 2,90 €
CH : 4,50 FS
LUX : 2,80 €
LES SIMPSON
ÇA VA COGNER SÉVÈRE !
LES SIMPSON
S
GROENING
© 2002 BONGO ENTERTAINMENT, INC. THE SIMPSONS © & TM TWENTIETH CENTURY FOX FILM CORPORATION. ALL RIGHTS RESERVED.

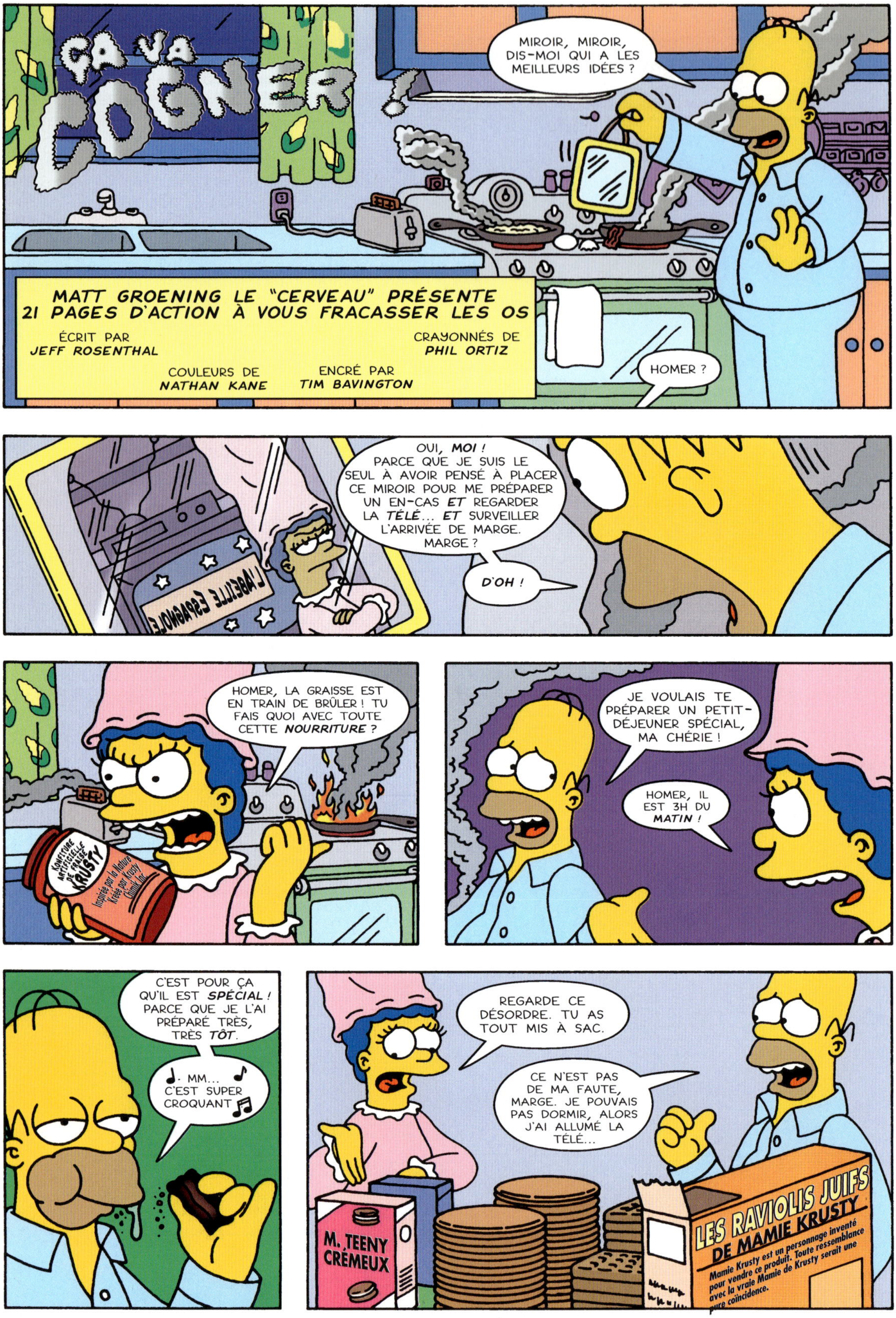

TRADUIT PAR *FRANÇOIS PENEAUD* SUPERVISÉ PAR *LOUIS-ANTOINE DUJARDIN*

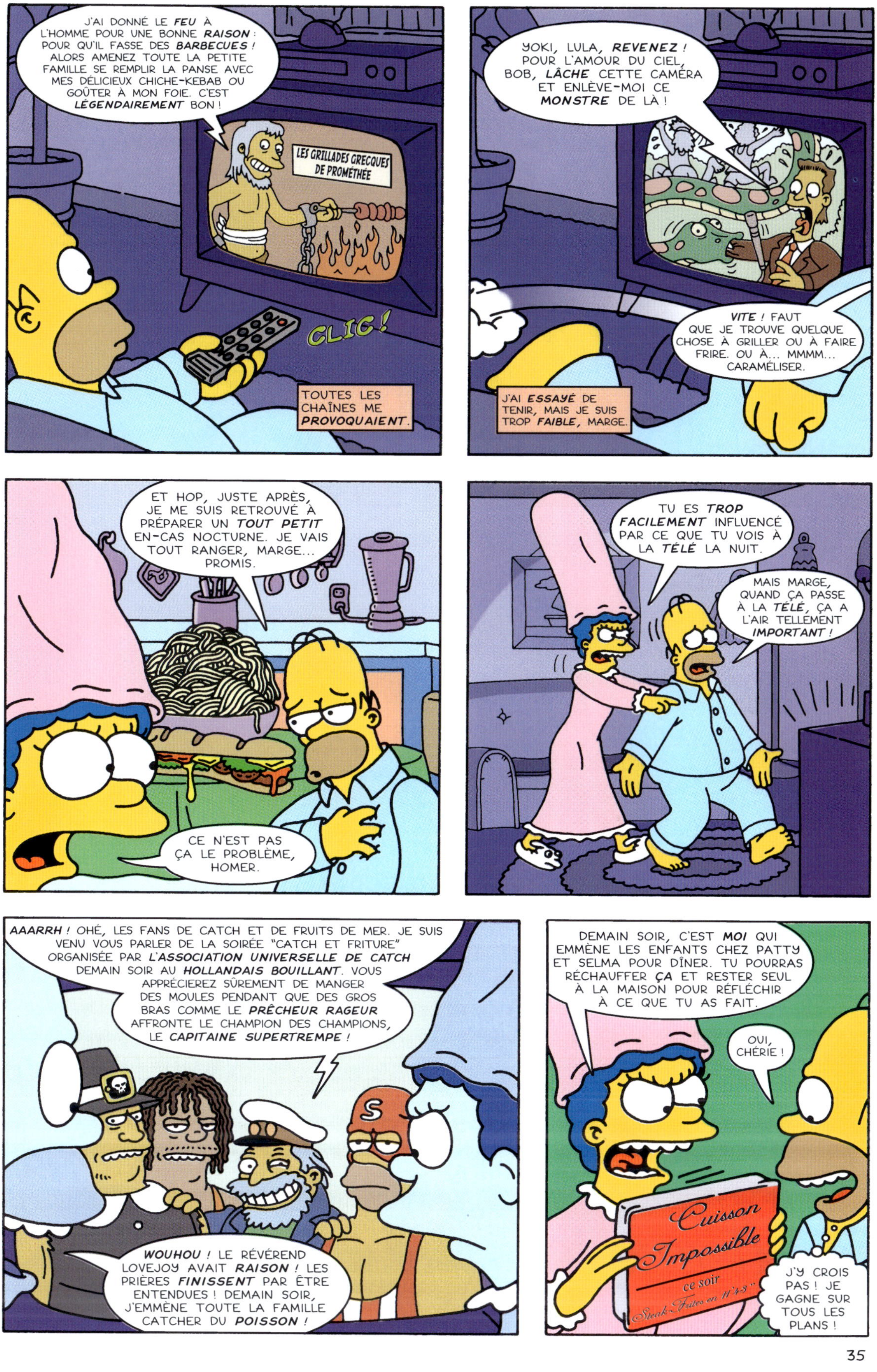
J'AI DONNÉ LE FEU À L'HOMME POUR UNE BONNE RAISON : POUR QU'IL FASSE DES BARBECUES ! ALORS AMENEZ TOUTE LA PETITE FAMILLE SE REMPLIR LA PANSE AVEC MES DÉLICIEUX CHICHE-KEBAB OU GOÛTER À MON FOIE. C'EST LÉGENDAIREMENT BON !
LES GRILLADES GRECQUES DE PROMÉTHÉE
CLIC !
TOUTES LES CHAÎNES ME PROVOQUAIENT.
YOKI, LULA, REVENEZ ! POUR L'AMOUR DU CIEL, BOB, LÂCHE CETTE CAMÉRA ET ENLÈVE-MOI CE MONSTRE DE LÀ !
J'AI ESSAYÉ DE TENIR, MAIS JE SUIS TROP FAIBLE, MARGE.
VITE ! FAUT QUE JE TROUVE QUELQUE CHOSE À GRILLER OU À FAIRE FRIRE. OU À... MMMM... CARAMÉLISER.
ET HOP, JUSTE APRÈS, JE ME SUIS RETROUVÉ À PRÉPARER UN TOUT PETIT EN-CAS NOCTURNE. JE VAIS TOUT RANGER, MARGE... PROMIS.
CE N'EST PAS ÇA LE PROBLÈME, HOMER.
TU ES TROP FACILEMENT INFLUENCÉ PAR CE QUE TU VOIS À LA TÉLÉ LA NUIT.
MAIS MARGE, QUAND ÇA PASSE À LA TÉLÉ, ÇA A L'AIR TELLEMENT IMPORTANT !
AAARRH ! OHÉ, LES FANS DE CATCH ET DE FRUITS DE MER. JE SUIS VENU VOUS PARLER DE LA SOIRÉE "CATCH ET FRITURE" ORGANISÉE PAR L'ASSOCIATION UNIVERSELLE DE CATCH DEMAIN SOIR AU HOLLANDAIS BOUILLANT. VOUS APPRÉCIEREZ SÛREMENT DE MANGER DES MOULES PENDANT QUE DES GROS BRAS COMME LE PRÊCHEUR RAGEUR AFFRONTE LE CHAMPION DES CHAMPIONS, LE CAPITAINE SUPERTREMPE !
WOUHOU ! LE RÉVÉREND LOVEJOY AVAIT RAISON ! LES PRIÈRES FINISSENT PAR ÊTRE ENTENDUES ! DEMAIN SOIR, J'EMMÈNE TOUTE LA FAMILLE CATCHER DU POISSON !
DEMAIN SOIR, C'EST MOI QUI EMMÈNE LES ENFANTS CHEZ PATTY ET SELMA POUR DÎNER. TU POURRAS RÉCHAUFFER ÇA ET RESTER SEUL À LA MAISON POUR RÉFLÉCHIR À CE QUE TU AS FAIT.
OUI, CHÉRIE !
Cuisson Impossible
ce soir
Steak Frites en 11'48"
J'Y CROIS PAS ! JE GAGNE SUR TOUS LES PLANS !

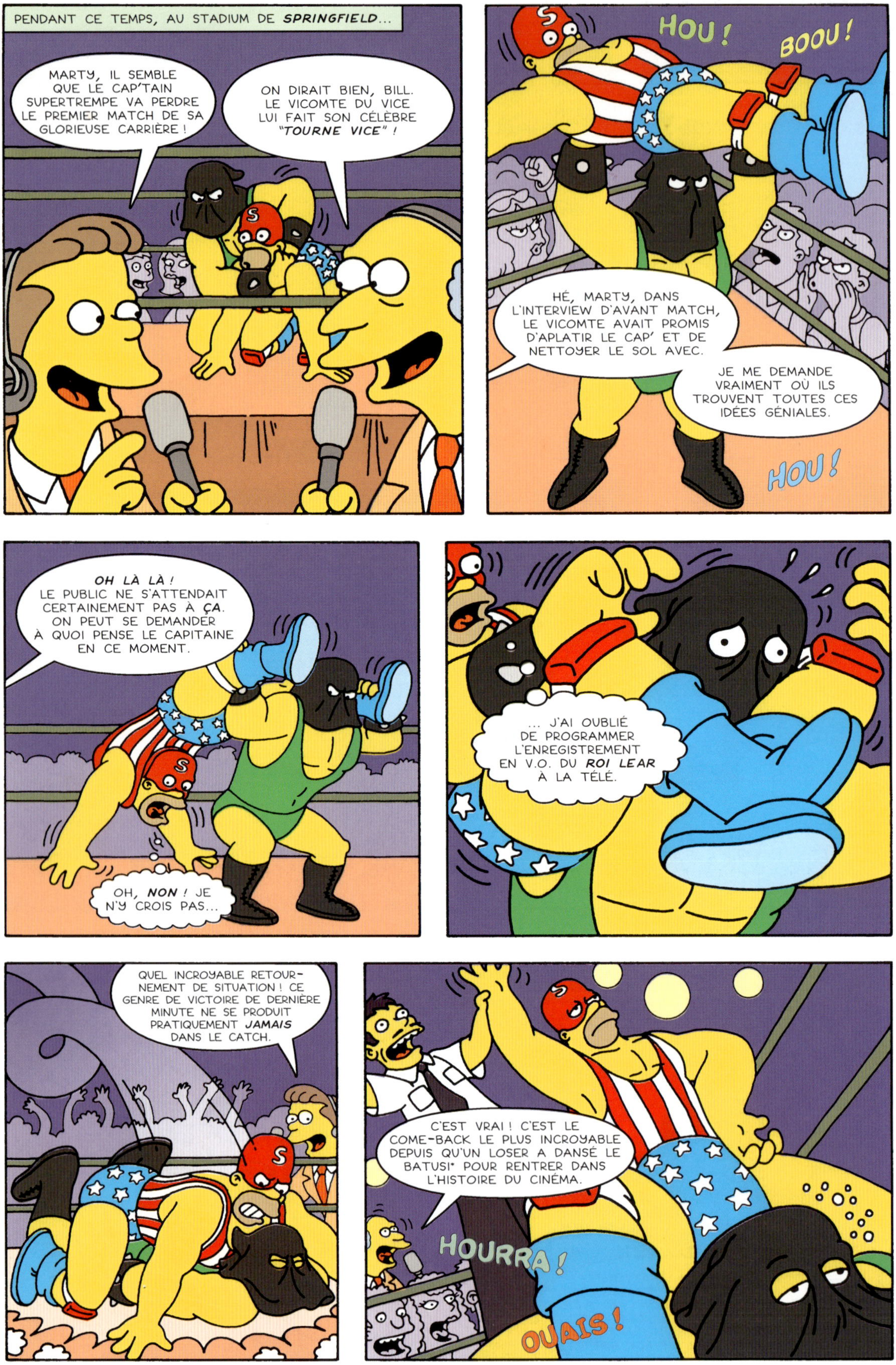

* REVOYEZ PULP FICTION (NDT).

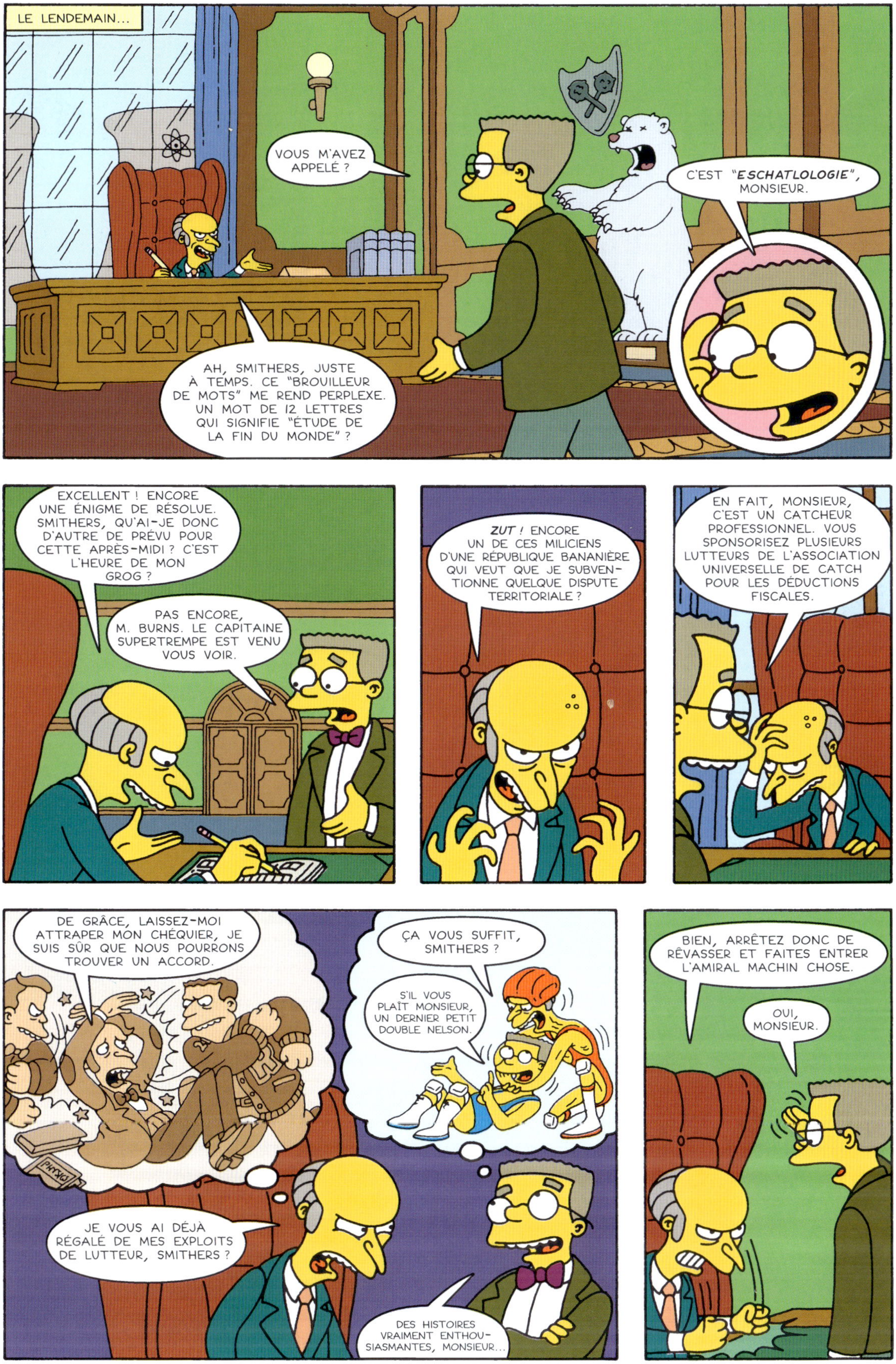
LE LENDEMAIN...
VOUS M'AVEZ APPELÉ ?
AH, SMITHERS, JUSTE À TEMPS. CE "BROUILLEUR DE MOTS" ME REND PERPLEXE. UN MOT DE 12 LETTRES QUI SIGNIFIE "ÉTUDE DE LA FIN DU MONDE" ?
C'EST "ESCHATLOLOGIE", MONSIEUR.
EXCELLENT ! ENCORE UNE ÉNIGME DE RÉSOLUE. SMITHERS, QU'AI-JE DONC D'AUTRE DE PRÉVU POUR CETTE APRÈS-MIDI ? C'EST L'HEURE DE MON GROG ?
PAS ENCORE, M. BURNS. LE CAPITAINE SUPERTREMPE EST VENU VOUS VOIR.
ZUT ! ENCORE UN DE CES MILICIENS D'UNE RÉPUBLIQUE BANANIÈRE QUI VEUT QUE JE SUBVENTIONNE QUELQUE DISPUTE TERRITORIALE ?
EN FAIT, MONSIEUR, C'EST UN CATCHEUR PROFESSIONNEL. VOUS SPONSORISEZ PLUSIEURS LUTTEURS DE L'ASSOCIATION UNIVERSELLE DE CATCH POUR LES DÉDUCTIONS FISCALES.
DE GRÂCE, LAISSEZ-MOI ATTRAPER MON CHÉQUIER, JE SUIS SÛR QUE NOUS POURRONS TROUVER UN ACCORD.
ÇA VOUS SUFFIT, SMITHERS ?
S'IL VOUS PLAÎT MONSIEUR, UN DERNIER PETIT DOUBLE NELSON.
JE VOUS AI DÉJÀ RÉGALÉ DE MES EXPLOITS DE LUTTEUR, SMITHERS ?
DES HISTOIRES VRAIMENT ENTHOUSIASMANTES, MONSIEUR...
BIEN, ARRÊTEZ DONC DE RÊVASSER ET FAITES ENTRER L'AMIRAL MACHIN CHOSE.
OUI, MONSIEUR.

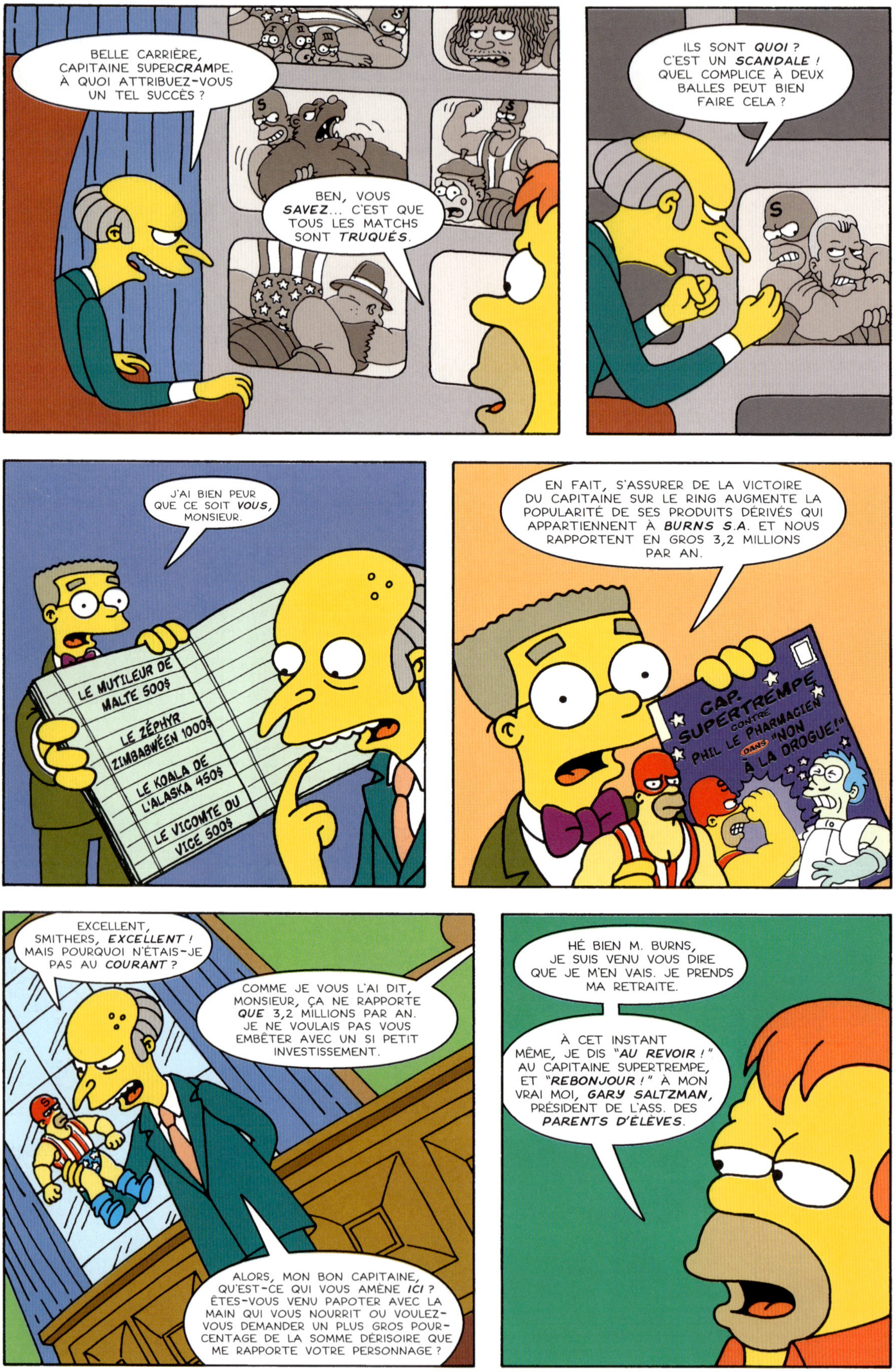
BELLE CARRIÈRE, CAPITAINE SUPERCRAMPE. À QUOI ATTRIBUEZ-VOUS UN TEL SUCCÈS ?
BEN, VOUS SAVEZ... C'EST QUE TOUS LES MATCHS SONT TRUQUÉS.
ILS SONT QUOI ? C'EST UN SCANDALE ! QUEL COMPLICE À DEUX BALLES PEUT BIEN FAIRE CELA ?
J'AI BIEN PEUR QUE CE SOIT VOUS, MONSIEUR.
LE MUTILEUR DE MALTE 500$
LE ZÉPHYR ZIMBABWÉEN 1000$
LE KOALA DE L'ALASKA 450$
LE VICOMTE DU VICE 500$
EN FAIT, S'ASSURER DE LA VICTOIRE DU CAPITAINE SUR LE RING AUGMENTE LA POPULARITÉ DE SES PRODUITS DÉRIVÉS QUI APPARTIENNENT À BURNS S.A. ET NOUS RAPPORTENT EN GROS 3,2 MILLIONS PAR AN.
CAP. SUPERTREMPE CONTRE PHIL LE PHARMACIEN DANS "NON À LA DROGUE !"
EXCELLENT, SMITHERS, EXCELLENT ! MAIS POURQUOI N'ÉTAIS-JE PAS AU COURANT ?
COMME JE VOUS L'AI DIT, MONSIEUR, ÇA NE RAPPORTE QUE 3,2 MILLIONS PAR AN. JE NE VOULAIS PAS VOUS EMBÊTER AVEC UN SI PETIT INVESTISSEMENT.
ALORS, MON BON CAPITAINE, QU'EST-CE QUI VOUS AMÈNE ICI ? ÊTES-VOUS VENU PAPOTER AVEC LA MAIN QUI VOUS NOURRIT OU VOULEZ-VOUS DEMANDER UN PLUS GROS POURCENTAGE DE LA SOMME DÉRISOIRE QUE ME RAPPORTE VOTRE PERSONNAGE ?
HÉ BIEN M. BURNS, JE SUIS VENU VOUS DIRE QUE JE M'EN VAIS. JE PRENDS MA RETRAITE.
À CET INSTANT MÊME, JE DIS "AU REVOIR !" AU CAPITAINE SUPERTREMPE, ET "REBONJOUR !" À MON VRAI MOI, GARY SALTZMAN, PRÉSIDENT DE L'ASS. DES PARENTS D'ÉLÈVES.

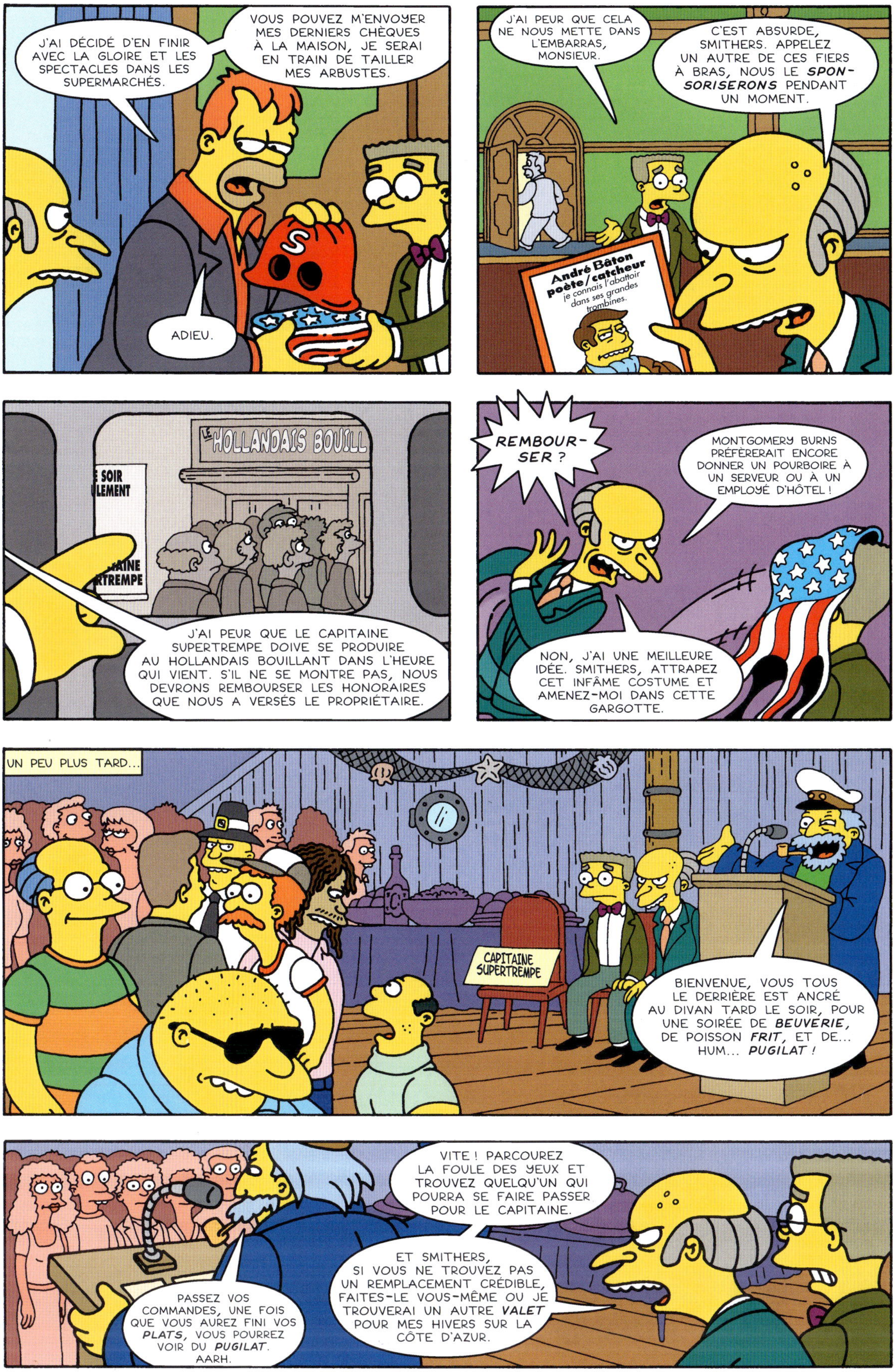
J'AI DÉCIDÉ D'EN FINIR AVEC LA GLOIRE ET LES SPECTACLES DANS LES SUPERMARCHÉS.
VOUS POUVEZ M'ENVOYER MES DERNIERS CHÈQUES À LA MAISON, JE SERAI EN TRAIN DE TAILLER MES ARBUSTES.
ADIEU.
J'AI PEUR QUE CELA NE NOUS METTE DANS L'EMBARRAS, MONSIEUR.
C'EST ABSURDE, SMITHERS. APPELEZ UN AUTRE DE CES FIERS À BRAS, NOUS LE SPONSORISERONS PENDANT UN MOMENT.
André Bâton poète/catcheur
je connais l'abattoir dans ses grandes trombines.
LE HOLLANDAIS BOUILL
J'AI PEUR QUE LE CAPITAINE SUPERTREMPE DOIVE SE PRODUIRE AU HOLLANDAIS BOUILLANT DANS L'HEURE QUI VIENT. S'IL NE SE MONTRE PAS, NOUS DEVRONS REMBOURSER LES HONORAIRES QUE NOUS A VERSÉS LE PROPRIÉTAIRE.
REMBOURSER ?
MONTGOMERY BURNS PRÉFÉRERAIT ENCORE DONNER UN POURBOIRE À UN SERVEUR OU À UN EMPLOYÉ D'HÔTEL !
NON, J'AI UNE MEILLEURE IDÉE. SMITHERS, ATTRAPEZ CET INFÂME COSTUME ET AMENEZ-MOI DANS CETTE GARGOTTE.
UN PEU PLUS TARD...
CAPITAINE SUPERTREMPE
BIENVENUE, VOUS TOUS LE DERRIÈRE EST ANCRÉ AU DIVAN TARD LE SOIR, POUR UNE SOIRÉE DE BEUVERIE, DE POISSON FRIT, ET DE... HUM... PUGILAT !
PASSEZ VOS COMMANDES, UNE FOIS QUE VOUS AUREZ FINI VOS PLATS, VOUS POURREZ VOIR DU PUGILAT. AARH.
VITE ! PARCOUREZ LA FOULE DES YEUX ET TROUVEZ QUELQU'UN QUI POURRA SE FAIRE PASSER POUR LE CAPITAINE.
ET SMITHERS, SI VOUS NE TROUVEZ PAS UN REMPLACEMENT CRÉDIBLE, FAITES-LE VOUS-MÊME OU JE TROUVERAI UN AUTRE VALET POUR MES HIVERS SUR LA CÔTE D'AZUR.

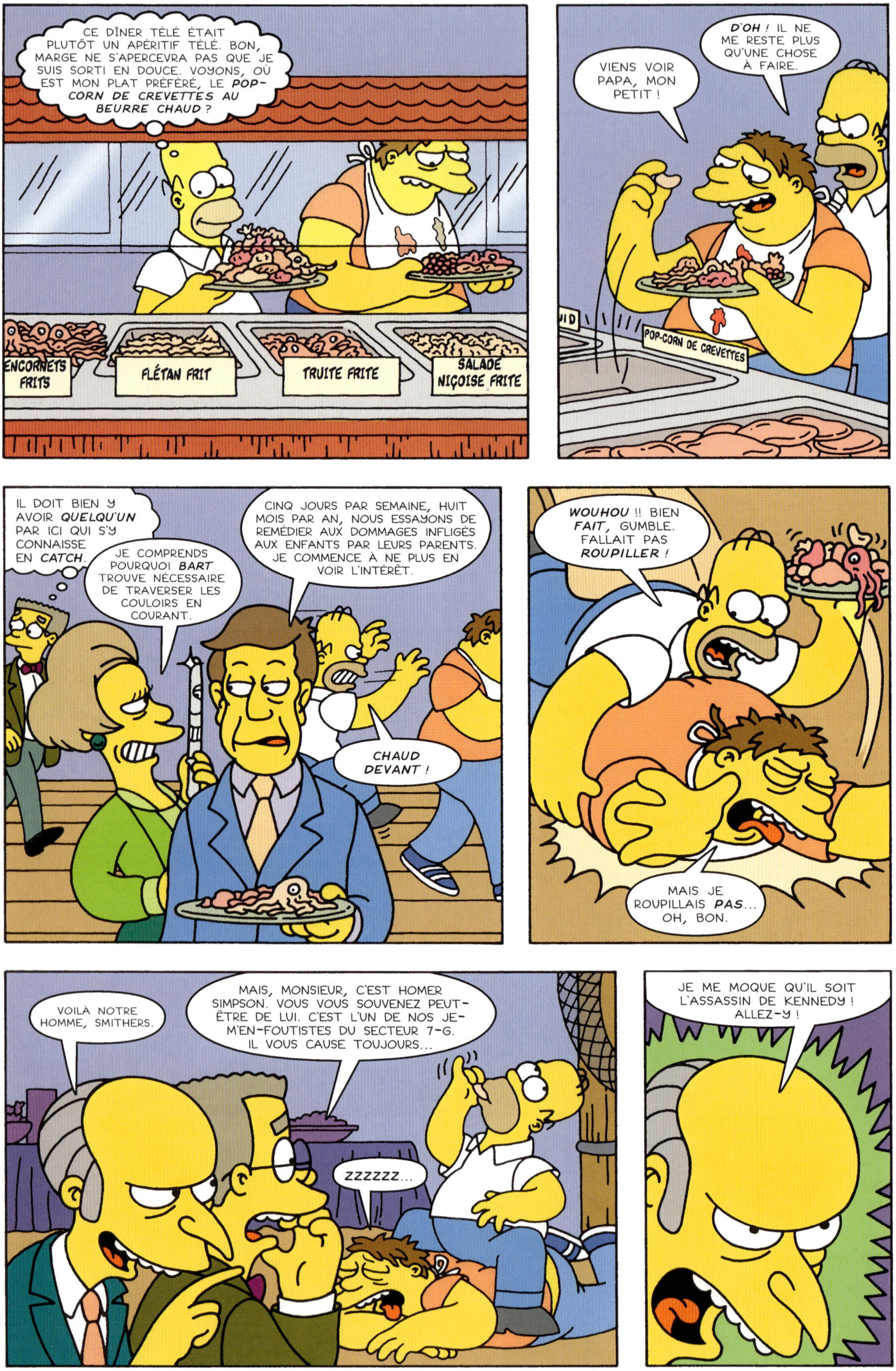
CE DÎNER TÉLÉ ÉTAIT PLUTÔT UN APÉRITIF TÉLÉ. BON, MARGE NE S'APERCEVRA PAS QUE JE SUIS SORTI EN DOUCE. VOYONS, OÙ EST MON PLAT PRÉFÉRÉ, LE POP-CORN DE CREVETTES AU BEURRE CHAUD ?
ENCORNETS FRITS
FLÉTAN FRIT
TRUITE FRITE
SALADE NIÇOISE FRITE
VIENS VOIR PAPA, MON PETIT !
D'OH ! IL NE ME RESTE PLUS QU'UNE CHOSE À FAIRE.
POP-CORN DE CREVETTES
IL DOIT BIEN Y AVOIR QUELQU'UN PAR ICI QUI S'Y CONNAISSE EN CATCH.
JE COMPRENDS POURQUOI BART TROUVE NÉCESSAIRE DE TRAVERSER LES COULOIRS EN COURANT.
CINQ JOURS PAR SEMAINE, HUIT MOIS PAR AN, NOUS ESSAYONS DE REMÉDIER AUX DOMMAGES INFLIGÉS AUX ENFANTS PAR LEURS PARENTS. JE COMMENCE À NE PLUS EN VOIR L'INTÉRÊT.
CHAUD DEVANT !
WOUHOU !! BIEN FAIT, GUMBLE. FALLAIT PAS ROUPILLER !
MAIS JE ROUPILLAIS PAS... OH, BON.
VOILÀ NOTRE HOMME, SMITHERS.
MAIS, MONSIEUR, C'EST HOMER SIMPSON. VOUS VOUS SOUVENEZ PEUT-ÊTRE DE LUI. C'EST L'UN DE NOS JE-M'EN-FOUTISTES DU SECTEUR 7-G. IL VOUS CAUSE TOUJOURS...
ZZZZZZ...
JE ME MOQUE QU'IL SOIT L'ASSASSIN DE KENNEDY ! ALLEZ-Y !

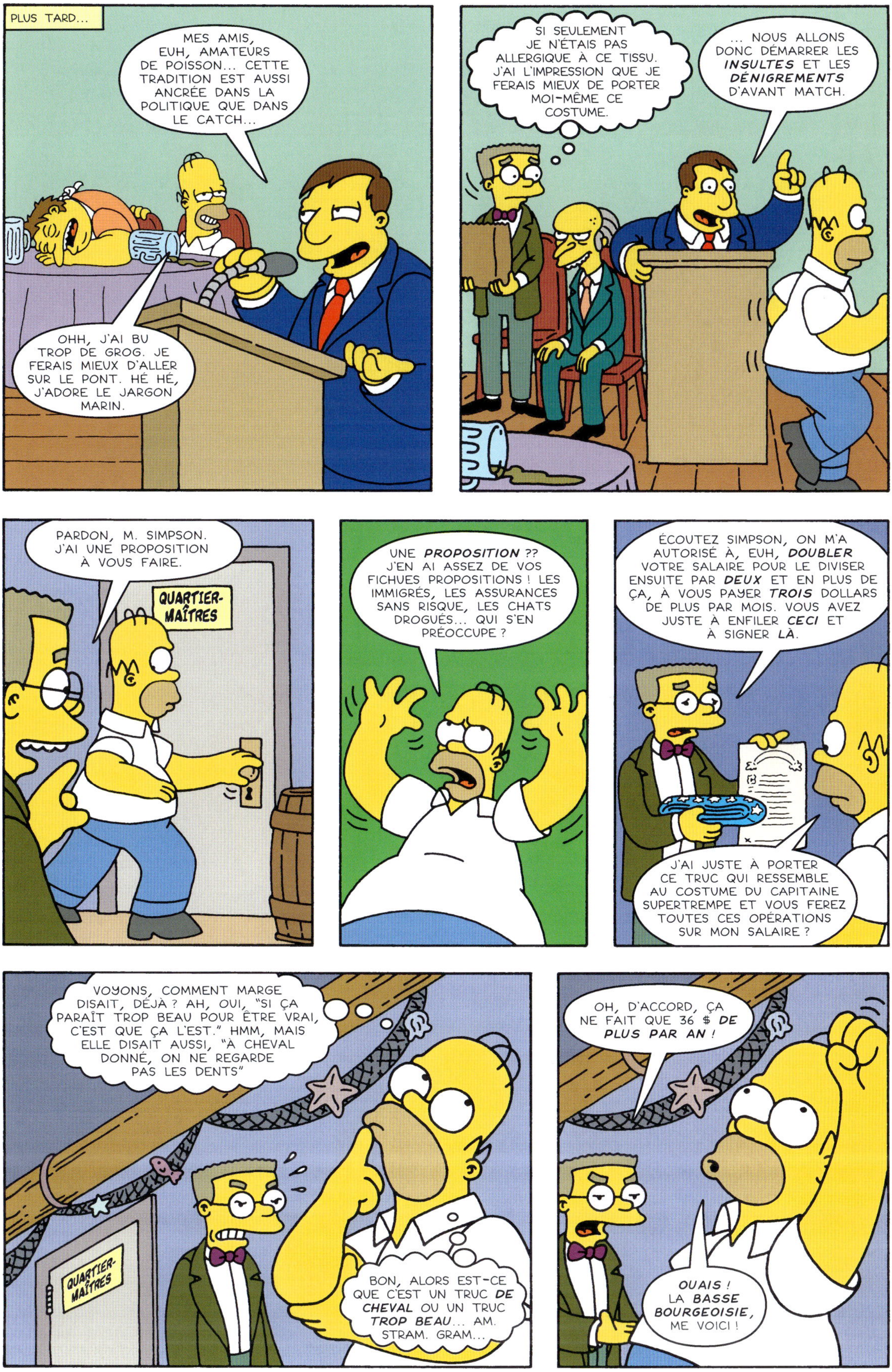

PLUS TARD...
MES AMIS, EUH, AMATEURS DE POISSON... CETTE TRADITION EST AUSSI ANCRÉE DANS LA POLITIQUE QUE DANS LE CATCH...
OHH, J'AI BU TROP DE GROG. JE FERAIS MIEUX D'ALLER SUR LE PONT. HÉ HÉ, J'ADORE LE JARGON MARIN.
SI SEULEMENT JE N'ÉTAIS PAS ALLERGIQUE À CE TISSU. J'AI L'IMPRESSION QUE JE FERAIS MIEUX DE PORTER MOI-MÊME CE COSTUME.
... NOUS ALLONS DONC DÉMARRER LES INSULTES ET LES DÉNIGREMENTS D'AVANT MATCH.
PARDON, M. SIMPSON. J'AI UNE PROPOSITION À VOUS FAIRE.
QUARTIER-MAÎTRES
UNE PROPOSITION ?? J'EN AI ASSEZ DE VOS FICHUES PROPOSITIONS ! LES IMMIGRÉS, LES ASSURANCES SANS RISQUE, LES CHATS DROGUÉS... QUI S'EN PRÉOCCUPE ?
ÉCOUTEZ SIMPSON, ON M'A AUTORISÉ À, EUH, DOUBLER VOTRE SALAIRE POUR LE DIVISER ENSUITE PAR DEUX ET EN PLUS DE ÇA, À VOUS PAYER TROIS DOLLARS DE PLUS PAR MOIS. VOUS AVEZ JUSTE À ENFILER CECI ET À SIGNER LÀ.
J'AI JUSTE À PORTER CE TRUC QUI RESSEMBLE AU COSTUME DU CAPITAINE SUPERTREMPE ET VOUS FEREZ TOUTES CES OPÉRATIONS SUR MON SALAIRE ?
VOYONS, COMMENT MARGE DISAIT, DÉJÀ ? AH, OUI, "SI ÇA PARAÎT TROP BEAU POUR ÊTRE VRAI, C'EST QUE ÇA L'EST." HMM, MAIS ELLE DISAIT AUSSI, "À CHEVAL DONNÉ, ON NE REGARDE PAS LES DENTS"
QUARTIER-MAÎTRES
BON, ALORS EST-CE QUE C'EST UN TRUC DE CHEVAL OU UN TRUC TROP BEAU... AM. STRAM. GRAM...
OH, D'ACCORD, ÇA NE FAIT QUE 36 $ DE PLUS PAR AN !
OUAIS ! LA BASSE BOURGEOISIE, ME VOICI !

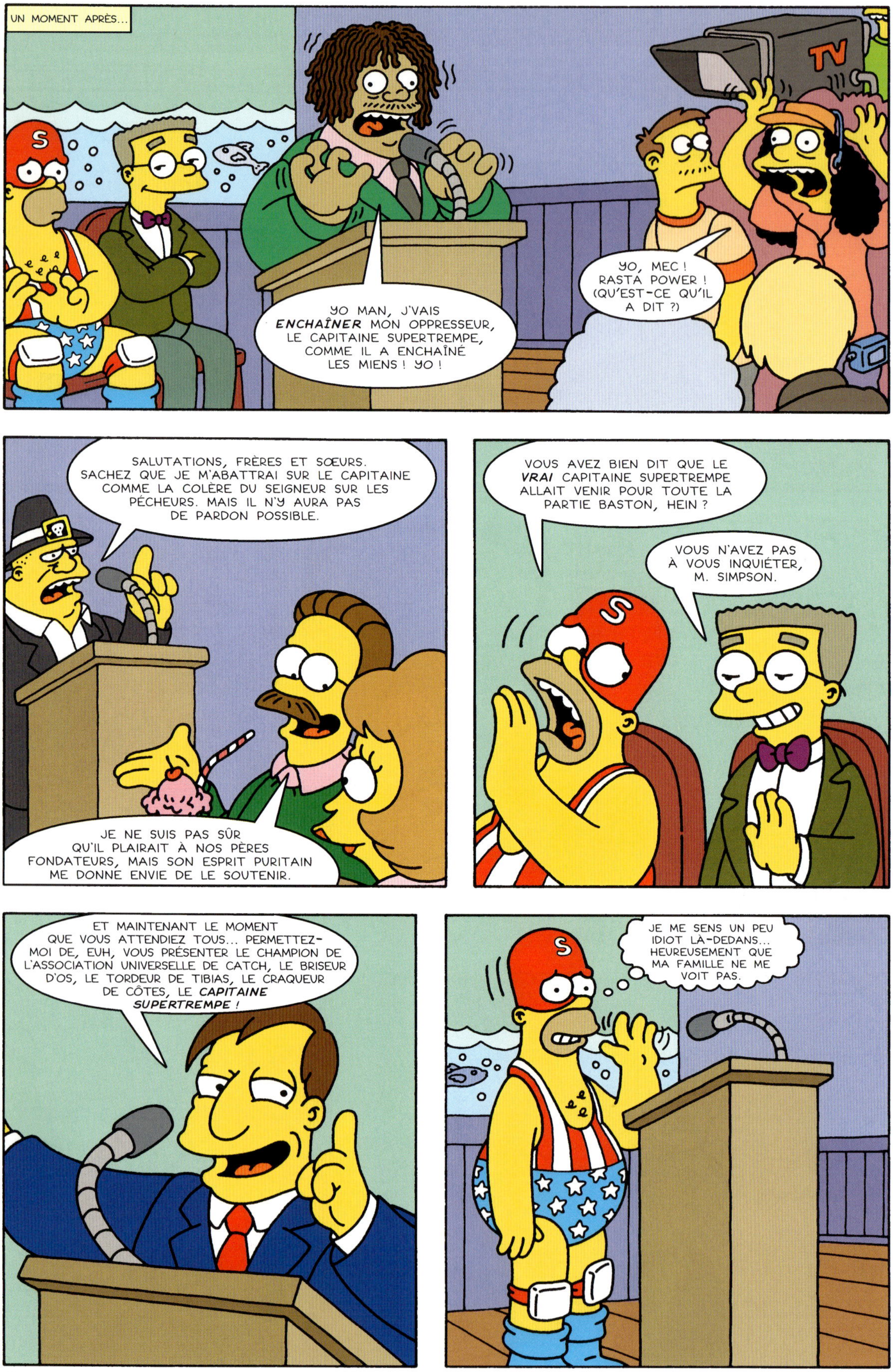
UN MOMENT APRÈS...
YO MAN, J'VAIS ENCHAÎNER MON OPPRESSEUR, LE CAPITAINE SUPERTREMPE, COMME IL A ENCHAÎNÉ LES MIENS ! YO !
YO, MEC ! RASTA POWER ! (QU'EST-CE QU'IL A DIT ?)
TV
SALUTATIONS, FRÈRES ET SŒURS. SACHEZ QUE JE M'ABATTRAI SUR LE CAPITAINE COMME LA COLÈRE DU SEIGNEUR SUR LES PÉCHEURS. MAIS IL N'Y AURA PAS DE PARDON POSSIBLE.
JE NE SUIS PAS SÛR QU'IL PLAIRAIT À NOS PÈRES FONDATEURS, MAIS SON ESPRIT PURITAIN ME DONNE ENVIE DE LE SOUTENIR.
VOUS AVEZ BIEN DIT QUE LE VRAI CAPITAINE SUPERTREMPE ALLAIT VENIR POUR TOUTE LA PARTIE BASTON, HEIN ?
VOUS N'AVEZ PAS À VOUS INQUIÉTER, M. SIMPSON.
ET MAINTENANT LE MOMENT QUE VOUS ATTENDIEZ TOUS... PERMETTEZ-MOI DE, EUH, VOUS PRÉSENTER LE CHAMPION DE L'ASSOCIATION UNIVERSELLE DE CATCH, LE BRISEUR D'OS, LE TORDEUR DE TIBIAS, LE CRAQUEUR DE CÔTES, LE CAPITAINE SUPERTREMPE !
JE ME SENS UN PEU IDIOT LÀ-DEDANS... HEUREUSEMENT QUE MA FAMILLE NE ME VOIT PAS.

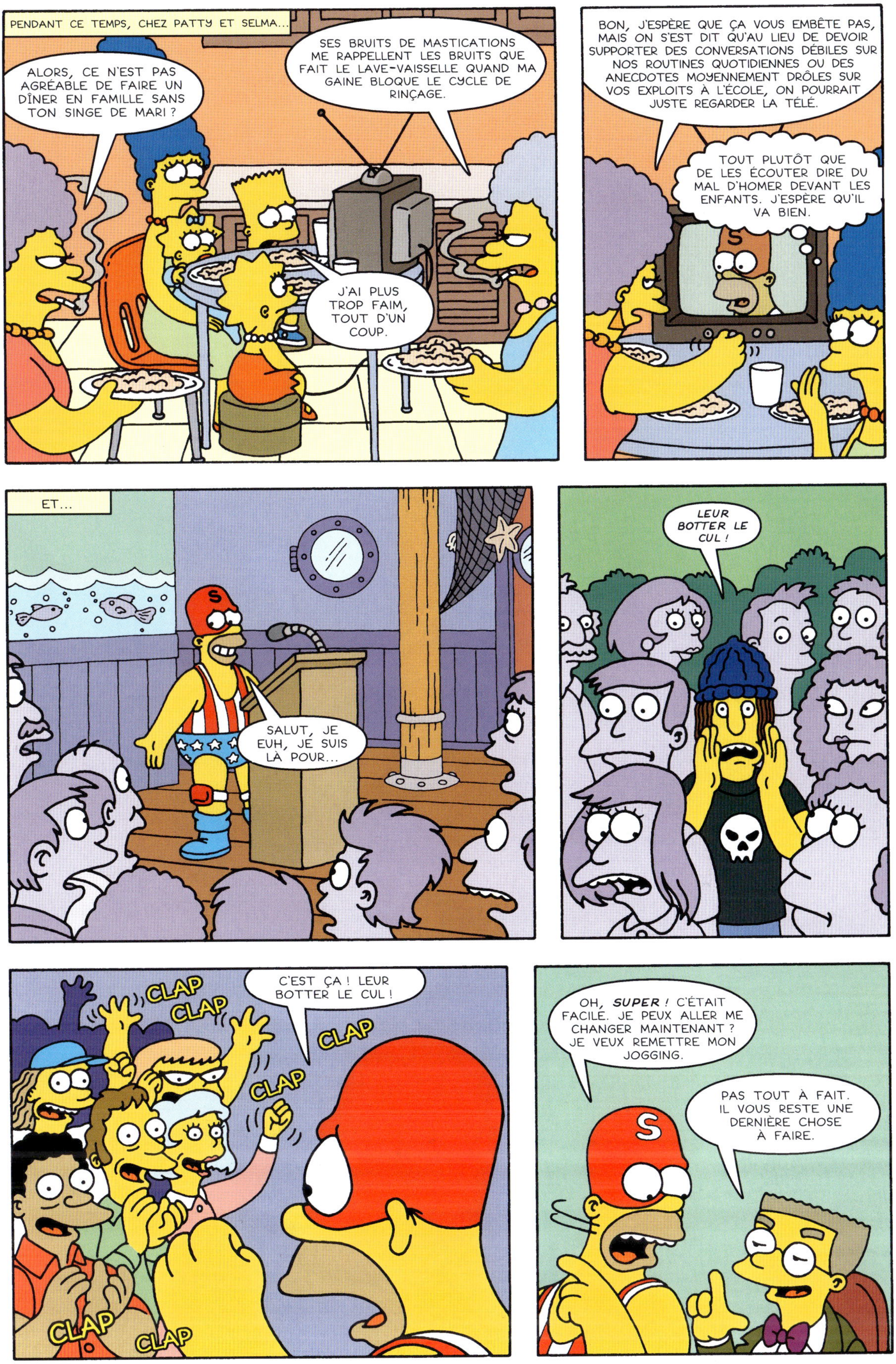

PENDANT CE TEMPS, CHEZ PATTY ET SELMA...
ALORS, CE N'EST PAS AGRÉABLE DE FAIRE UN DÎNER EN FAMILLE SANS TON SINGE DE MARI ?
SES BRUITS DE MASTICATIONS ME RAPPELLENT LES BRUITS QUE FAIT LE LAVE-VAISSELLE QUAND MA GAINE BLOQUE LE CYCLE DE RINÇAGE.
J'AI PLUS TROP FAIM, TOUT D'UN COUP.
BON, J'ESPÈRE QUE ÇA VOUS EMBÊTE PAS, MAIS ON S'EST DIT QU'AU LIEU DE DEVOIR SUPPORTER DES CONVERSATIONS DÉBILES SUR NOS ROUTINES QUOTIDIENNES OU DES ANECDOTES MOYENNEMENT DRÔLES SUR VOS EXPLOITS À L'ÉCOLE, ON POURRAIT JUSTE REGARDER LA TÉLÉ.
TOUT PLUTÔT QUE DE LES ÉCOUTER DIRE DU MAL D'HOMER DEVANT LES ENFANTS. J'ESPÈRE QU'IL VA BIEN.
ET...
SALUT, JE EUH, JE SUIS LÀ POUR...
LEUR BOTTER LE CUL !
CLAP CLAP
C'EST ÇA ! LEUR BOTTER LE CUL !
CLAP CLAP CLAP CLAP
OH, SUPER ! C'ÉTAIT FACILE. JE PEUX ALLER ME CHANGER MAINTENANT ? JE VEUX REMETTRE MON JOGGING.
PAS TOUT À FAIT. IL VOUS RESTE UNE DERNIÈRE CHOSE À FAIRE.

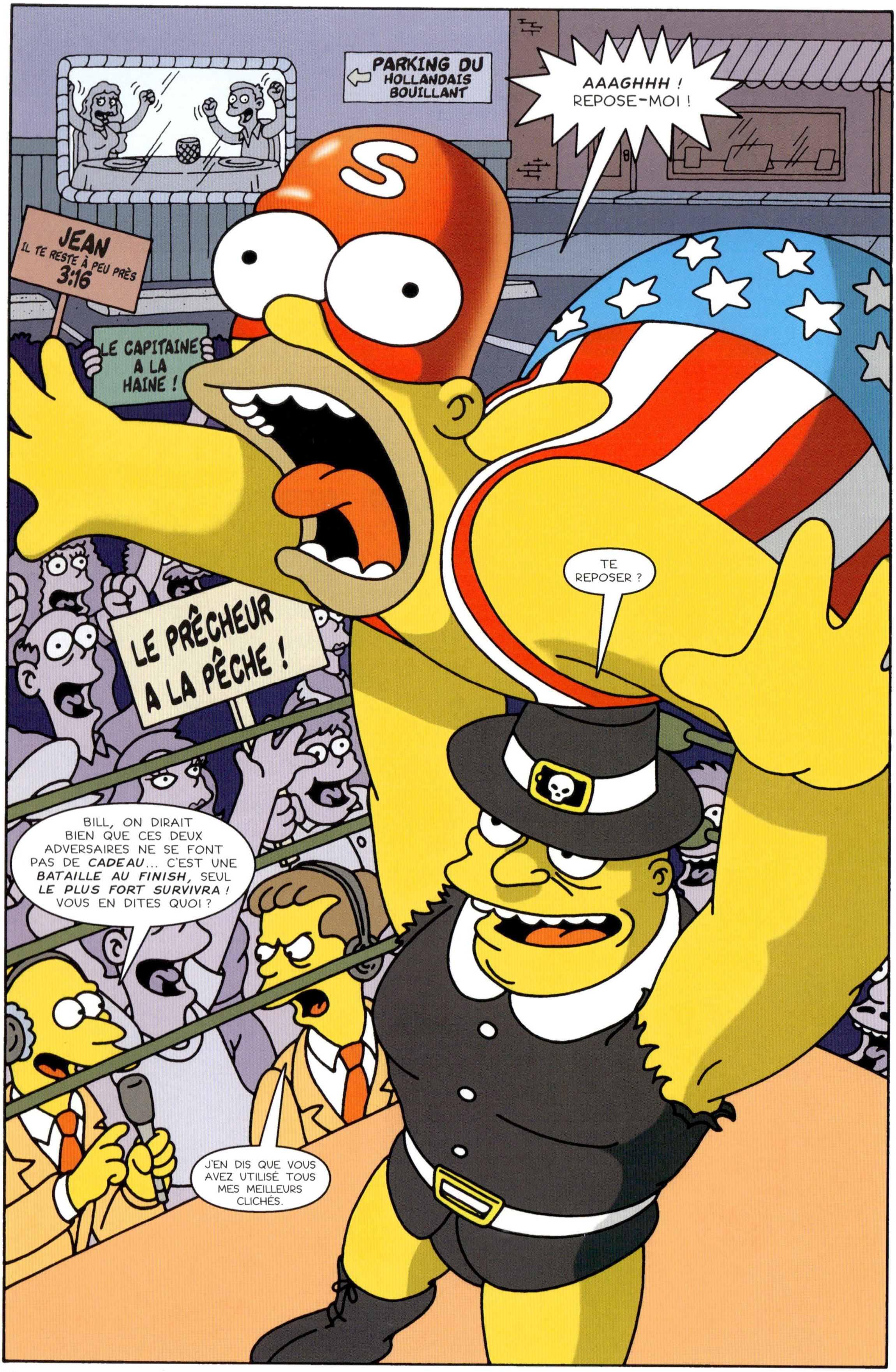
PARKING DU HOLLANDAIS BOUILLANT
JEAN IL TE RESTE À PEU PRÈS 3:16
LE CAPITAINE A LA HAINE !
AAAGHHH ! REPOSE-MOI !
TE REPOSER ?
LE PRÊCHEUR A LA PÊCHE !
BILL, ON DIRAIT BIEN QUE CES DEUX ADVERSAIRES NE SE FONT PAS DE *CADEAU*... C'EST UNE *BATAILLE AU FINISH*, SEUL *LE PLUS FORT SURVIVRA !* VOUS EN DITES QUOI ?
J'EN DIS QUE VOUS AVEZ UTILISÉ TOUS MES MEILLEURS CLICHÉS.

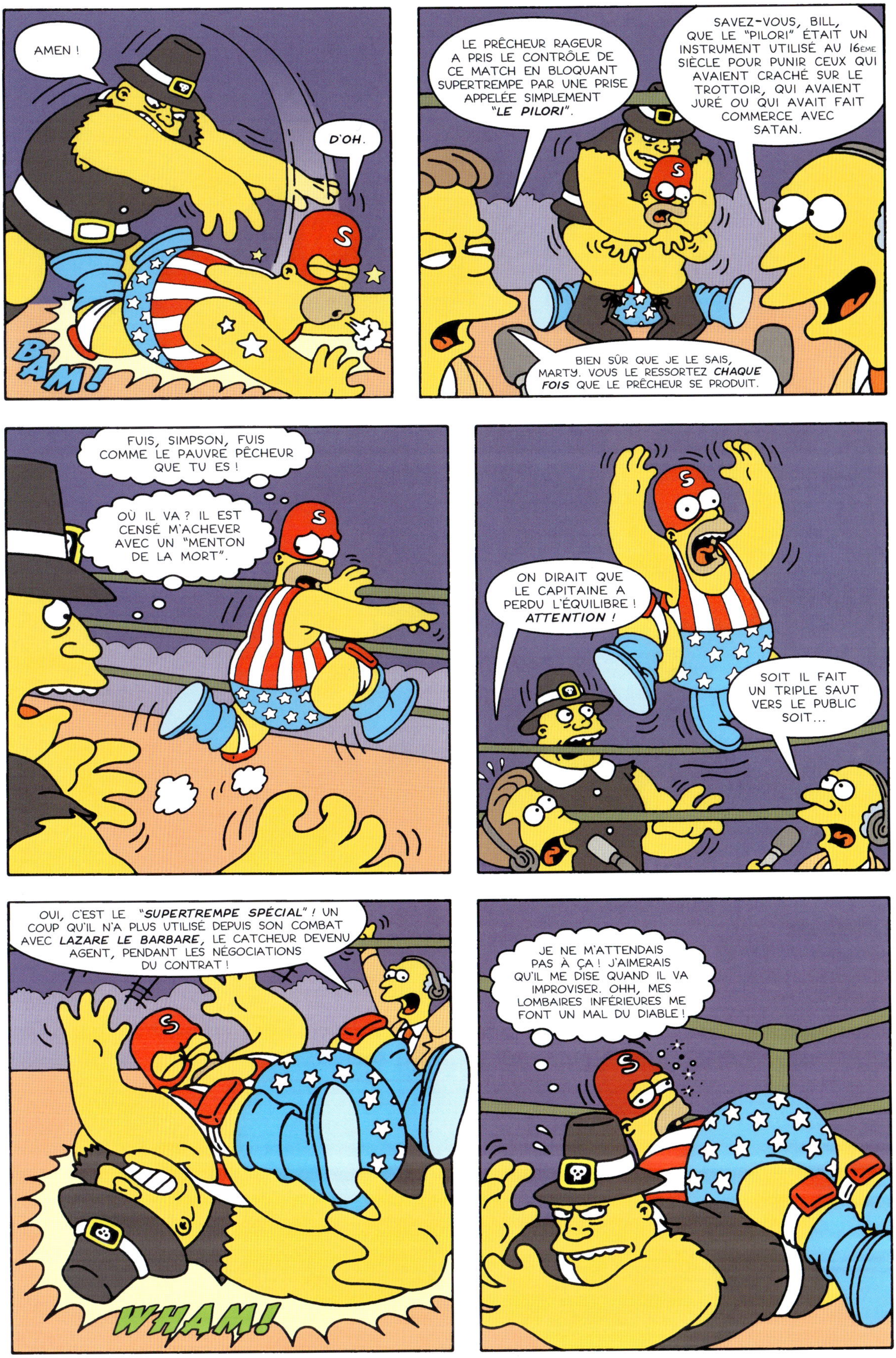
AMEN !
D'OH.
BAM!
LE PRÊCHEUR RAGEUR A PRIS LE CONTRÔLE DE CE MATCH EN BLOQUANT SUPERTREMPE PAR UNE PRISE APPELÉE SIMPLEMENT "LE PILORI".
SAVEZ-VOUS, BILL, QUE LE "PILORI" ÉTAIT UN INSTRUMENT UTILISÉ AU 16EME SIÈCLE POUR PUNIR CEUX QUI AVAIENT CRACHÉ SUR LE TROTTOIR, QUI AVAIENT JURÉ OU QUI AVAIT FAIT COMMERCE AVEC SATAN.
BIEN SÛR QUE JE LE SAIS, MARTY. VOUS LE RESSORTEZ CHAQUE FOIS QUE LE PRÊCHEUR SE PRODUIT.
FUIS, SIMPSON, FUIS COMME LE PAUVRE PÊCHEUR QUE TU ES !
OÙ IL VA ? IL EST CENSÉ M'ACHEVER AVEC UN "MENTON DE LA MORT".
ON DIRAIT QUE LE CAPITAINE A PERDU L'ÉQUILIBRE ! ATTENTION !
SOIT IL FAIT UN TRIPLE SAUT VERS LE PUBLIC SOIT...
OUI, C'EST LE "SUPERTREMPE SPÉCIAL" ! UN COUP QU'IL N'A PLUS UTILISÉ DEPUIS SON COMBAT AVEC LAZARE LE BARBARE, LE CATCHEUR DEVENU AGENT, PENDANT LES NÉGOCIATIONS DU CONTRAT !
WHAM!
JE NE M'ATTENDAIS PAS À ÇA ! J'AIMERAIS QU'IL ME DISE QUAND IL VA IMPROVISER. OHH, MES LOMBAIRES INFÉRIEURES ME FONT UN MAL DU DIABLE !

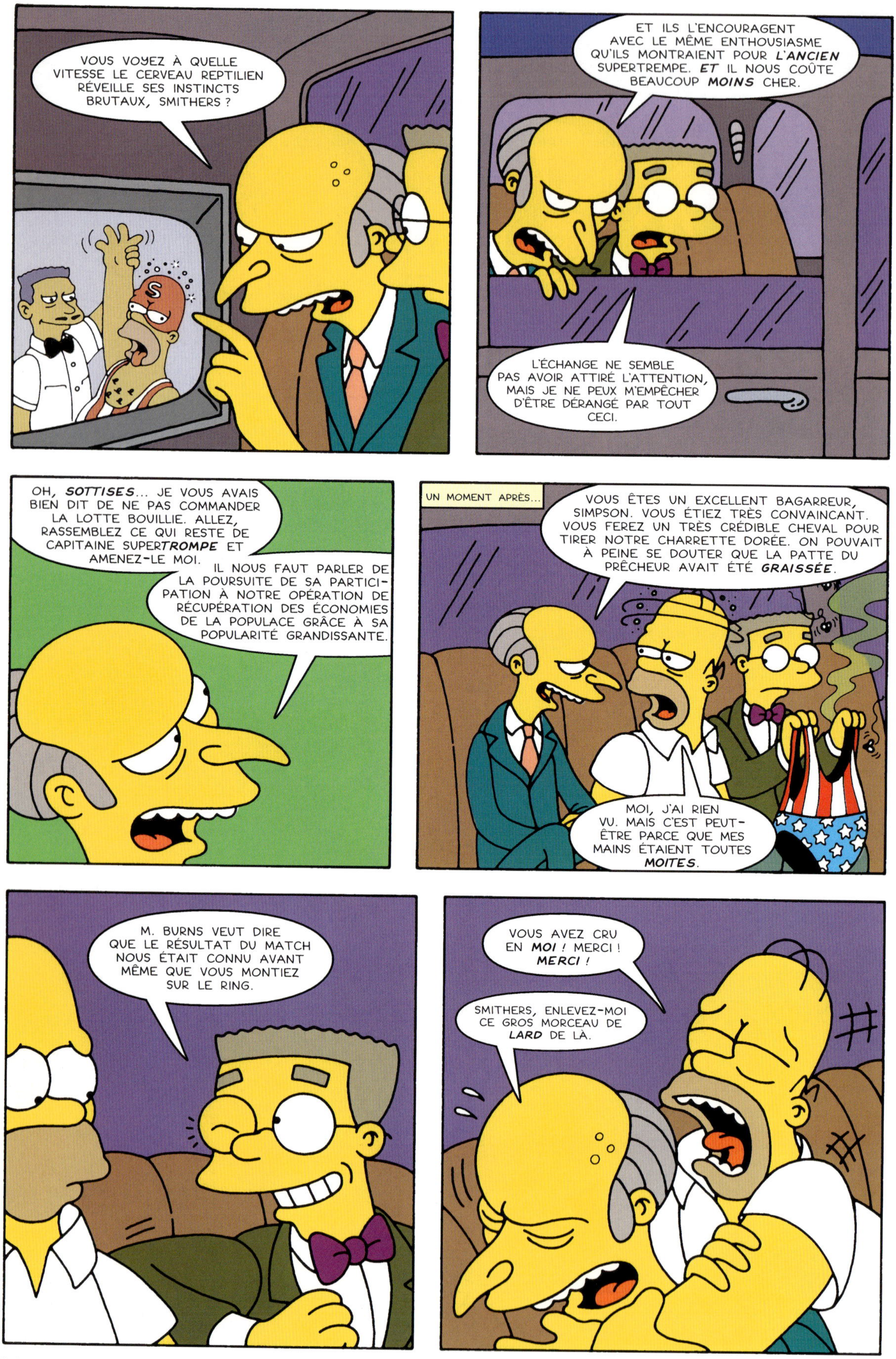
VOUS VOYEZ À QUELLE VITESSE LE CERVEAU REPTILIEN RÉVEILLE SES INSTINCTS BRUTAUX, SMITHERS ?
S
ET ILS L'ENCOURAGENT AVEC LE MÊME ENTHOUSIASME QU'ILS MONTRAIENT POUR L'ANCIEN SUPERTREMPE. ET IL NOUS COÛTE BEAUCOUP MOINS CHER.
L'ÉCHANGE NE SEMBLE PAS AVOIR ATTIRÉ L'ATTENTION, MAIS JE NE PEUX M'EMPÊCHER D'ÊTRE DÉRANGÉ PAR TOUT CECI.
OH, SOTTISES... JE VOUS AVAIS BIEN DIT DE NE PAS COMMANDER LA LOTTE BOUILLIE. ALLEZ, RASSEMBLEZ CE QUI RESTE DE CAPITAINE SUPERTROMPE ET AMENEZ-LE MOI.
IL NOUS FAUT PARLER DE LA POURSUITE DE SA PARTICIPATION À NOTRE OPÉRATION DE RÉCUPÉRATION DES ÉCONOMIES DE LA POPULACE GRÂCE À SA POPULARITÉ GRANDISSANTE.
UN MOMENT APRÈS...
VOUS ÊTES UN EXCELLENT BAGARREUR, SIMPSON. VOUS ÉTIEZ TRÈS CONVAINCANT. VOUS FEREZ UN TRÈS CRÉDIBLE CHEVAL POUR TIRER NOTRE CHARRETTE DORÉE. ON POUVAIT À PEINE SE DOUTER QUE LA PATTE DU PRÊCHEUR AVAIT ÉTÉ GRAISSÉE.
MOI, J'AI RIEN VU. MAIS C'EST PEUT-ÊTRE PARCE QUE MES MAINS ÉTAIENT TOUTES MOITES.
M. BURNS VEUT DIRE QUE LE RÉSULTAT DU MATCH NOUS ÉTAIT CONNU AVANT MÊME QUE VOUS MONTIEZ SUR LE RING.
VOUS AVEZ CRU EN MOI ! MERCI ! MERCI !
SMITHERS, ENLEVEZ-MOI CE GROS MORCEAU DE LARD DE LÀ.

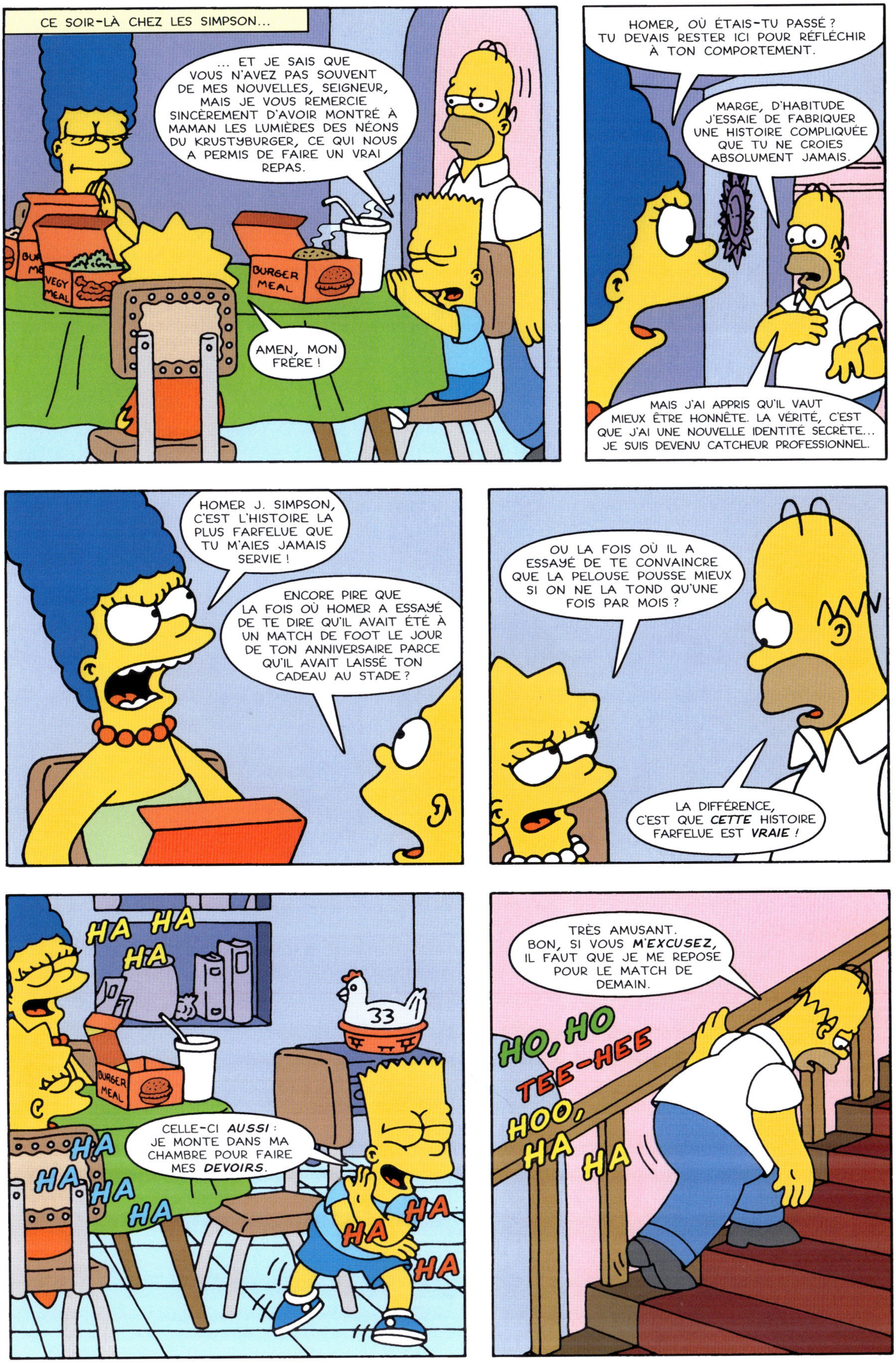
CE SOIR-LÀ CHEZ LES SIMPSON...
... ET JE SAIS QUE VOUS N'AVEZ PAS SOUVENT DE MES NOUVELLES, SEIGNEUR, MAIS JE VOUS REMERCIE SINCÈREMENT D'AVOIR MONTRÉ À MAMAN LES LUMIÈRES DES NÉONS DU KRUSTYBURGER, CE QUI NOUS A PERMIS DE FAIRE UN VRAI REPAS.
AMEN, MON FRÈRE !
VEGY MEAL
BURGER MEAL
HOMER, OÙ ÉTAIS-TU PASSÉ ? TU DEVAIS RESTER ICI POUR RÉFLÉCHIR À TON COMPORTEMENT.
MARGE, D'HABITUDE J'ESSAIE DE FABRIQUER UNE HISTOIRE COMPLIQUÉE QUE TU NE CROIES ABSOLUMENT JAMAIS.
MAIS J'AI APPRIS QU'IL VAUT MIEUX ÊTRE HONNÊTE. LA VÉRITÉ, C'EST QUE J'AI UNE NOUVELLE IDENTITÉ SECRÈTE... JE SUIS DEVENU CATCHEUR PROFESSIONNEL.
HOMER J. SIMPSON, C'EST L'HISTOIRE LA PLUS FARFELUE QUE TU M'AIES JAMAIS SERVIE !
ENCORE PIRE QUE LA FOIS OÙ HOMER A ESSAYÉ DE TE DIRE QU'IL AVAIT ÉTÉ À UN MATCH DE FOOT LE JOUR DE TON ANNIVERSAIRE PARCE QU'IL AVAIT LAISSÉ TON CADEAU AU STADE ?
OU LA FOIS OÙ IL A ESSAYÉ DE TE CONVAINCRE QUE LA PELOUSE POUSSE MIEUX SI ON NE LA TOND QU'UNE FOIS PAR MOIS ?
LA DIFFÉRENCE, C'EST QUE *CETTE* HISTOIRE FARFELUE EST *VRAIE* !
HA HA HA
33
BURGER MEAL
CELLE-CI *AUSSI* : JE MONTE DANS MA CHAMBRE POUR FAIRE MES *DEVOIRS*.
HA HA HA HA
HA HA HA
TRÈS AMUSANT. BON, SI VOUS *M'EXCUSEZ*, IL FAUT QUE JE ME REPOSE POUR LE MATCH DE DEMAIN.
HO, HO
TEE-HEE
HOO, HA
HA

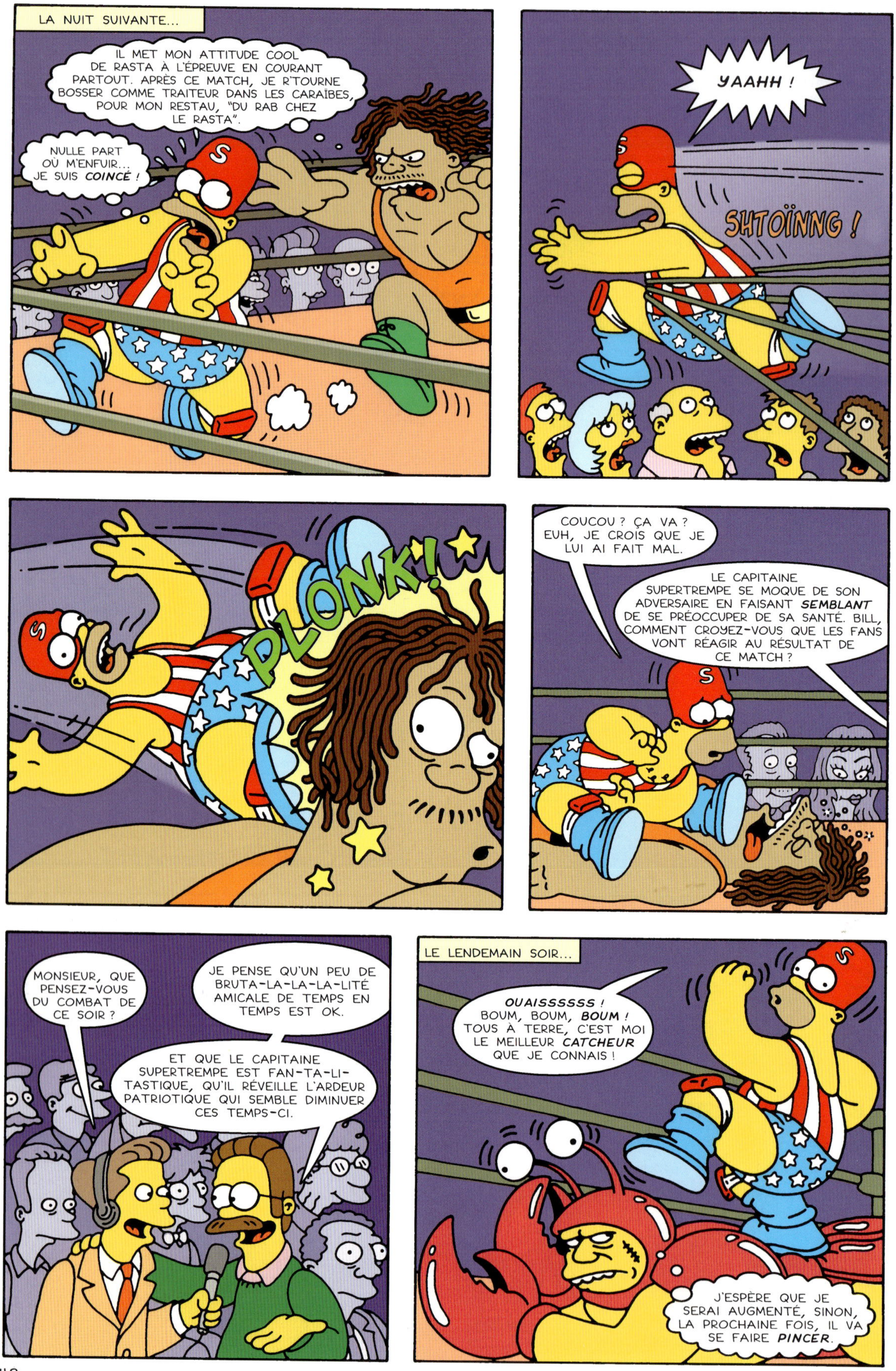

LA NUIT SUIVANTE...
IL MET MON ATTITUDE COOL DE RASTA À L'ÉPREUVE EN COURANT PARTOUT. APRÈS CE MATCH, JE R'TOURNE BOSSER COMME TRAITEUR DANS LES CARAÏBES, POUR MON RESTAU, "DU RAB CHEZ LE RASTA".
NULLE PART OÙ M'ENFUIR... JE SUIS *COINCÉ* !
YAAHH !
SHTOÏNNG !
PLONK !
COUCOU ? ÇA VA ? EUH, JE CROIS QUE JE LUI AI FAIT MAL.
LE CAPITAINE SUPERTREMPE SE MOQUE DE SON ADVERSAIRE EN FAISANT ***SEMBLANT*** DE SE PRÉOCCUPER DE SA SANTÉ. BILL, COMMENT CROYEZ-VOUS QUE LES FANS VONT RÉAGIR AU RÉSULTAT DE CE MATCH ?
MONSIEUR, QUE PENSEZ-VOUS DU COMBAT DE CE SOIR ?
JE PENSE QU'UN PEU DE BRUTA-LA-LA-LITÉ AMICALE DE TEMPS EN TEMPS EST OK.
ET QUE LE CAPITAINE SUPERTREMPE EST FAN-TA-LI-TASTIQUE, QU'IL RÉVEILLE L'ARDEUR PATRIOTIQUE QUI SEMBLE DIMINUER CES TEMPS-CI.
LE LENDEMAIN SOIR...
OUAISSSSSS ! BOUM, BOUM, ***BOUM !*** TOUS À TERRE, C'EST MOI LE MEILLEUR ***CATCHEUR*** QUE JE CONNAIS !
J'ESPÈRE QUE JE SERAI AUGMENTÉ, SINON, LA PROCHAINE FOIS, IL VA SE FAIRE ***PINCER***.

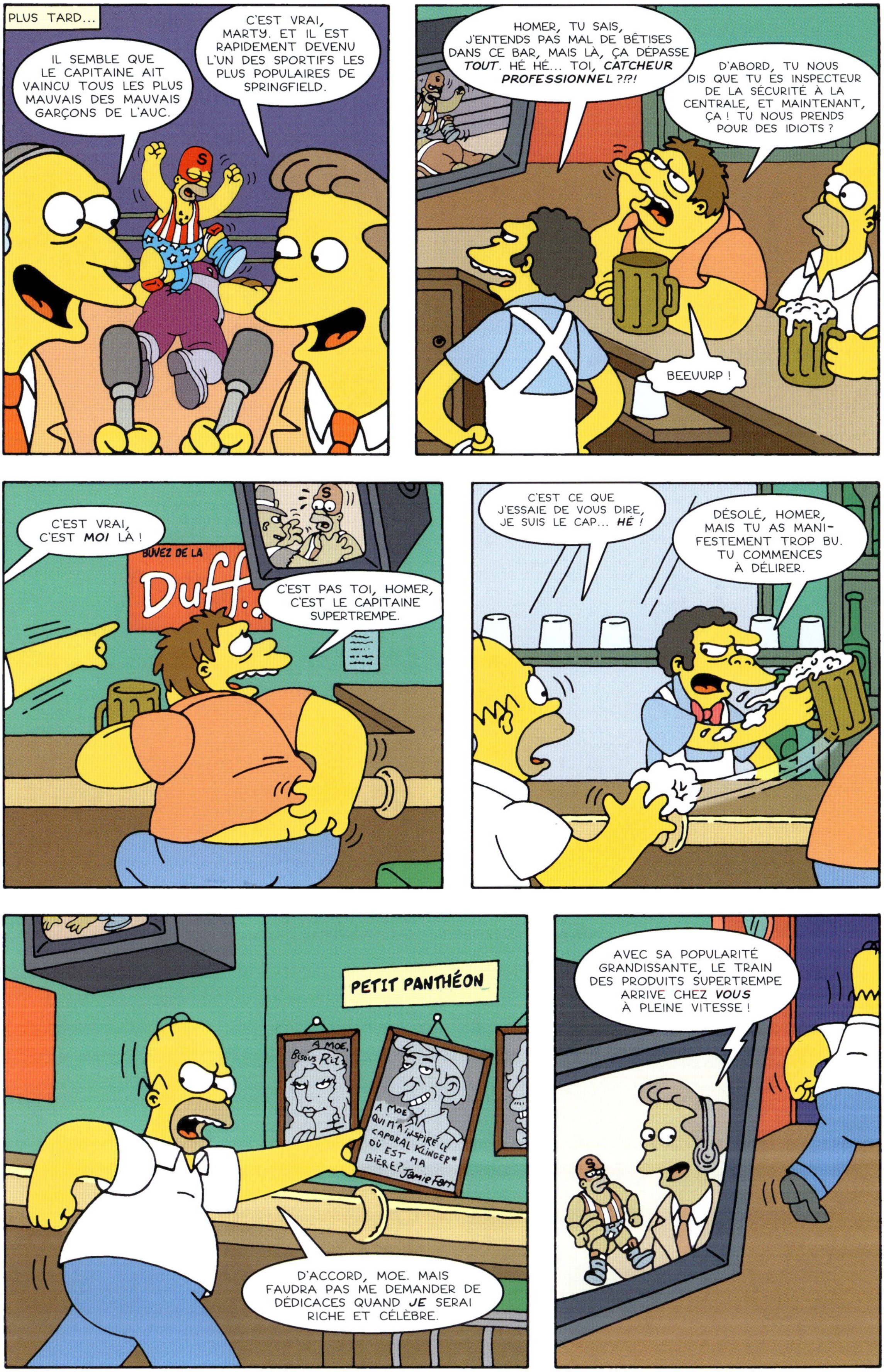

* DANS LA SÉRIE M*A*S*H (NDT).

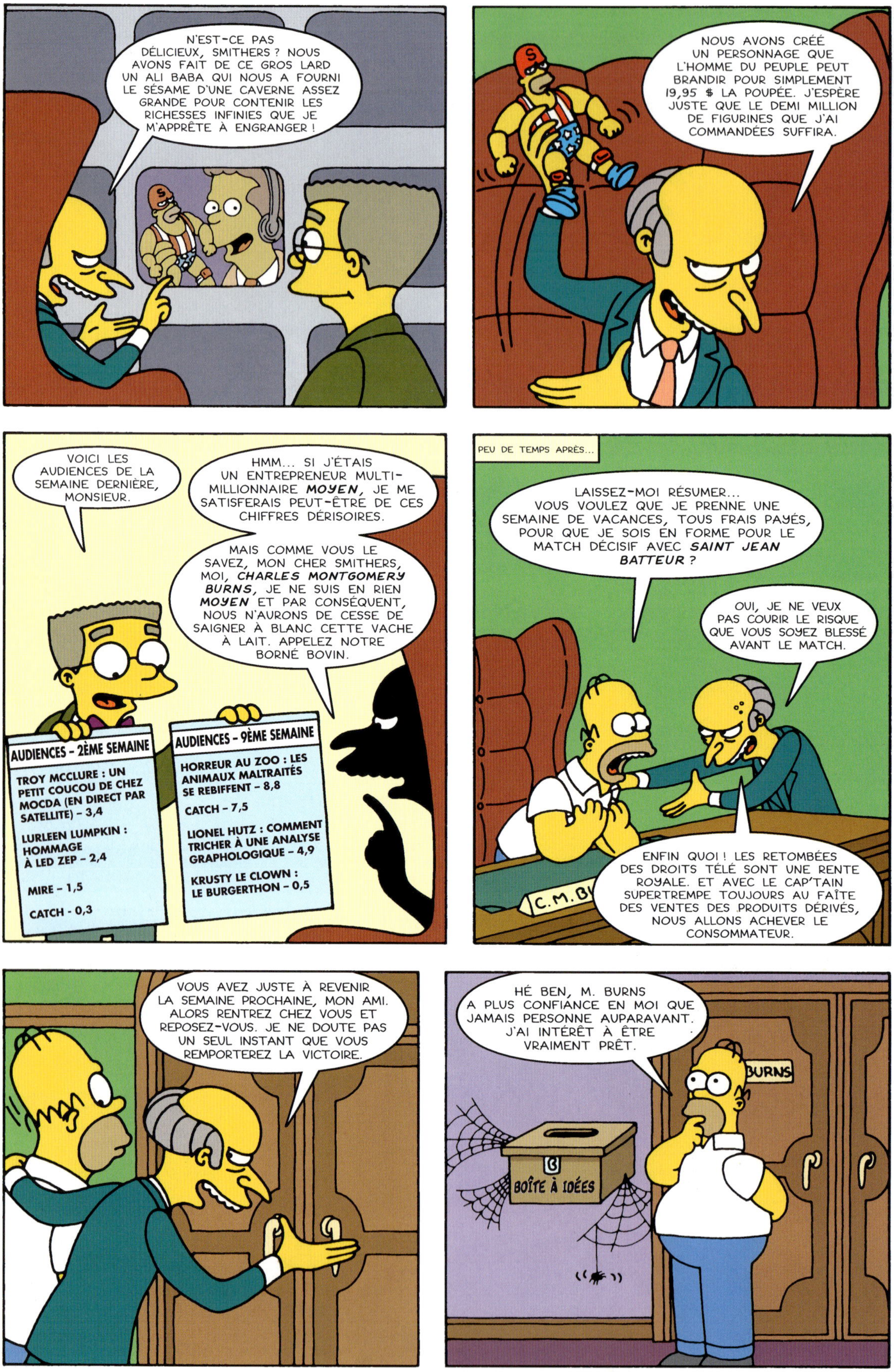
N'EST-CE PAS DÉLICIEUX, SMITHERS ? NOUS AVONS FAIT DE CE GROS LARD UN ALI BABA QUI NOUS A FOURNI LE SÉSAME D'UNE CAVERNE ASSEZ GRANDE POUR CONTENIR LES RICHESSES INFINIES QUE JE M'APPRÊTE À ENGRANGER !
NOUS AVONS CRÉÉ UN PERSONNAGE QUE L'HOMME DU PEUPLE PEUT BRANDIR POUR SIMPLEMENT 19,95 $ LA POUPÉE. J'ESPÈRE JUSTE QUE LE DEMI MILLION DE FIGURINES QUE J'AI COMMANDÉES SUFFIRA.
VOICI LES AUDIENCES DE LA SEMAINE DERNIÈRE, MONSIEUR.
HMM... SI J'ÉTAIS UN ENTREPRENEUR MULTI-MILLIONNAIRE **MOYEN**, JE ME SATISFERAIS PEUT-ÊTRE DE CES CHIFFRES DÉRISOIRES.
MAIS COMME VOUS LE SAVEZ, MON CHER SMITHERS, MOI, **CHARLES MONTGOMERY BURNS**, JE NE SUIS EN RIEN **MOYEN** ET PAR CONSÉQUENT, NOUS N'AURONS DE CESSE DE SAIGNER À BLANC CETTE VACHE À LAIT. APPELEZ NOTRE BORNÉ BOVIN.
AUDIENCES – 2ÈME SEMAINE
TROY MCCLURE : UN PETIT COUCOU DE CHEZ MOCDA (EN DIRECT PAR SATELLITE) – 3,4
LURLEEN LUMPKIN : HOMMAGE À LED ZEP – 2,4
MIRE – 1,5
CATCH – 0,3
AUDIENCES – 9ÈME SEMAINE
HORREUR AU ZOO : LES ANIMAUX MALTRAITÉS SE REBIFFENT – 8,8
CATCH – 7,5
LIONEL HUTZ : COMMENT TRICHER À UNE ANALYSE GRAPHOLOGIQUE – 4,9
KRUSTY LE CLOWN : LE BURGERTHON – 0,5
PEU DE TEMPS APRÈS...
LAISSEZ-MOI RÉSUMER... VOUS VOULEZ QUE JE PRENNE UNE SEMAINE DE VACANCES, TOUS FRAIS PAYÉS, POUR QUE JE SOIS EN FORME POUR LE MATCH DÉCISIF AVEC **SAINT JEAN BATTEUR** ?
OUI, JE NE VEUX PAS COURIR LE RISQUE QUE VOUS SOYEZ BLESSÉ AVANT LE MATCH.
ENFIN QUOI ! LES RETOMBÉES DES DROITS TÉLÉ SONT UNE RENTE ROYALE. ET AVEC LE CAP'TAIN SUPERTREMPE TOUJOURS AU FAÎTE DES VENTES DES PRODUITS DÉRIVÉS, NOUS ALLONS ACHEVER LE CONSOMMATEUR.
C.M.B
VOUS AVEZ JUSTE À REVENIR LA SEMAINE PROCHAINE, MON AMI. ALORS RENTREZ CHEZ VOUS ET REPOSEZ-VOUS. JE NE DOUTE PAS UN SEUL INSTANT QUE VOUS REMPORTEREZ LA VICTOIRE.
HÉ BEN, M. BURNS A PLUS CONFIANCE EN MOI QUE JAMAIS PERSONNE AUPARAVANT. J'AI INTÉRÊT À ÊTRE VRAIMENT PRÊT.
BURNS
BOÎTE À IDÉES

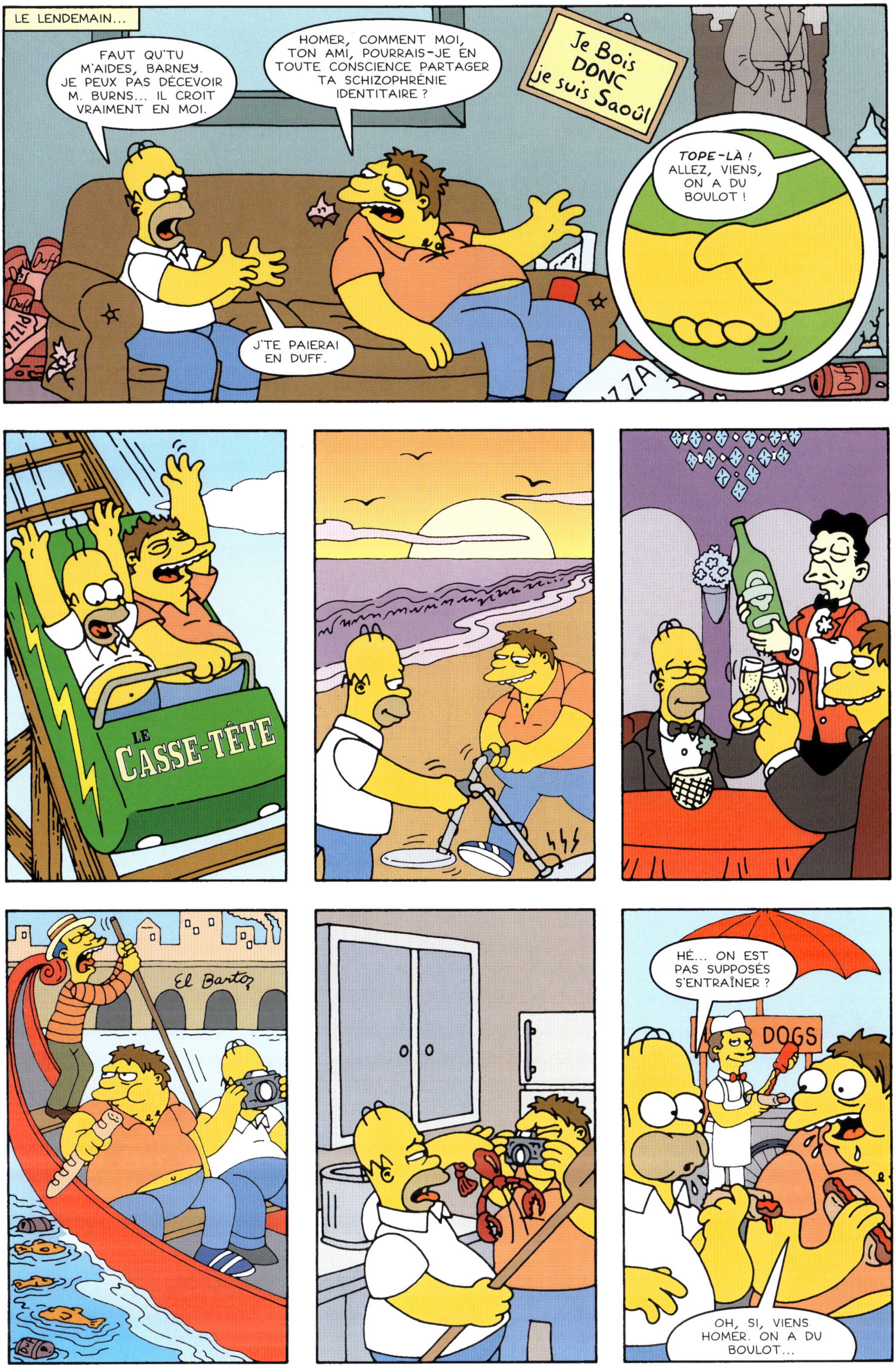
LE LENDEMAIN...
FAUT QU'TU M'AIDES, BARNEY. JE PEUX PAS DÉCEVOIR M. BURNS... IL CROIT VRAIMENT EN MOI.
HOMER, COMMENT MOI, TON AMI, POURRAIS-JE EN TOUTE CONSCIENCE PARTAGER TA SCHIZOPHRÉNIE IDENTITAIRE ?
Je Bois DONC je suis Saoûl
J'TE PAIERAI EN DUFF.
TOPE-LÀ ! ALLEZ, VIENS, ON A DU BOULOT !
LE CASSE-TÊTE
El Barto
HÉ... ON EST PAS SUPPOSÉS S'ENTRAÎNER ?
DOGS
OH, SI, VIENS HOMER. ON A DU BOULOT...

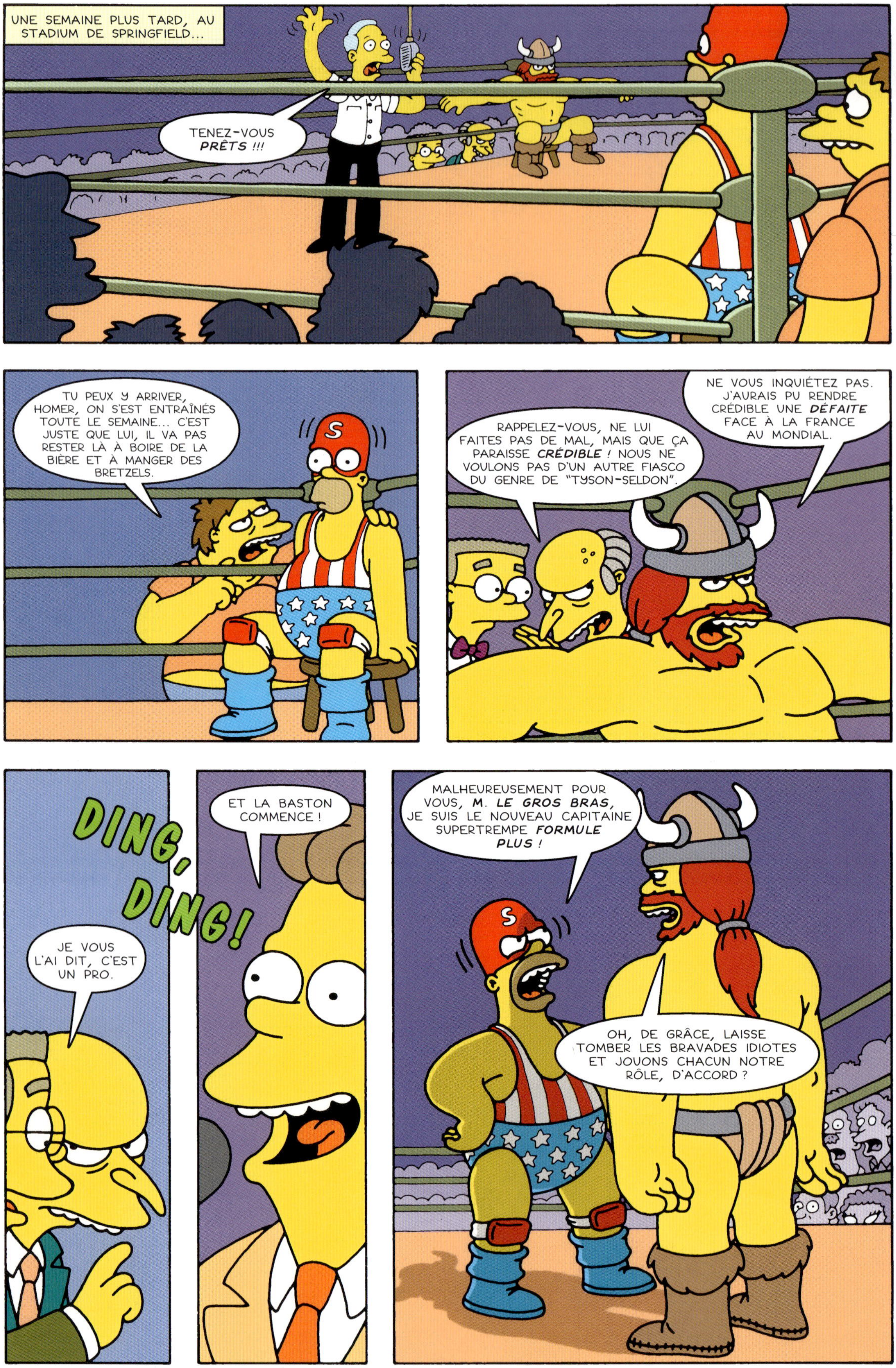
UNE SEMAINE PLUS TARD, AU STADIUM DE SPRINGFIELD...
TENEZ-VOUS PRÊTS !!!
TU PEUX Y ARRIVER, HOMER, ON S'EST ENTRAÎNÉS TOUTE LE SEMAINE... C'EST JUSTE QUE LUI, IL VA PAS RESTER LÀ À BOIRE DE LA BIÈRE ET À MANGER DES BRETZELS.
RAPPELEZ-VOUS, NE LUI FAITES PAS DE MAL, MAIS QUE ÇA PARAISSE CRÉDIBLE ! NOUS NE VOULONS PAS D'UN AUTRE FIASCO DU GENRE DE "TYSON-SELDON".
NE VOUS INQUIÉTEZ PAS. J'AURAIS PU RENDRE CRÉDIBLE UNE DÉFAITE FACE À LA FRANCE AU MONDIAL.
DING, DING!
JE VOUS L'AI DIT, C'EST UN PRO.
ET LA BASTON COMMENCE !
MALHEUREUSEMENT POUR VOUS, M. LE GROS BRAS, JE SUIS LE NOUVEAU CAPITAINE SUPERTREMPE FORMULE PLUS !
OH, DE GRÂCE, LAISSE TOMBER LES BRAVADES IDIOTES ET JOUONS CHACUN NOTRE RÔLE, D'ACCORD ?

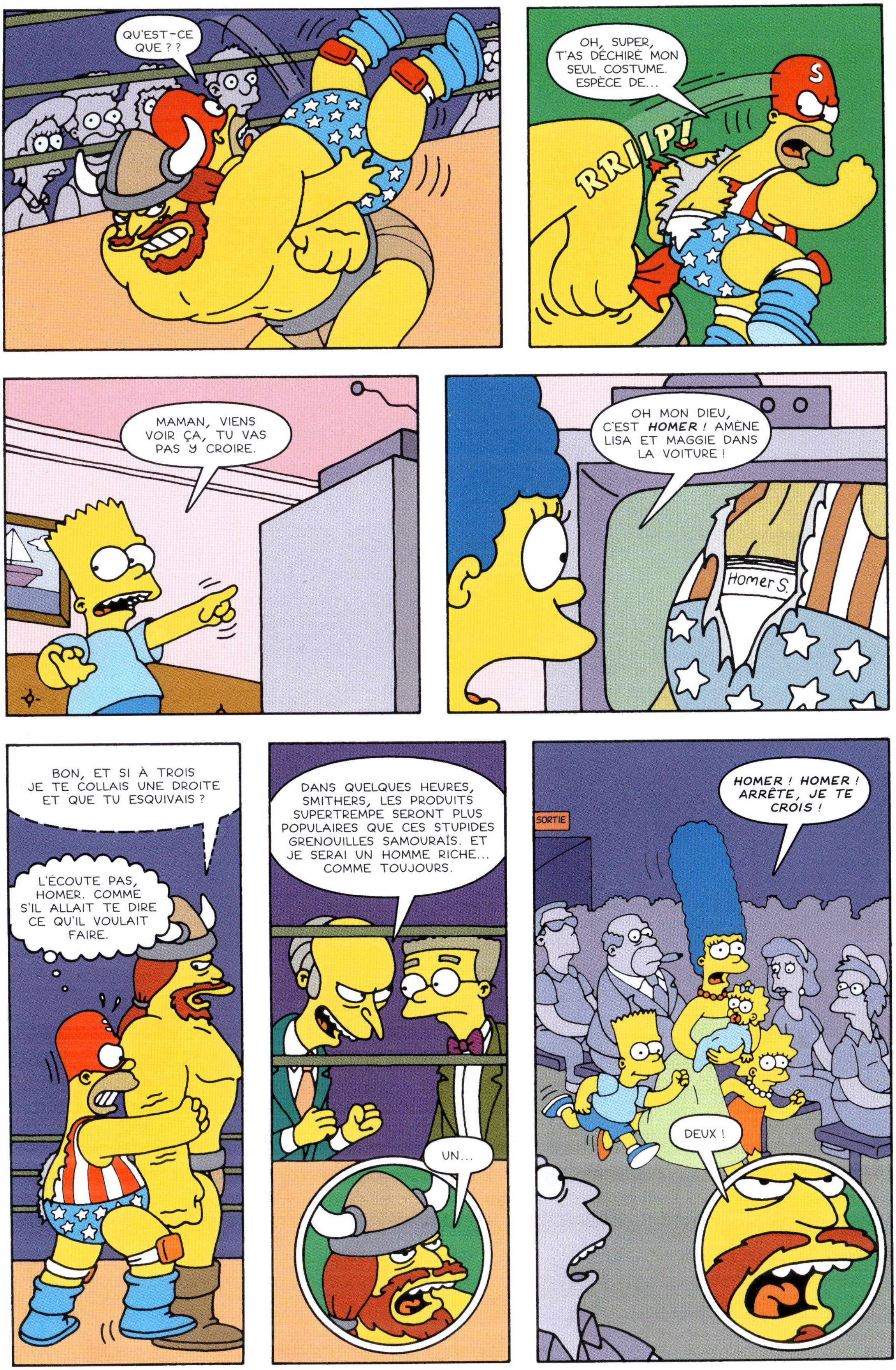
QU'EST-CE QUE ? ?
OH, SUPER, T'AS DÉCHIRÉ MON SEUL COSTUME. ESPÈCE DE...
RRIIIP!
MAMAN, VIENS VOIR ÇA, TU VAS PAS Y CROIRE.
OH MON DIEU, C'EST HOMER ! AMÈNE LISA ET MAGGIE DANS LA VOITURE !
Homer S.
BON, ET SI À TROIS JE TE COLLAIS UNE DROITE ET QUE TU ESQUIVAIS ?
L'ÉCOUTE PAS, HOMER. COMME S'IL ALLAIT TE DIRE CE QU'IL VOULAIT FAIRE.
DANS QUELQUES HEURES, SMITHERS, LES PRODUITS SUPERTREMPE SERONT PLUS POPULAIRES QUE CES STUPIDES GRENOUILLES SAMOURAÏS. ET JE SERAI UN HOMME RICHE... COMME TOUJOURS.
UN...
SORTIE
HOMER ! HOMER ! ARRÊTE, JE TE CROIS !
DEUX !

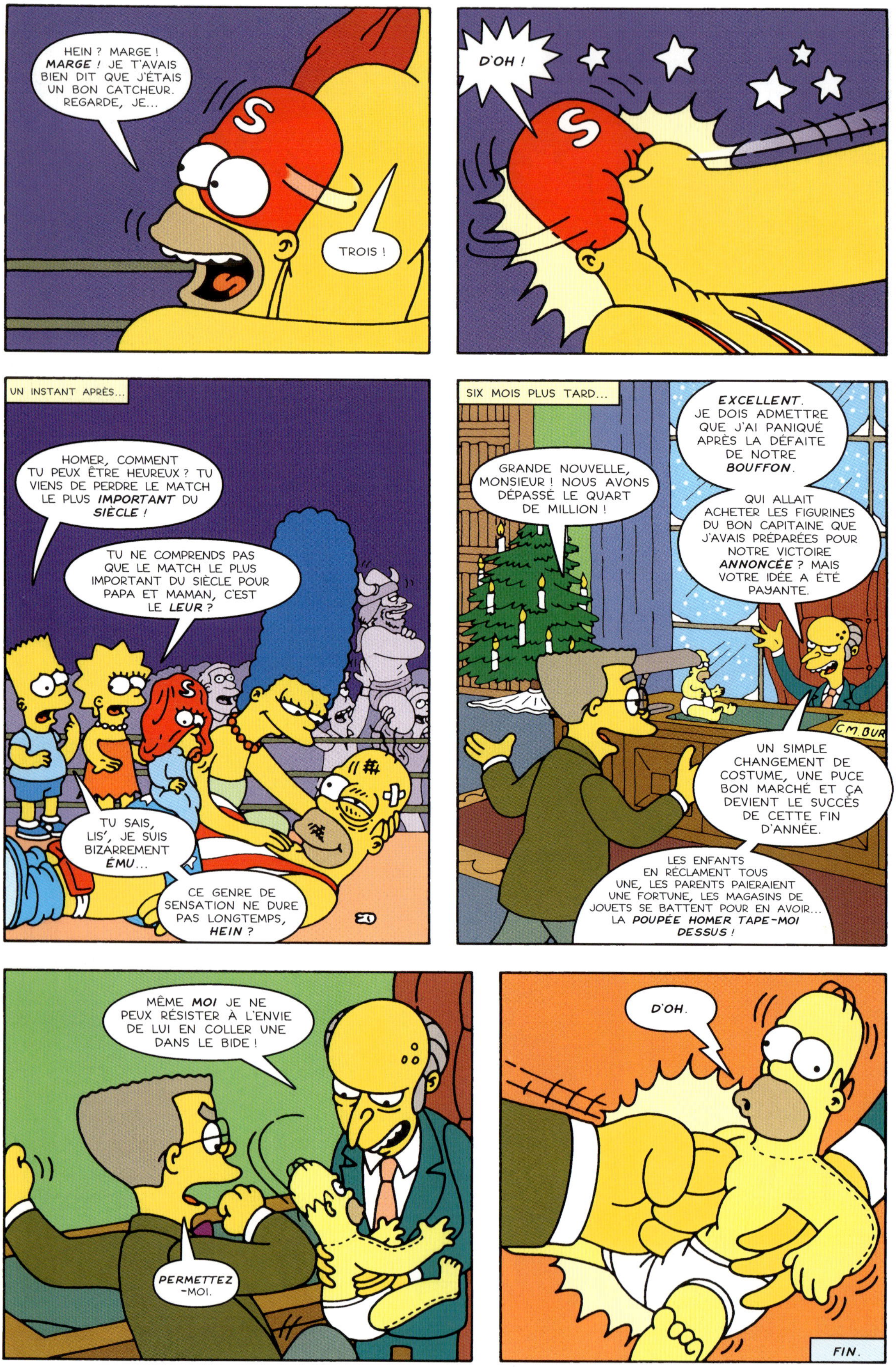
HEIN ? MARGE ! MARGE ! JE T'AVAIS BIEN DIT QUE J'ÉTAIS UN BON CATCHEUR. REGARDE, JE...
TROIS !
D'OH !
UN INSTANT APRÈS...
HOMER, COMMENT TU PEUX ÊTRE HEUREUX ? TU VIENS DE PERDRE LE MATCH LE PLUS IMPORTANT DU SIÈCLE !
TU NE COMPRENDS PAS QUE LE MATCH LE PLUS IMPORTANT DU SIÈCLE POUR PAPA ET MAMAN, C'EST LE LEUR ?
TU SAIS, LIS', JE SUIS BIZARREMENT ÉMU...
CE GENRE DE SENSATION NE DURE PAS LONGTEMPS, HEIN ?
SIX MOIS PLUS TARD...
GRANDE NOUVELLE, MONSIEUR ! NOUS AVONS DÉPASSÉ LE QUART DE MILLION !
EXCELLENT. JE DOIS ADMETTRE QUE J'AI PANIQUÉ APRÈS LA DÉFAITE DE NOTRE BOUFFON.
QUI ALLAIT ACHETER LES FIGURINES DU BON CAPITAINE QUE J'AVAIS PRÉPARÉES POUR NOTRE VICTOIRE ANNONCÉE ? MAIS VOTRE IDÉE A ÉTÉ PAYANTE.
UN SIMPLE CHANGEMENT DE COSTUME, UNE PUCE BON MARCHÉ ET ÇA DEVIENT LE SUCCÈS DE CETTE FIN D'ANNÉE.
LES ENFANTS EN RÉCLAMENT TOUS UNE, LES PARENTS PAIERAIENT UNE FORTUNE, LES MAGASINS DE JOUETS SE BATTENT POUR EN AVOIR... LA POUPÉE HOMER TAPE-MOI DESSUS !
MÊME MOI JE NE PEUX RÉSISTER À L'ENVIE DE LUI EN COLLER UNE DANS LE BIDE !
PERMETTEZ-MOI.
D'OH.
FIN.

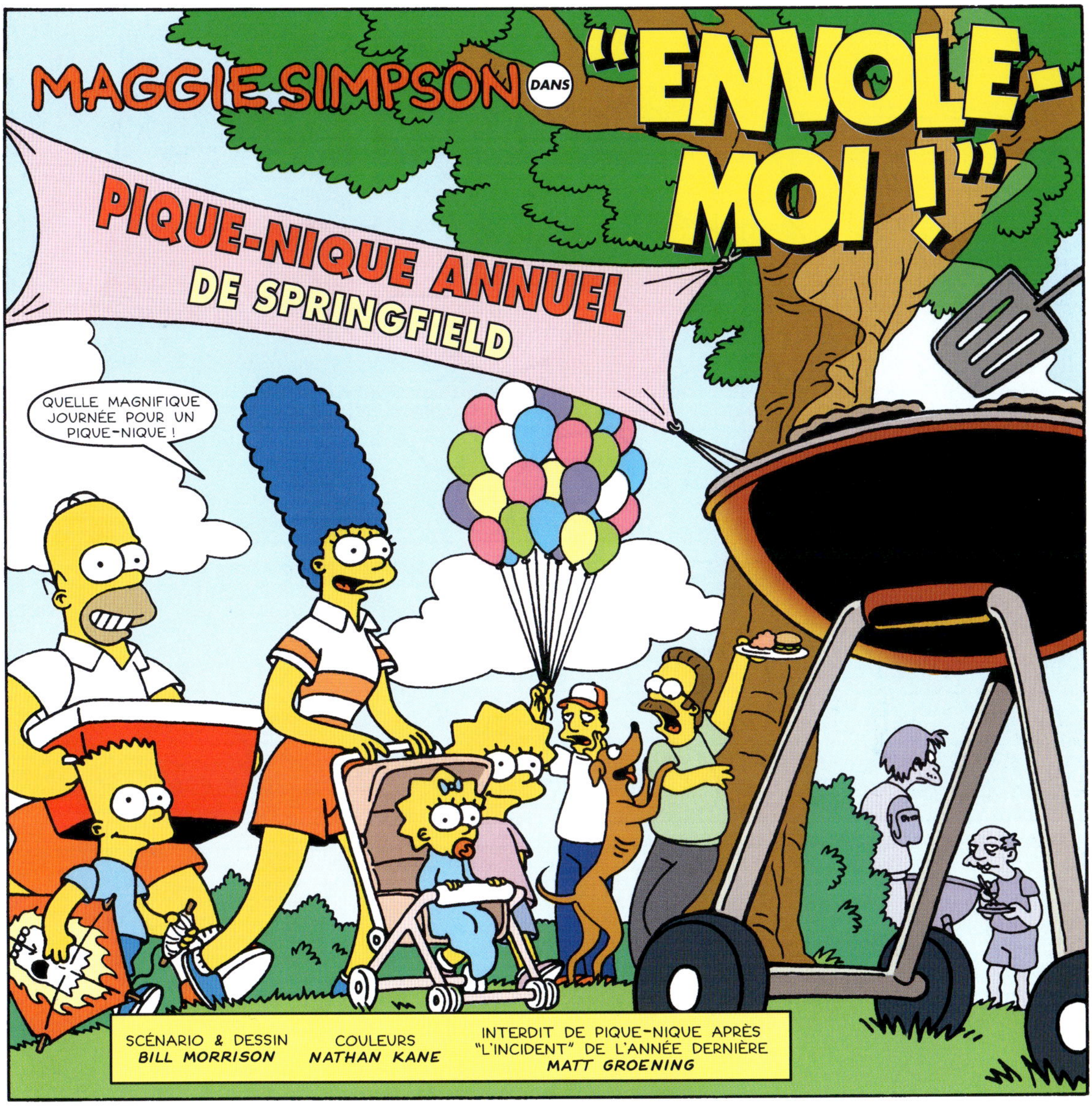

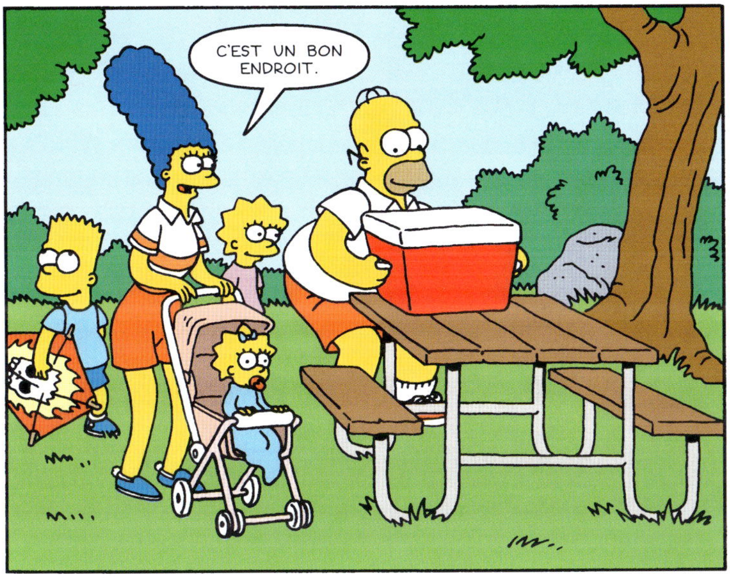

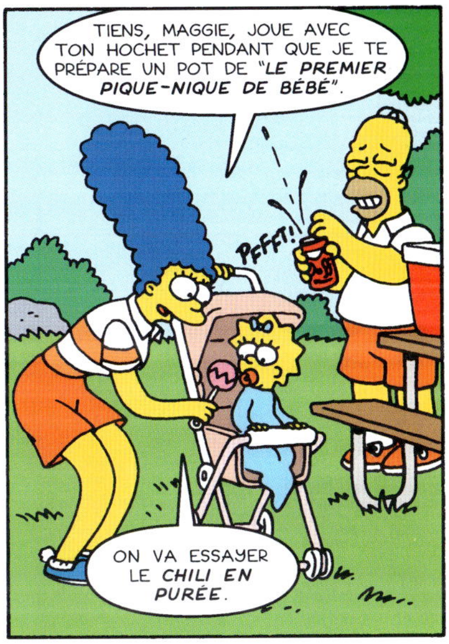

BABILLAGES *FRANÇOIS PENEAUD* RÉDAC' CHEF *LOUIS-ANTOINE DUJARDIN*

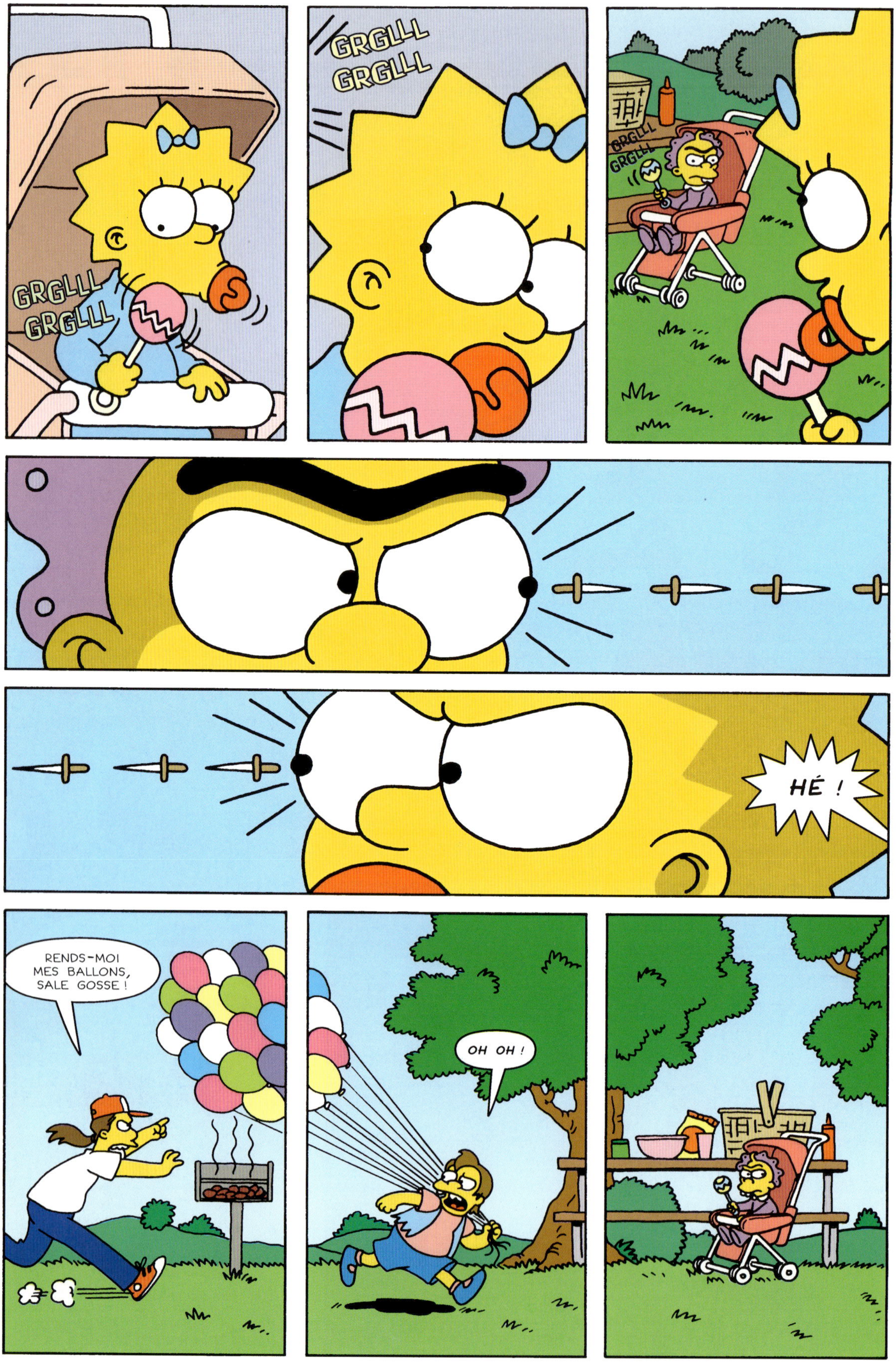
GRGLLL GRGLLL
GRGLLL GRGLLL
GRGLLL GRGLLL
HÉ !
RENDS-MOI MES BALLONS, SALE GOSSE !
OH OH !

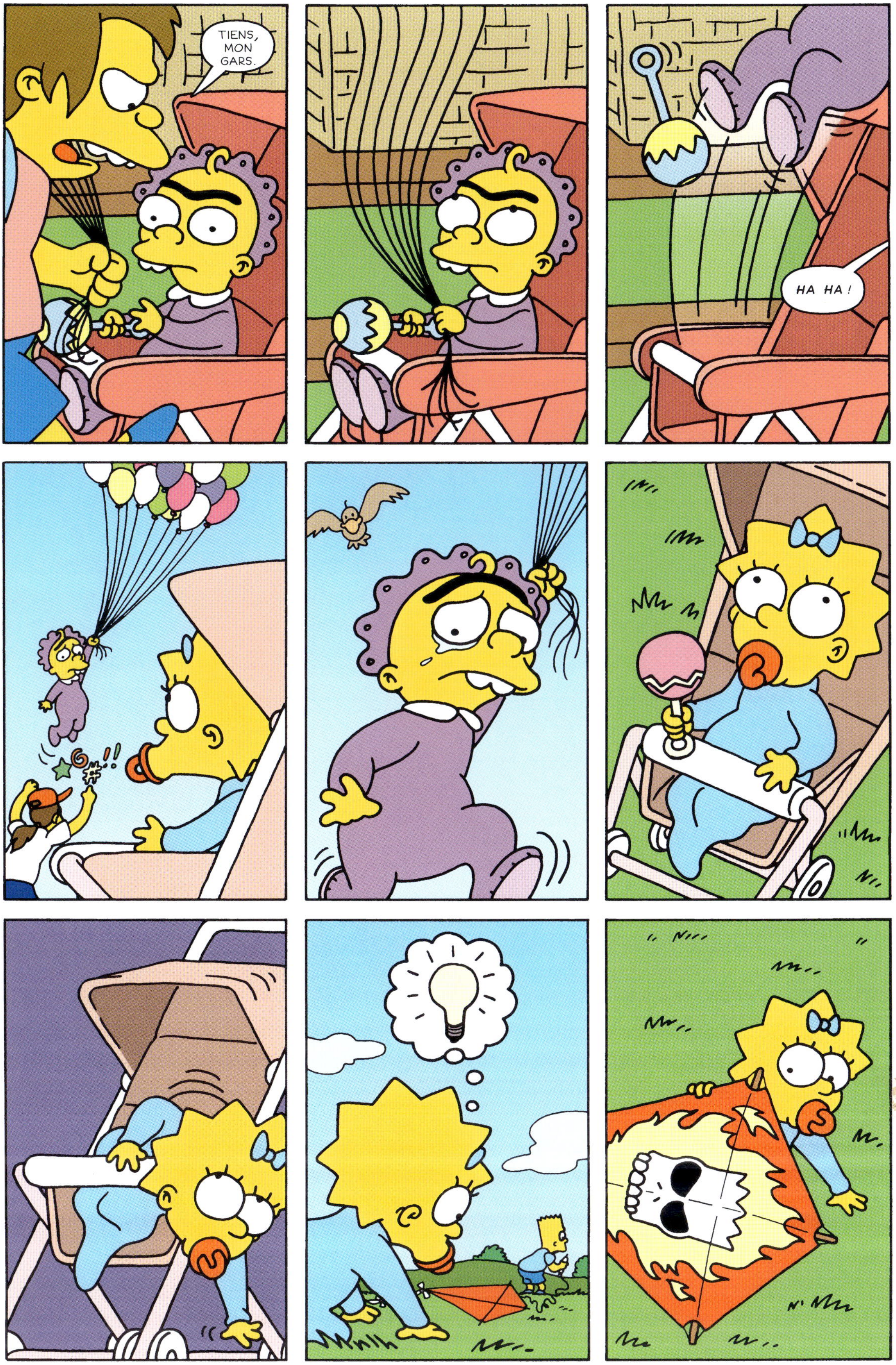
TIENS, MON GARS.
HA HA !

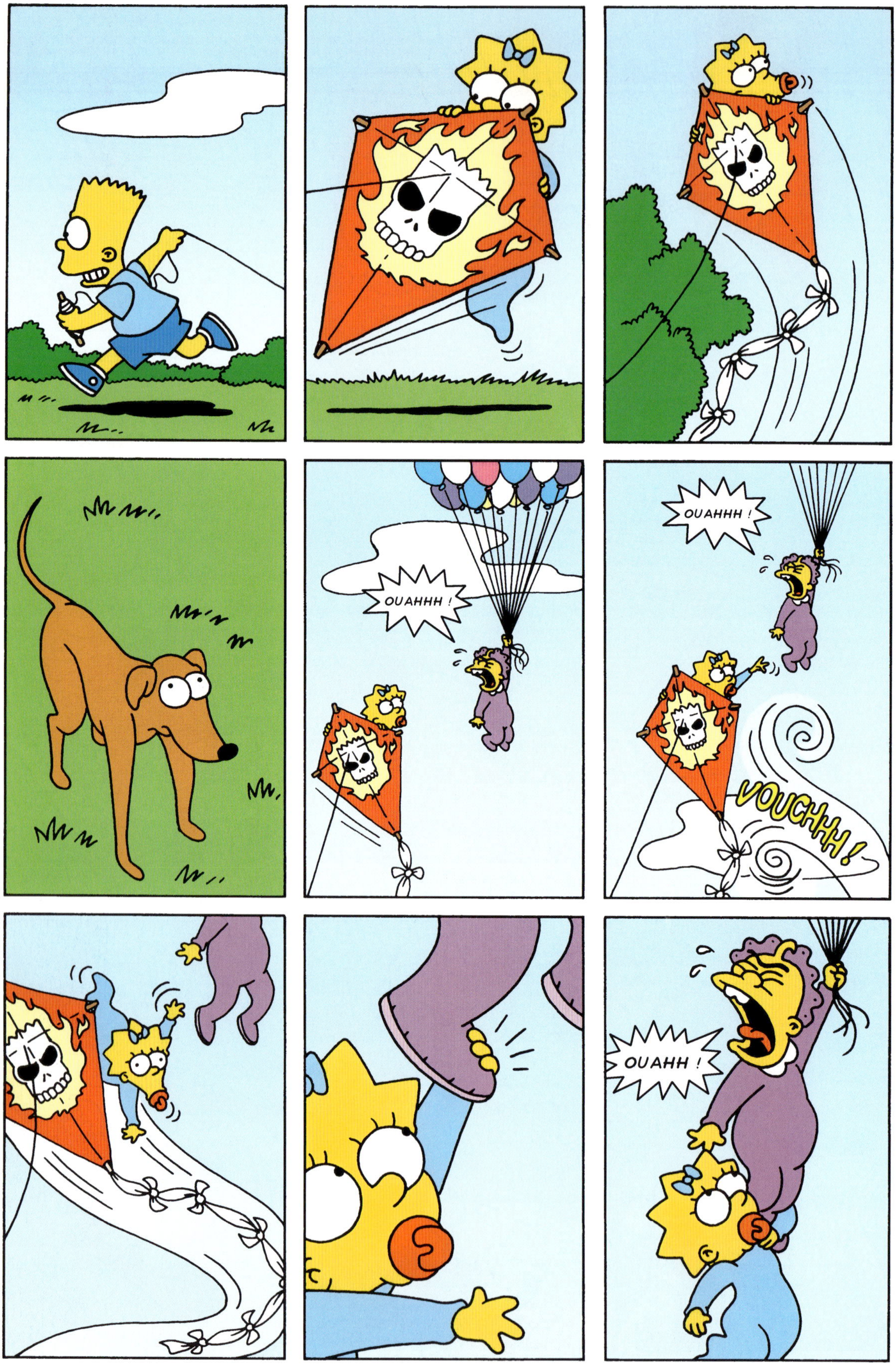
OUAHHH !
OUAHHH !
VOUCHHH !
OUAHH !

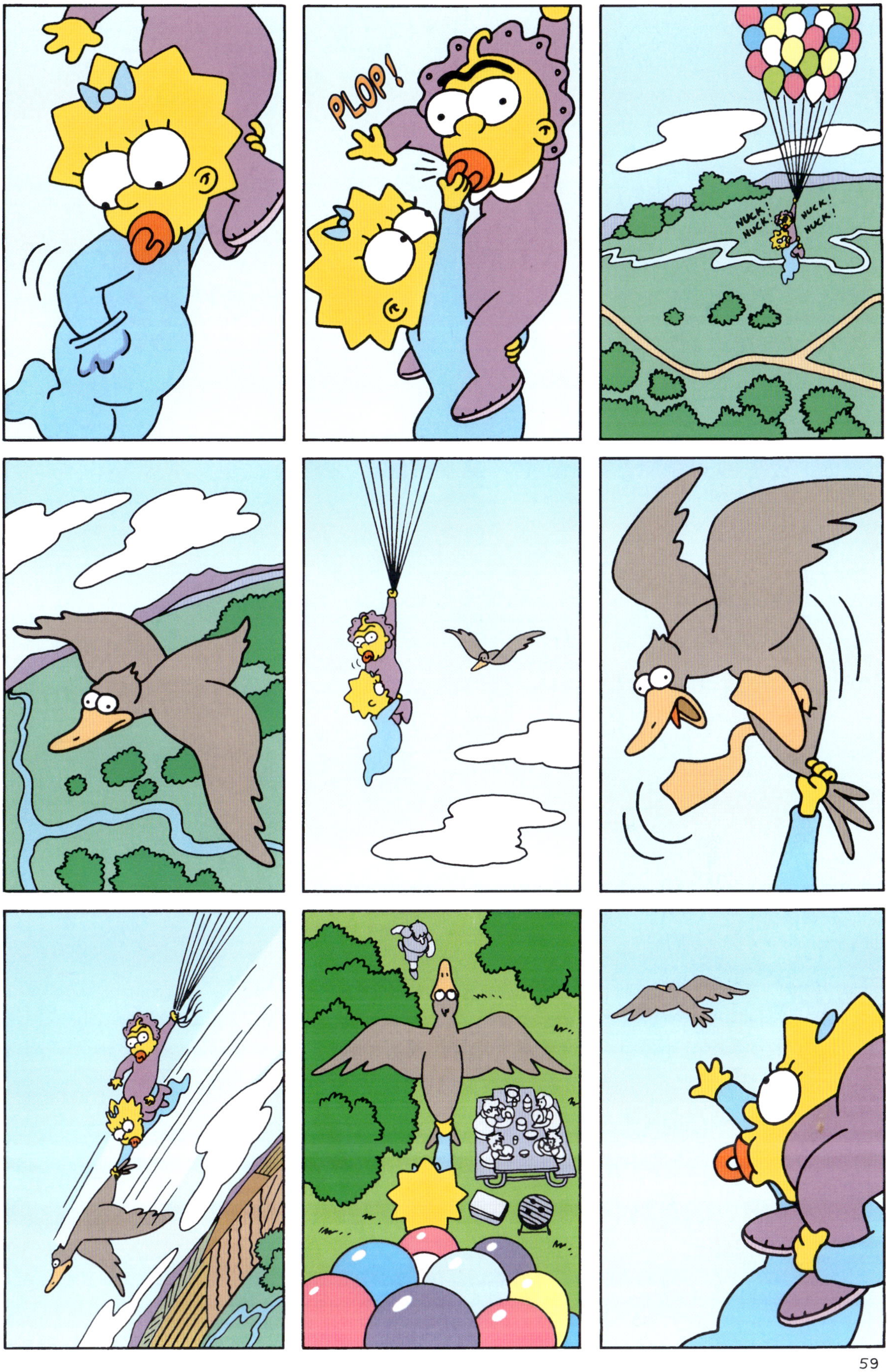
PLOP!
NUCK! NUCK!
NUCK! NUCK!

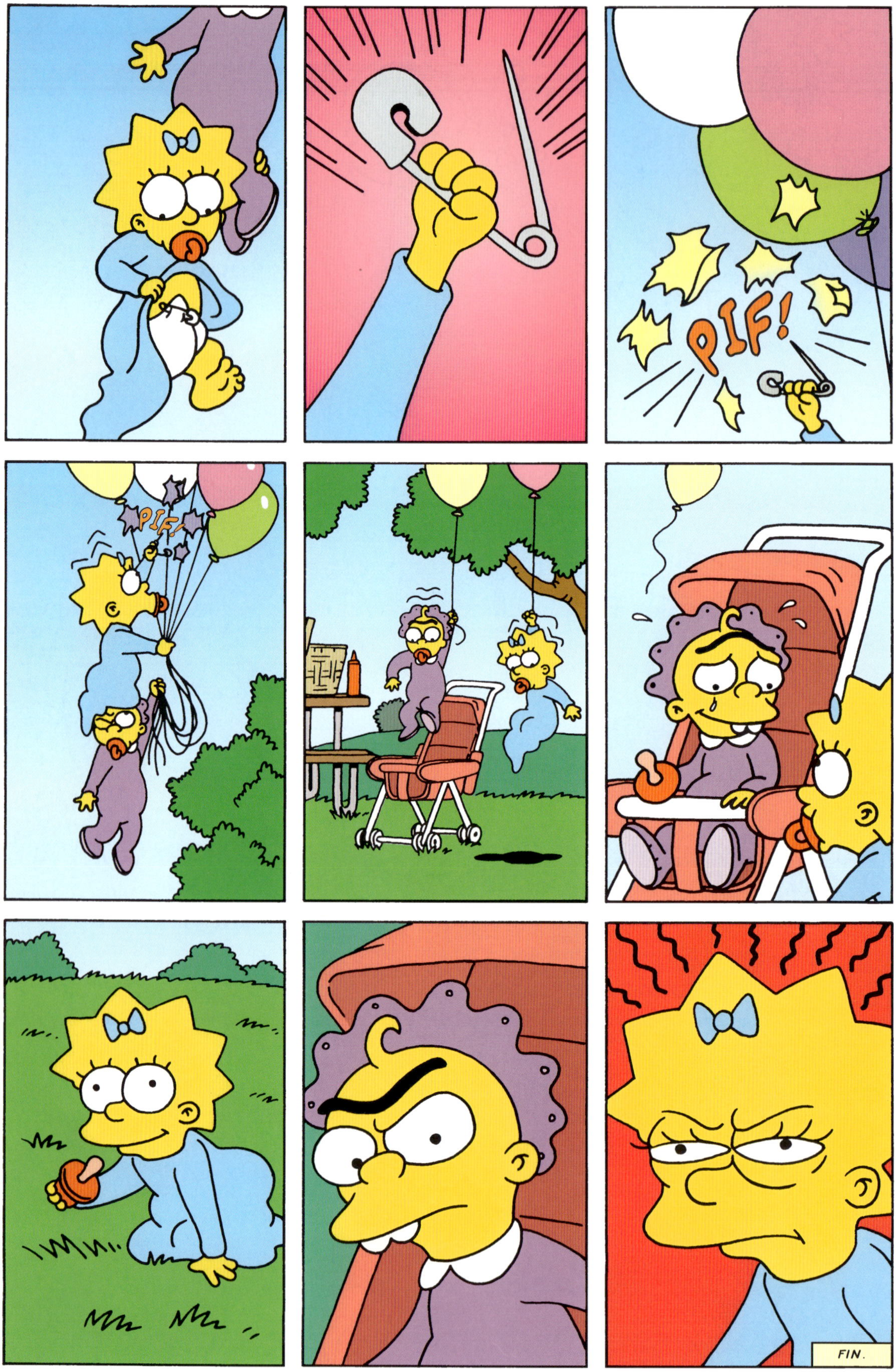
PIF!
PIF!
FIN.

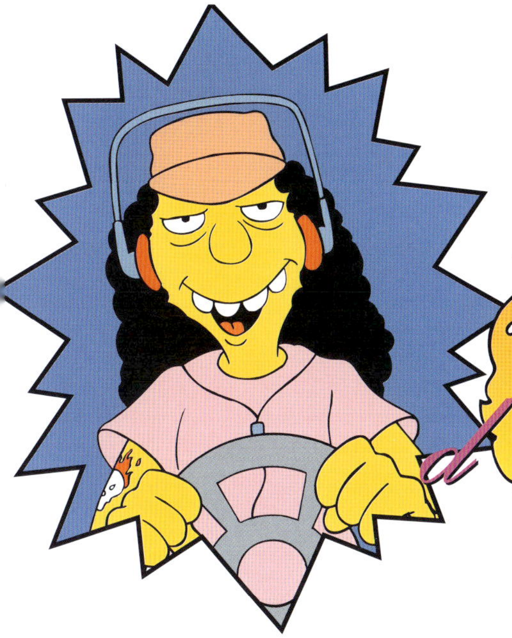

Le top 40 d'Otto

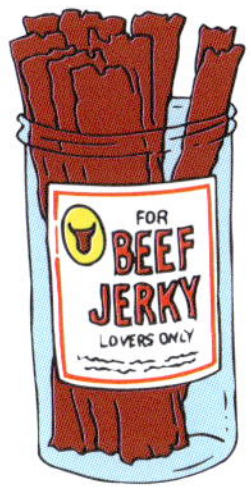

1. Garfield
2. Le 1er amendement
3. Les bons gros tatouages de crânes en flamme.
4. "Stairway to Heaven"
5. **Le bœuf séché à l'ancienne pimenté**
6. Le livre "Chariots of the God" d'Erik von Däniken

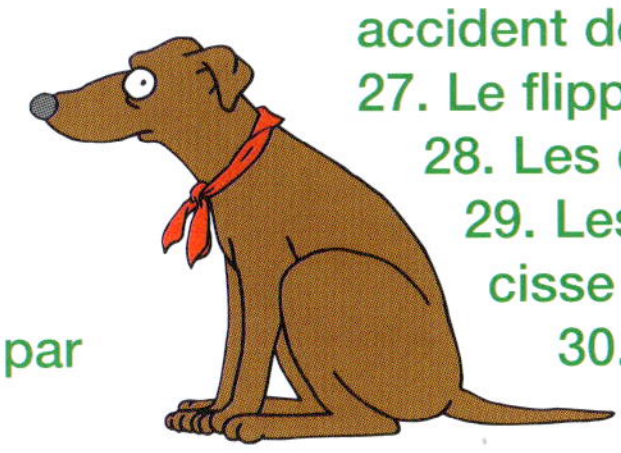

7. Le placement libre en concert
8. Susan Dey
9. Les bébés humains élevés par des loups
10. L'odeur qu'il y a quand les gosses mangent du maïs grillé dans le bus
11. Les riffs de guitare super longs et extrêmes à la pédale wah-wah
12. **Les bandanas sur les chiens**

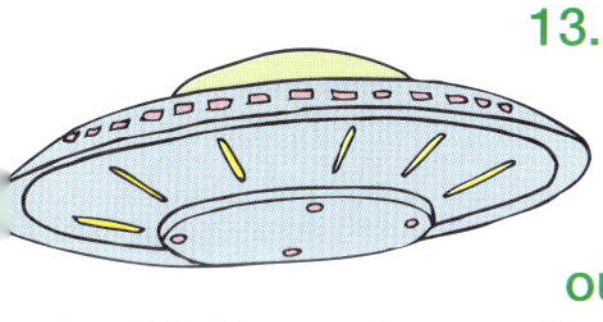

13. Le sifflement des cassettes
14. Planer complètement à en oublier où est garé le bus
15. Le rock cosmico-psychédélique
16. Passer toutes les vitesses dans une montée
17. Les solos de batterie de 20 minutes
18. **Les théories de la conspiration qui impliquent l'armée et les ovnis**
19. Le caoutchouc mousse
20. Les cheveux longs

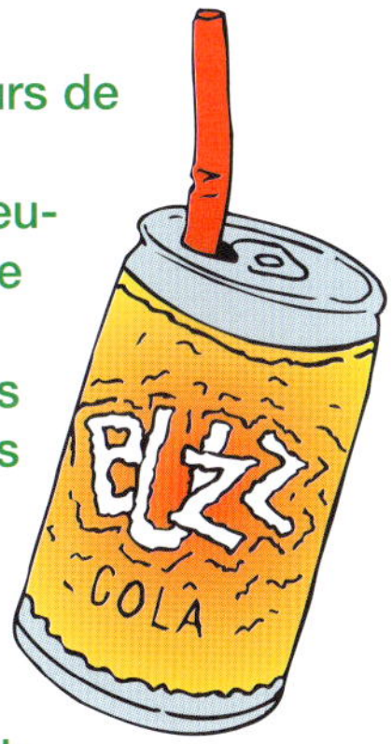

21. Saluer d'autres chauffeurs de bus en levant le pouce
22. Les jeunes blancs banlieusards privés du droit de vote
23. L'arrêt Miranda
24. Les haut-parleurs géants
25. Les poèmes sur l'univers
26. Éviter de justesse un accident de la route grave
27. Le flipper
28. Les disques vinyle
29. Les beignets de saucisse bien gras
30. Les bd underground
31. La tête d'ahuri qu'on a quand on fait semblant de jouer "wrathchild" à la guitare
32. Les jolies têtes de mule de la gente féminine
33. **Le Buzz Cola avec double ration de sucre et de caféine**
34. Les désodorisants en forme d'arbre qui sentent vraiment les arbres

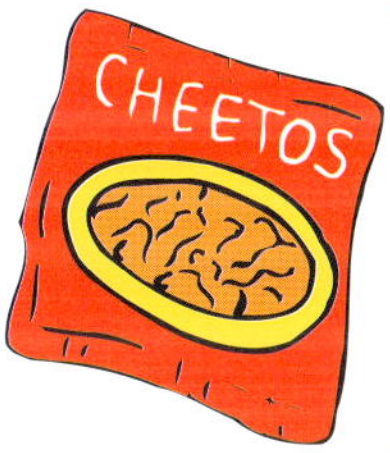

35. Les bagues en cristaux
36. Les oignons frits
37. Le truc en filet qu'on pose sur le siège pour éviter d'avoir les fesses toutes collantes
38. Trouver un paquet de chips intact sous un siège dans le bus
39. **Poser des grillages**
40. Inna Gadda Da Vida

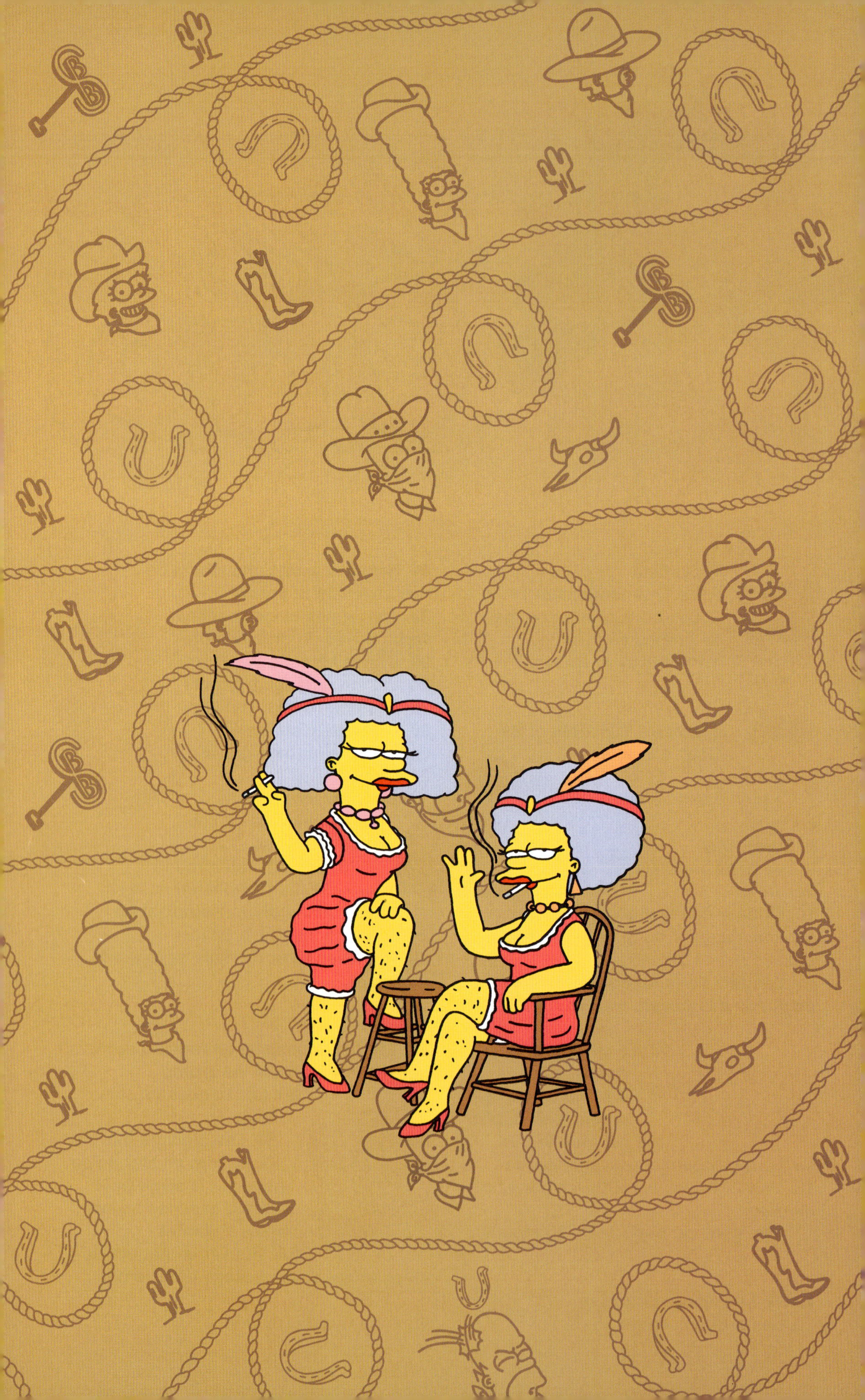

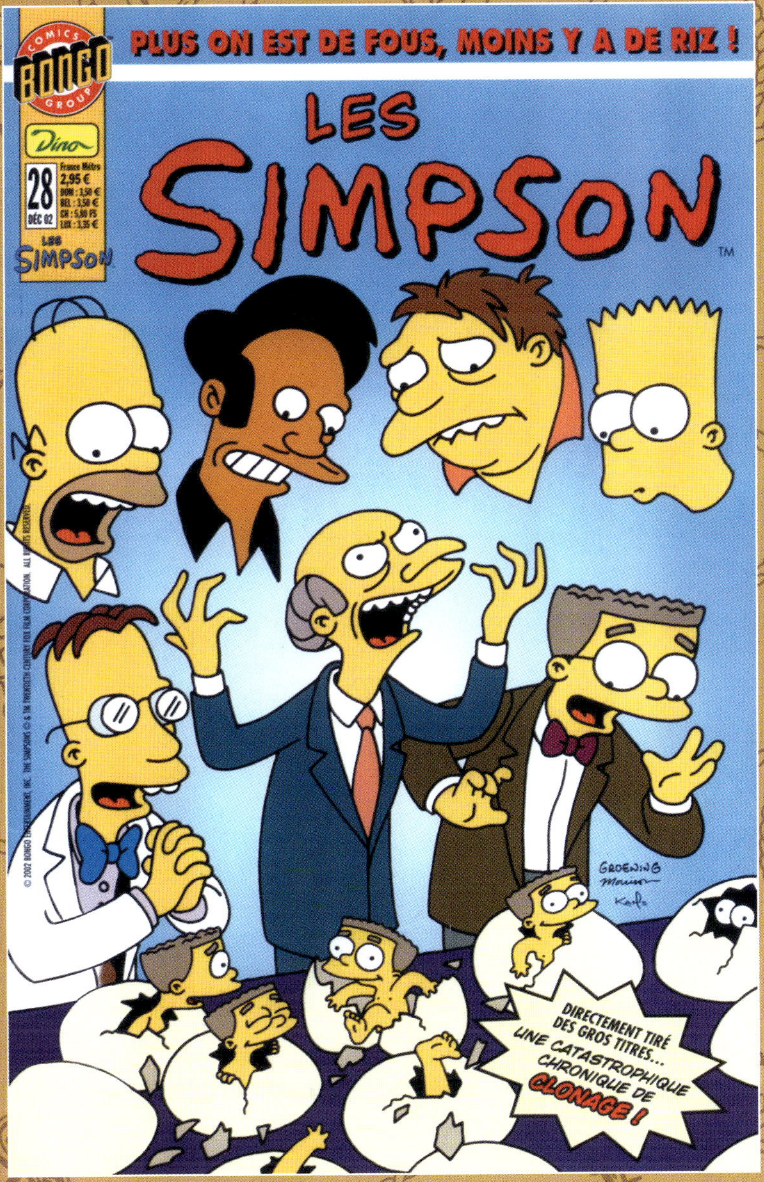

PLUS ON EST DE FOUS, MOINS Y A DE RIZ !
LES SIMPSON
28
DÉC 02
France Métro
2,95 €
LES SIMPSON
DIRECTEMENT TIRÉ DES GROS TITRES... UNE CATASTROPHIQUE CHRONIQUE DE CLONAGE !

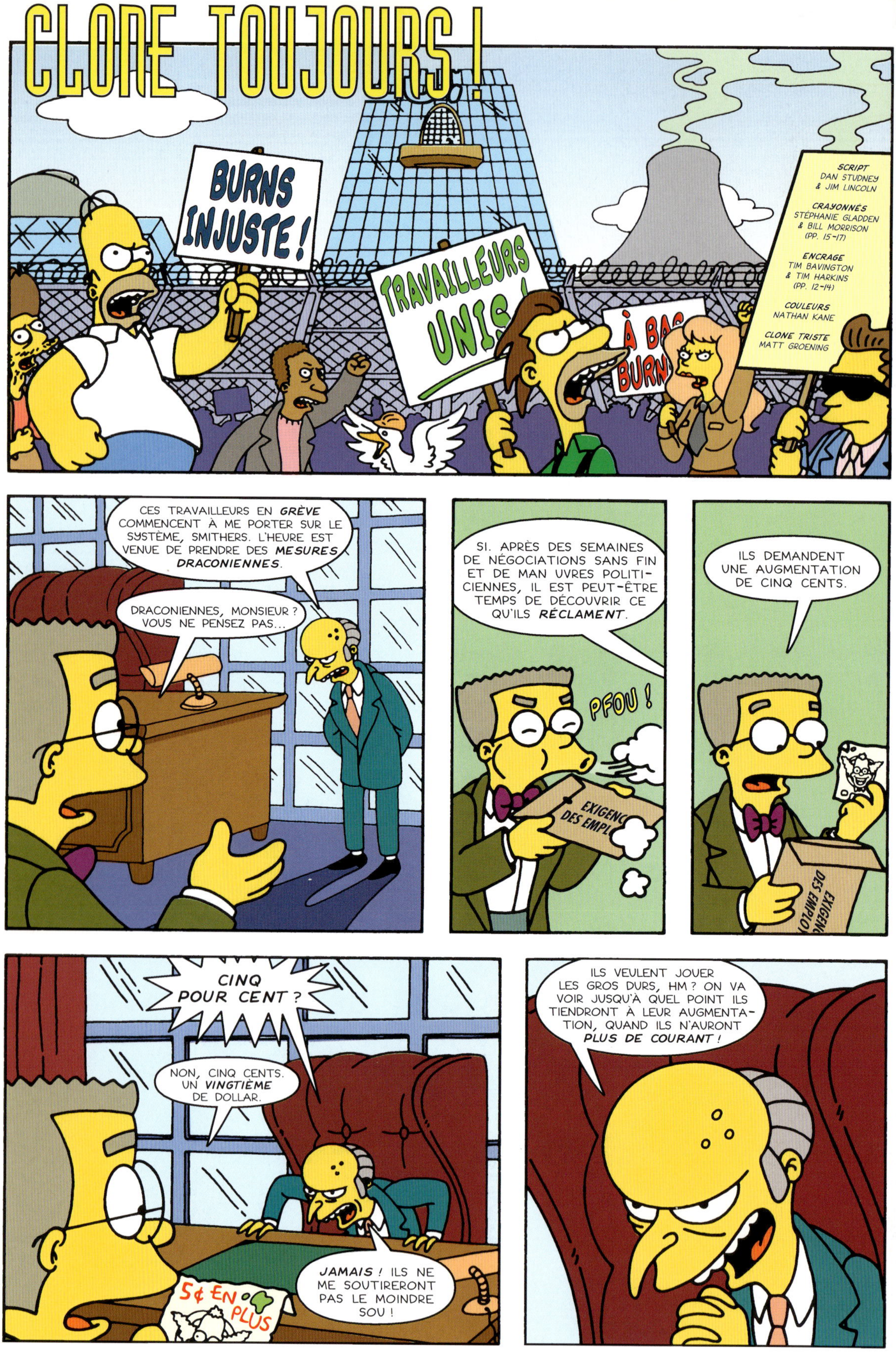

TRADUCTION ***WEYOUN PENEAUD*** SUPERVISION ***LOUIS-ANTOINES DUJARDINS***

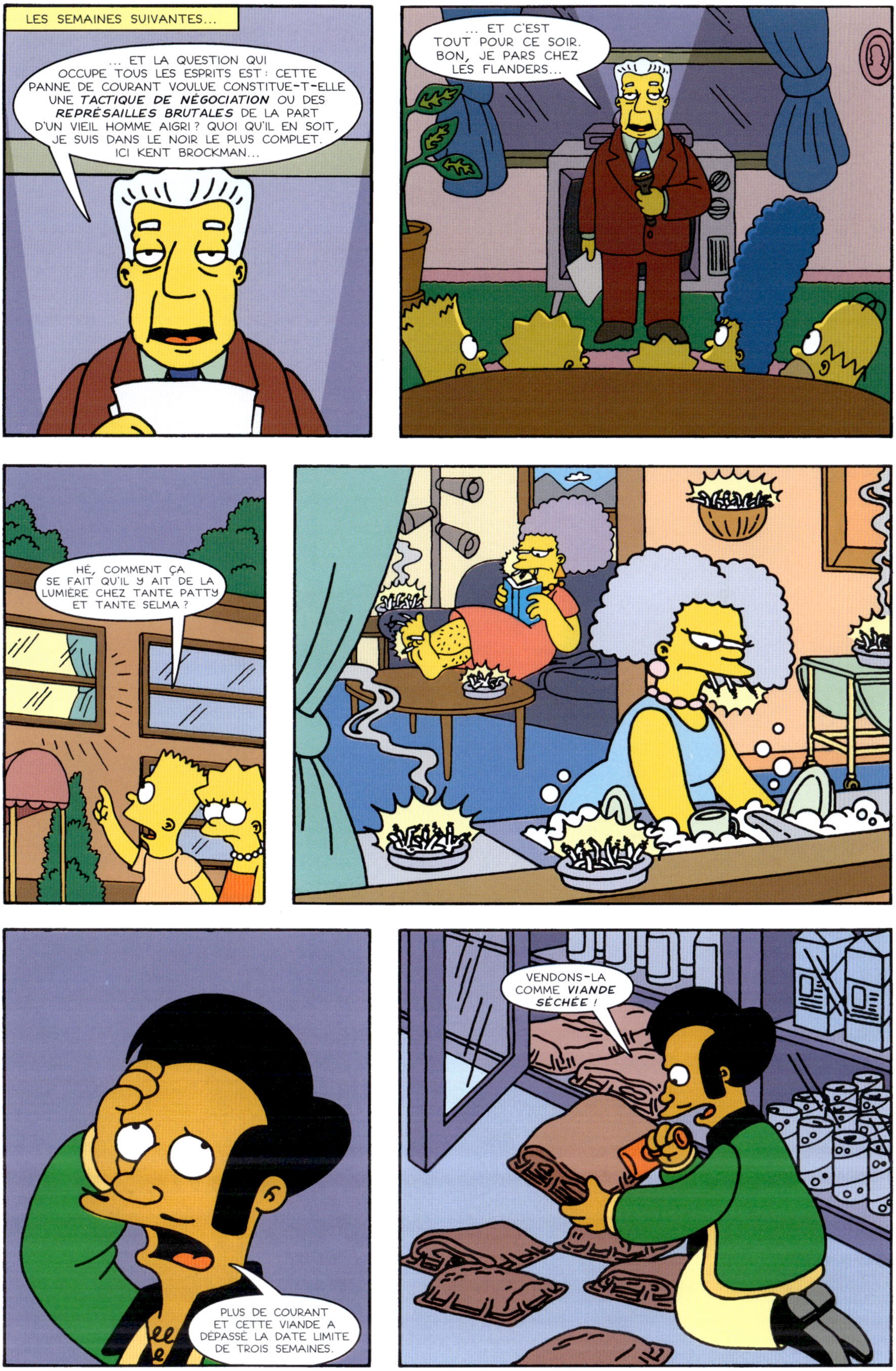
LES SEMAINES SUIVANTES...
... ET LA QUESTION QUI OCCUPE TOUS LES ESPRITS EST : CETTE PANNE DE COURANT VOULUE CONSTITUE-T-ELLE UNE *TACTIQUE DE NÉGOCIATION* OU DES *REPRÉSAILLES BRUTALES* DE LA PART D'UN VIEIL HOMME AIGRI ? QUOI QU'IL EN SOIT, JE SUIS DANS LE NOIR LE PLUS COMPLET. ICI KENT BROCKMAN...
... ET C'EST TOUT POUR CE SOIR. BON, JE PARS CHEZ LES FLANDERS...
HÉ, COMMENT ÇA SE FAIT QU'IL Y AIT DE LA LUMIÈRE CHEZ TANTE PATTY ET TANTE SELMA ?
PLUS DE COURANT ET CETTE VIANDE A DÉPASSÉ LA DATE LIMITE DE TROIS SEMAINES.
VENDONS-LA COMME *VIANDE SÉCHÉE* !

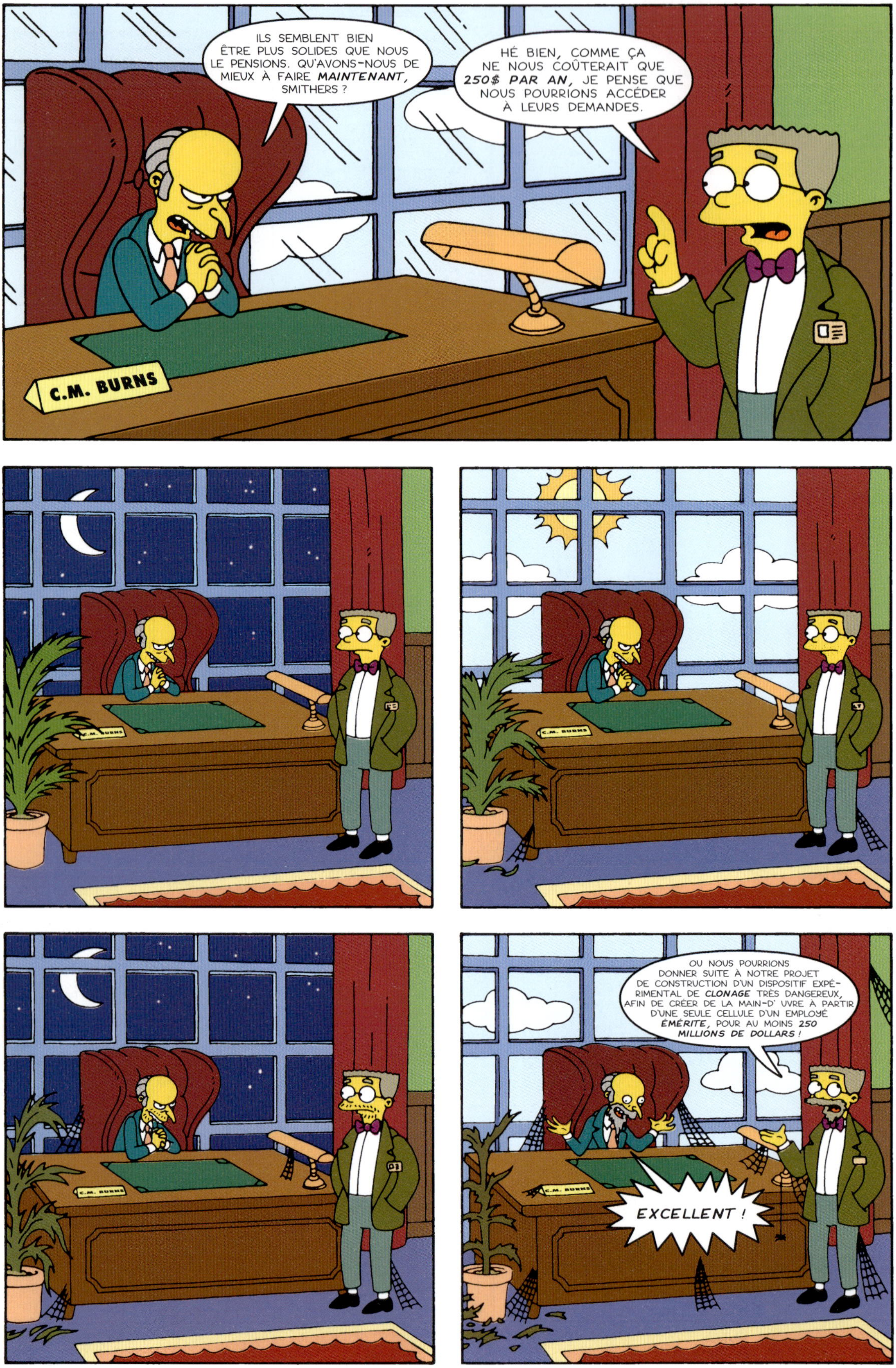

ILS SEMBLENT BIEN ÊTRE PLUS SOLIDES QUE NOUS LE PENSIONS. QU'AVONS-NOUS DE MIEUX À FAIRE MAINTENANT, SMITHERS ?
HÉ BIEN, COMME ÇA NE NOUS COÛTERAIT QUE 250$ PAR AN, JE PENSE QUE NOUS POURRIONS ACCÉDER À LEURS DEMANDES.
C.M. BURNS
OU NOUS POURRIONS DONNER SUITE À NOTRE PROJET DE CONSTRUCTION D'UN DISPOSITIF EXPÉRIMENTAL DE CLONAGE TRÈS DANGEREUX, AFIN DE CRÉER DE LA MAIN-D' UVRE À PARTIR D'UNE SEULE CELLULE D'UN EMPLOYÉ ÉMÉRITE, POUR AU MOINS 250 MILLIONS DE DOLLARS !
EXCELLENT !

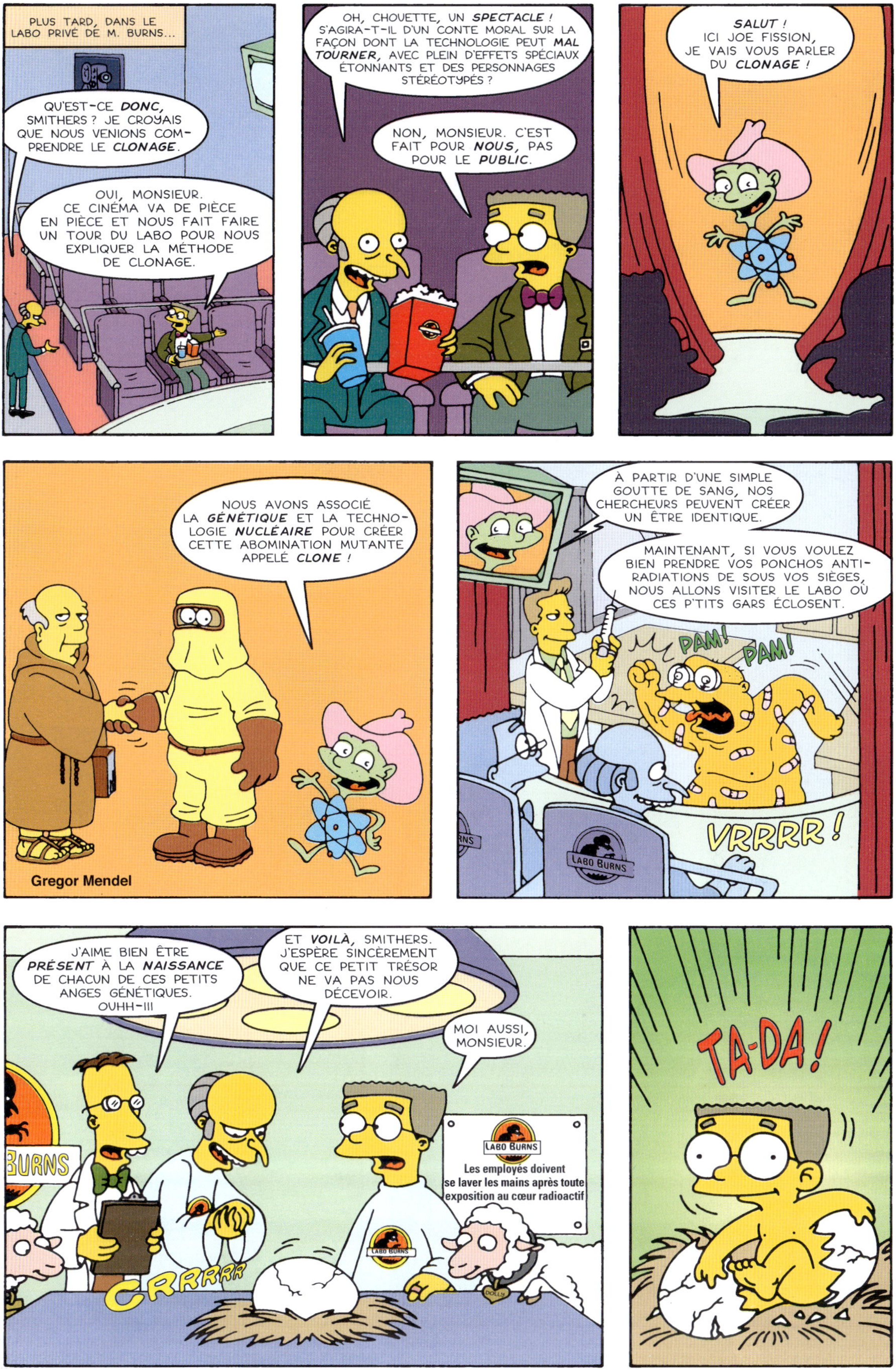
PLUS TARD, DANS LE LABO PRIVÉ DE M. BURNS...
QU'EST-CE DONC, SMITHERS ? JE CROYAIS QUE NOUS VENIONS COMPRENDRE LE CLONAGE.
OUI, MONSIEUR. CE CINÉMA VA DE PIÈCE EN PIÈCE ET NOUS FAIT FAIRE UN TOUR DU LABO POUR NOUS EXPLIQUER LA MÉTHODE DE CLONAGE.
OH, CHOUETTE, UN SPECTACLE ! S'AGIRA-T-IL D'UN CONTE MORAL SUR LA FAÇON DONT LA TECHNOLOGIE PEUT MAL TOURNER, AVEC PLEIN D'EFFETS SPÉCIAUX ÉTONNANTS ET DES PERSONNAGES STÉRÉOTYPÉS ?
NON, MONSIEUR. C'EST FAIT POUR NOUS, PAS POUR LE PUBLIC.
SALUT ! ICI JOE FISSION, JE VAIS VOUS PARLER DU CLONAGE !
NOUS AVONS ASSOCIÉ LA GÉNÉTIQUE ET LA TECHNOLOGIE NUCLÉAIRE POUR CRÉER CETTE ABOMINATION MUTANTE APPELÉ CLONE !
Gregor Mendel
À PARTIR D'UNE SIMPLE GOUTTE DE SANG, NOS CHERCHEURS PEUVENT CRÉER UN ÊTRE IDENTIQUE.
MAINTENANT, SI VOUS VOULEZ BIEN PRENDRE VOS PONCHOS ANTI-RADIATIONS DE SOUS VOS SIÈGES, NOUS ALLONS VISITER LE LABO OÙ CES P'TITS GARS ÉCLOSENT.
PAM!
PAM!
VRRRR !
LABO BURNS
J'AIME BIEN ÊTRE PRÉSENT À LA NAISSANCE DE CHACUN DE CES PETITS ANGES GÉNÉTIQUES. OUHH-III
ET VOILÀ, SMITHERS. J'ESPÈRE SINCÈREMENT QUE CE PETIT TRÉSOR NE VA PAS NOUS DÉCEVOIR.
MOI AUSSI, MONSIEUR.
BURNS
LABO BURNS
Les employés doivent se laver les mains après toute exposition au cœur radioactif
CRRRRR
TA-DA !

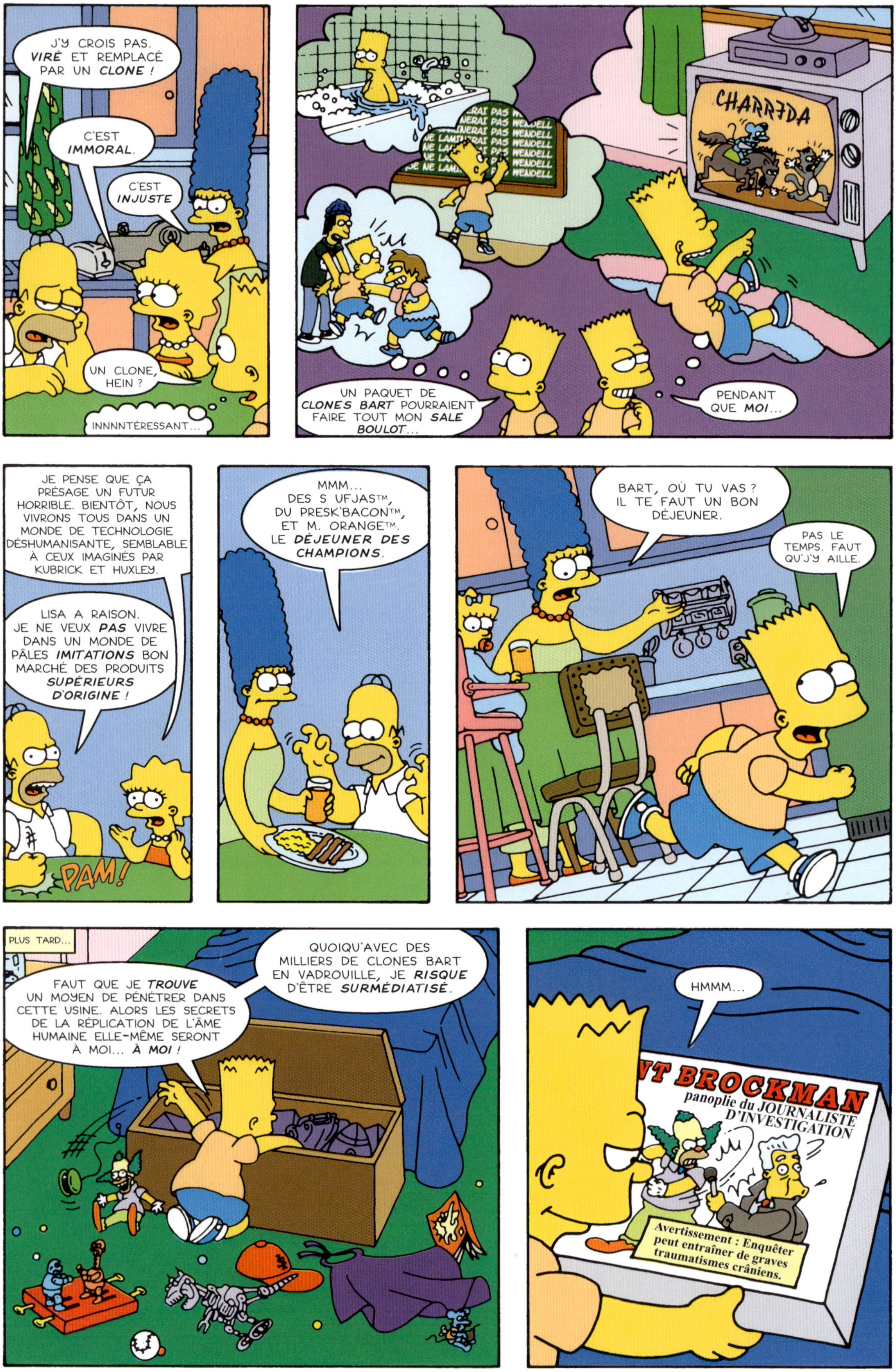
J'Y CROIS PAS. VIRÉ ET REMPLACÉ PAR UN CLONE !
C'EST IMMORAL.
C'EST INJUSTE
UN CLONE, HEIN ?
INNNNTÉRESSANT...
CHARRIDA
UN PAQUET DE CLONES BART POURRAIENT FAIRE TOUT MON SALE BOULOT...
PENDANT QUE MOI...
JE PENSE QUE ÇA PRÉSAGE UN FUTUR HORRIBLE. BIENTÔT, NOUS VIVRONS TOUS DANS UN MONDE DE TECHNOLOGIE DÉSHUMANISANTE, SEMBLABLE À CEUX IMAGINÉS PAR KUBRICK ET HUXLEY.
LISA A RAISON. JE NE VEUX PAS VIVRE DANS UN MONDE DE PÂLES IMITATIONS BON MARCHÉ DES PRODUITS SUPÉRIEURS D'ORIGINE !
PAM !
MMM... DES S'UFJAS™, DU PRESK'BACON™, ET M. ORANGE™. LE DÉJEUNER DES CHAMPIONS.
BART, OÙ TU VAS ? IL TE FAUT UN BON DÉJEUNER.
PAS LE TEMPS. FAUT QU'J'Y AILLE.
PLUS TARD...
FAUT QUE JE TROUVE UN MOYEN DE PÉNÉTRER DANS CETTE USINE. ALORS LES SECRETS DE LA RÉPLICATION DE L'ÂME HUMAINE ELLE-MÊME SERONT À MOI... À MOI !
QUOIQU'AVEC DES MILLIERS DE CLONES BART EN VADROUILLE, JE RISQUE D'ÊTRE SURMÉDIATISÉ.
HMMM...
NT BROCKMAN
panoplie du JOURNALISTE D'INVESTIGATION
Avertissement : Enquêter peut entraîner de graves traumatismes crâniens.

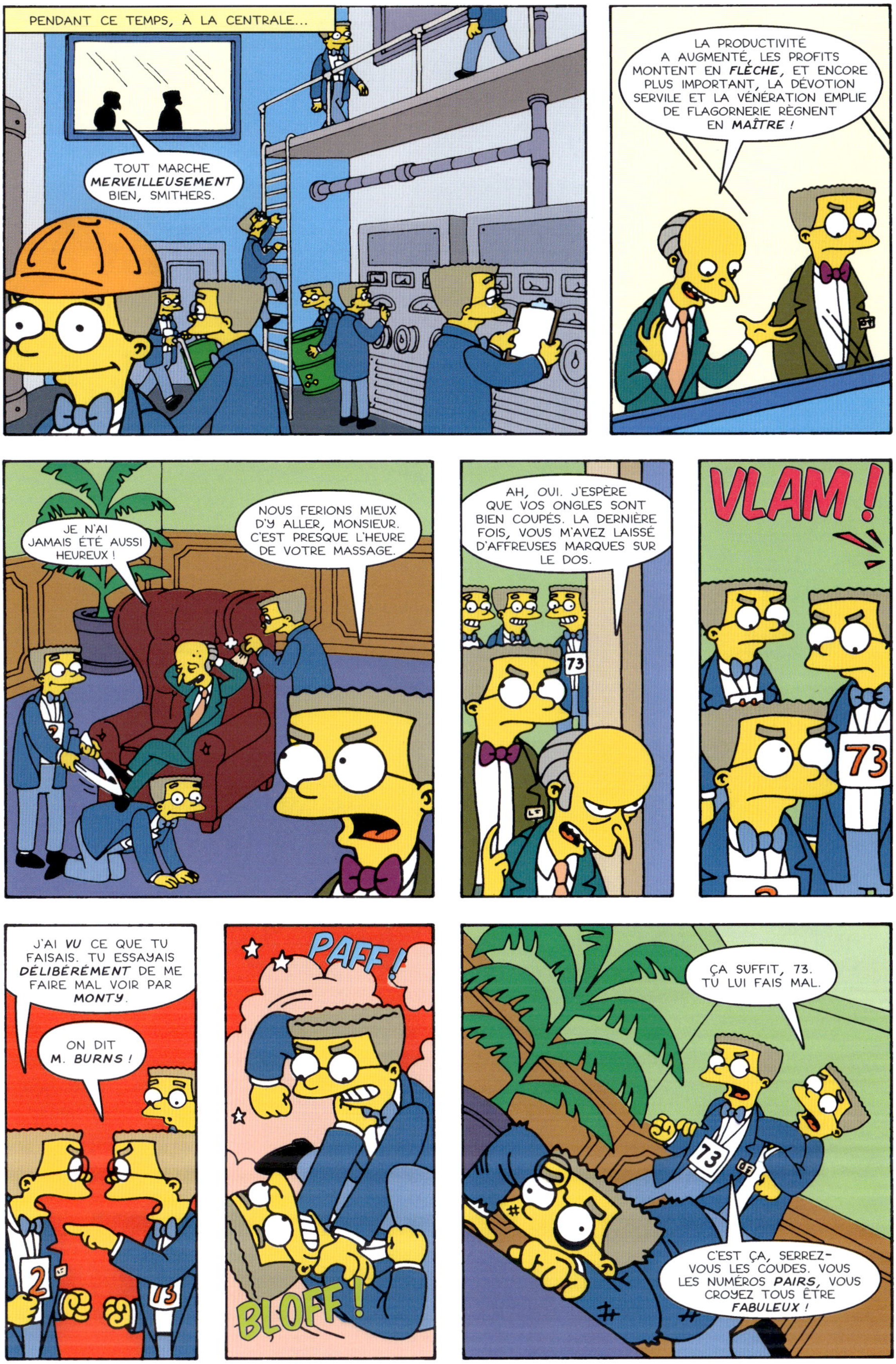
PENDANT CE TEMPS, À LA CENTRALE...
TOUT MARCHE MERVEILLEUSEMENT BIEN, SMITHERS.
LA PRODUCTIVITÉ A AUGMENTÉ, LES PROFITS MONTENT EN FLÈCHE, ET ENCORE PLUS IMPORTANT, LA DÉVOTION SERVILE ET LA VÉNÉRATION EMPLIE DE FLAGORNERIE RÈGNENT EN MAÎTRE !
JE N'AI JAMAIS ÉTÉ AUSSI HEUREUX !
NOUS FERIONS MIEUX D'Y ALLER, MONSIEUR. C'EST PRESQUE L'HEURE DE VOTRE MASSAGE.
AH, OUI. J'ESPÈRE QUE VOS ONGLES SONT BIEN COUPÉS. LA DERNIÈRE FOIS, VOUS M'AVEZ LAISSÉ D'AFFREUSES MARQUES SUR LE DOS.
73
VLAM !
73
J'AI VU CE QUE TU FAISAIS. TU ESSAYAIS DÉLIBÉRÉMENT DE ME FAIRE MAL VOIR PAR MONTY.
ON DIT M. BURNS !
2
PAFF !
BLOFF !
ÇA SUFFIT, 73. TU LUI FAIS MAL.
73
C'EST ÇA, SERREZ-VOUS LES COUDES. VOUS LES NUMÉROS PAIRS, VOUS CROYEZ TOUS ÊTRE FABULEUX !

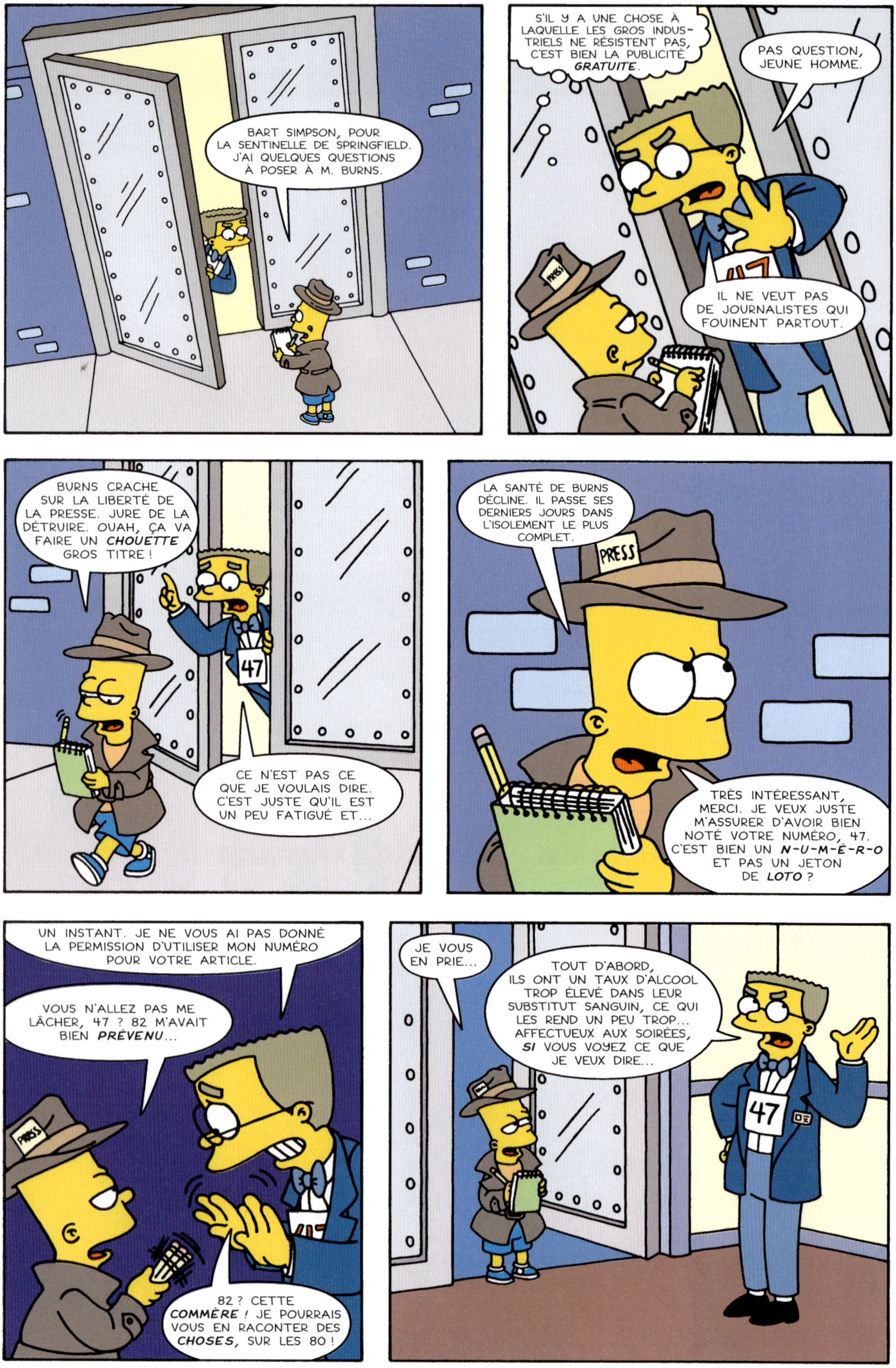
BART SIMPSON, POUR LA SENTINELLE DE SPRINGFIELD. J'AI QUELQUES QUESTIONS À POSER À M. BURNS.
S'IL Y A UNE CHOSE À LAQUELLE LES GROS INDUSTRIELS NE RÉSISTENT PAS, C'EST BIEN LA PUBLICITÉ ***GRATUITE***.
PAS QUESTION, JEUNE HOMME.
IL NE VEUT PAS DE JOURNALISTES QUI FOUINENT PARTOUT.
PRESS
47
BURNS CRACHE SUR LA LIBERTÉ DE LA PRESSE. JURE DE LA DÉTRUIRE. OUAH, ÇA VA FAIRE UN ***CHOUETTE*** GROS TITRE !
47
CE N'EST PAS CE QUE JE VOULAIS DIRE. C'EST JUSTE QU'IL EST UN PEU FATIGUÉ ET...
LA SANTÉ DE BURNS DÉCLINE. IL PASSE SES DERNIERS JOURS DANS L'ISOLEMENT LE PLUS COMPLET.
PRESS
TRÈS INTÉRESSANT, MERCI. JE VEUX JUSTE M'ASSURER D'AVOIR BIEN NOTÉ VOTRE NUMÉRO, 47. C'EST BIEN UN ***N-U-M-É-R-O*** ET PAS UN JETON DE ***LOTO*** ?
UN INSTANT. JE NE VOUS AI PAS DONNÉ LA PERMISSION D'UTILISER MON NUMÉRO POUR VOTRE ARTICLE.
VOUS N'ALLEZ PAS ME LÂCHER, 47 ? 82 M'AVAIT BIEN ***PRÉVENU***...
PRESS
82 ? CETTE ***COMMÈRE*** ! JE POURRAIS VOUS EN RACONTER DES ***CHOSES***, SUR LES 80 !
JE VOUS EN PRIE...
TOUT D'ABORD, ILS ONT UN TAUX D'ALCOOL TROP ÉLEVÉ DANS LEUR SUBSTITUT SANGUIN, CE QUI LES REND UN PEU TROP... AFFECTUEUX AUX SOIRÉES, ***SI*** VOUS VOYEZ CE QUE JE VEUX DIRE...
47

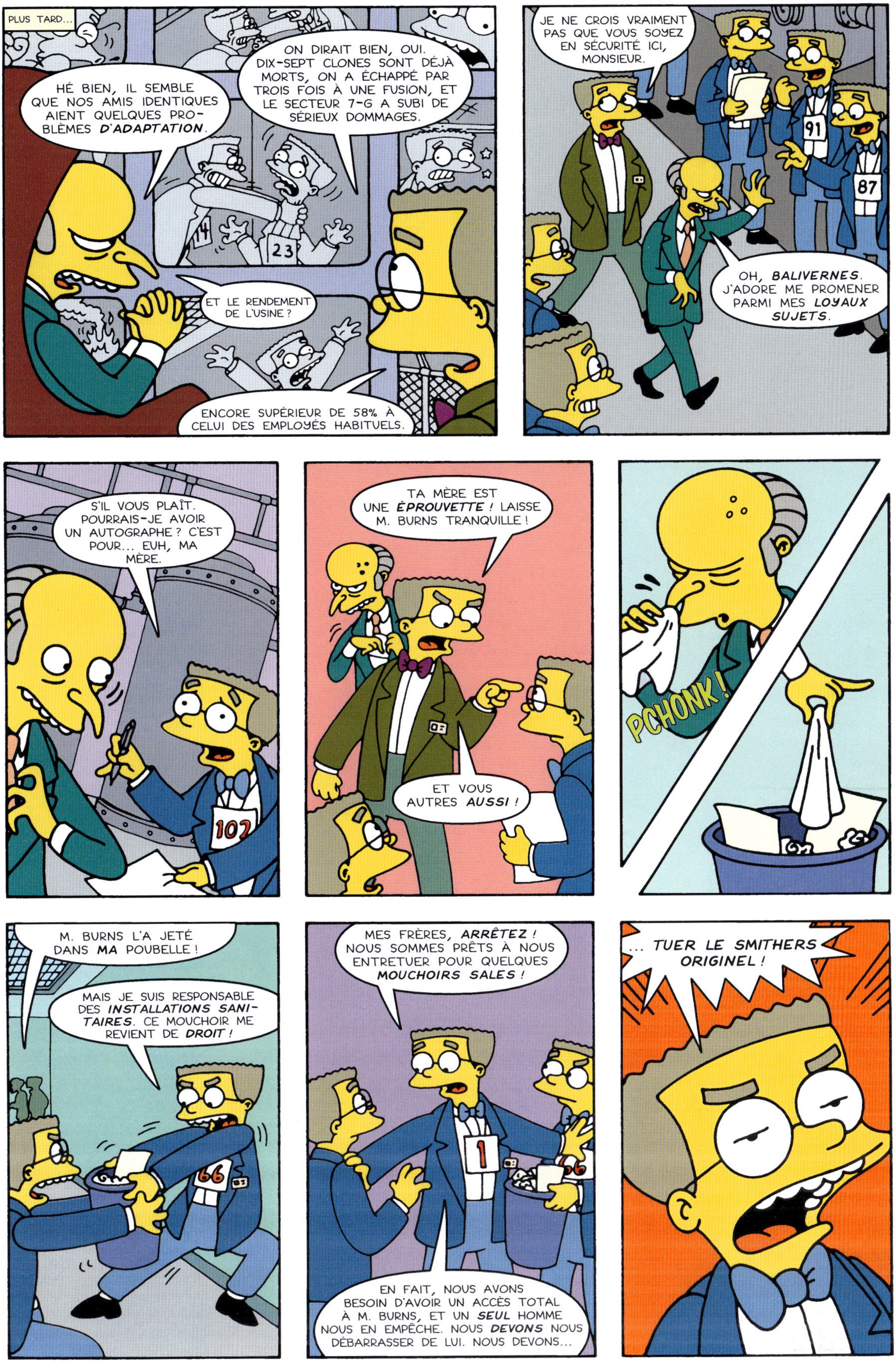
PLUS TARD...
HÉ BIEN, IL SEMBLE QUE NOS AMIS IDENTIQUES AIENT QUELQUES PROBLÈMES D'ADAPTATION.
ON DIRAIT BIEN, OUI. DIX-SEPT CLONES SONT DÉJÀ MORTS, ON A ÉCHAPPÉ PAR TROIS FOIS À UNE FUSION, ET LE SECTEUR 7-G A SUBI DE SÉRIEUX DOMMAGES.
ET LE RENDEMENT DE L'USINE ?
ENCORE SUPÉRIEUR DE 58% À CELUI DES EMPLOYÉS HABITUELS.
JE NE CROIS VRAIMENT PAS QUE VOUS SOYEZ EN SÉCURITÉ ICI, MONSIEUR.
OH, BALIVERNES. J'ADORE ME PROMENER PARMI MES LOYAUX SUJETS.
S'IL VOUS PLAÎT. POURRAIS-JE AVOIR UN AUTOGRAPHE ? C'EST POUR... EUH, MA MÈRE.
TA MÈRE EST UNE ÉPROUVETTE ! LAISSE M. BURNS TRANQUILLE !
ET VOUS AUTRES AUSSI !
PCHONK !
M. BURNS L'A JETÉ DANS MA POUBELLE !
MAIS JE SUIS RESPONSABLE DES INSTALLATIONS SANITAIRES. CE MOUCHOIR ME REVIENT DE DROIT !
MES FRÈRES, ARRÊTEZ ! NOUS SOMMES PRÊTS À NOUS ENTRETUER POUR QUELQUES MOUCHOIRS SALES !
EN FAIT, NOUS AVONS BESOIN D'AVOIR UN ACCÈS TOTAL À M. BURNS, ET UN SEUL HOMME NOUS EN EMPÊCHE. NOUS DEVONS NOUS DÉBARRASSER DE LUI. NOUS DEVONS...
... TUER LE SMITHERS ORIGINEL !

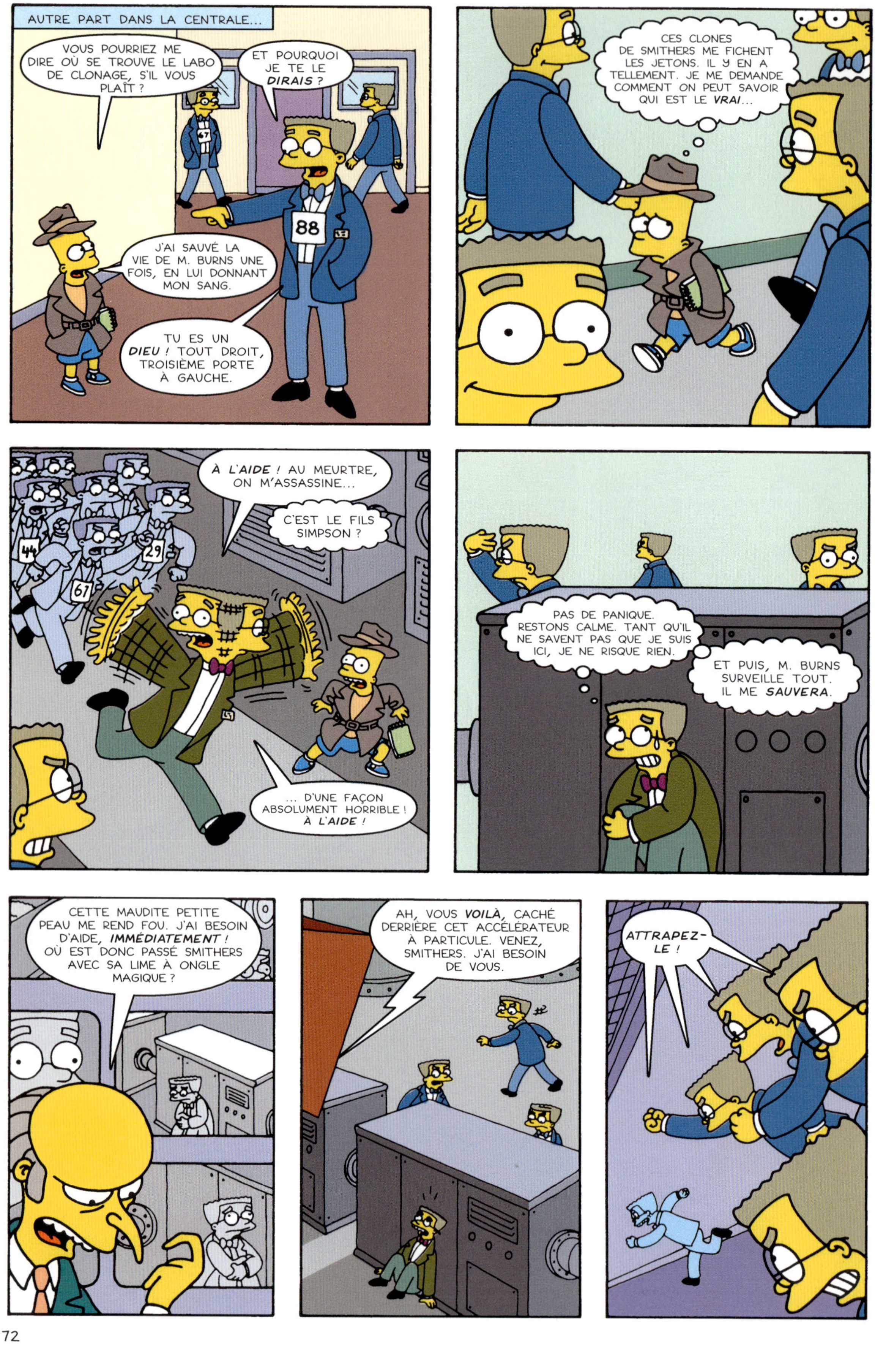
AUTRE PART DANS LA CENTRALE...
VOUS POURRIEZ ME DIRE OÙ SE TROUVE LE LABO DE CLONAGE, S'IL VOUS PLAÎT ?
ET POURQUOI JE TE LE *DIRAIS* ?
J'AI SAUVÉ LA VIE DE M. BURNS UNE FOIS, EN LUI DONNANT MON SANG.
TU ES UN *DIEU !* TOUT DROIT, TROISIÈME PORTE À GAUCHE.
CES CLONES DE SMITHERS ME FICHENT LES JETONS. IL Y EN A TELLEMENT. JE ME DEMANDE COMMENT ON PEUT SAVOIR QUI EST LE *VRAI*...
À L'AIDE ! AU MEURTRE, ON M'ASSASSINE...
C'EST LE FILS SIMPSON ?
... D'UNE FAÇON ABSOLUMENT HORRIBLE ! *À L'AIDE !*
PAS DE PANIQUE. RESTONS CALME. TANT QU'IL NE SAVENT PAS QUE JE SUIS ICI, JE NE RISQUE RIEN.
ET PUIS, M. BURNS SURVEILLE TOUT. IL ME *SAUVERA*.
CETTE MAUDITE PETITE PEAU ME REND FOU. J'AI BESOIN D'AIDE, *IMMÉDIATEMENT !* OÙ EST DONC PASSÉ SMITHERS AVEC SA LIME À ONGLE MAGIQUE ?
AH, VOUS *VOILÀ*, CACHÉ DERRIÈRE CET ACCÉLÉRATEUR À PARTICULE. VENEZ, SMITHERS. J'AI BESOIN DE VOUS.
ATTRAPEZ-LE !

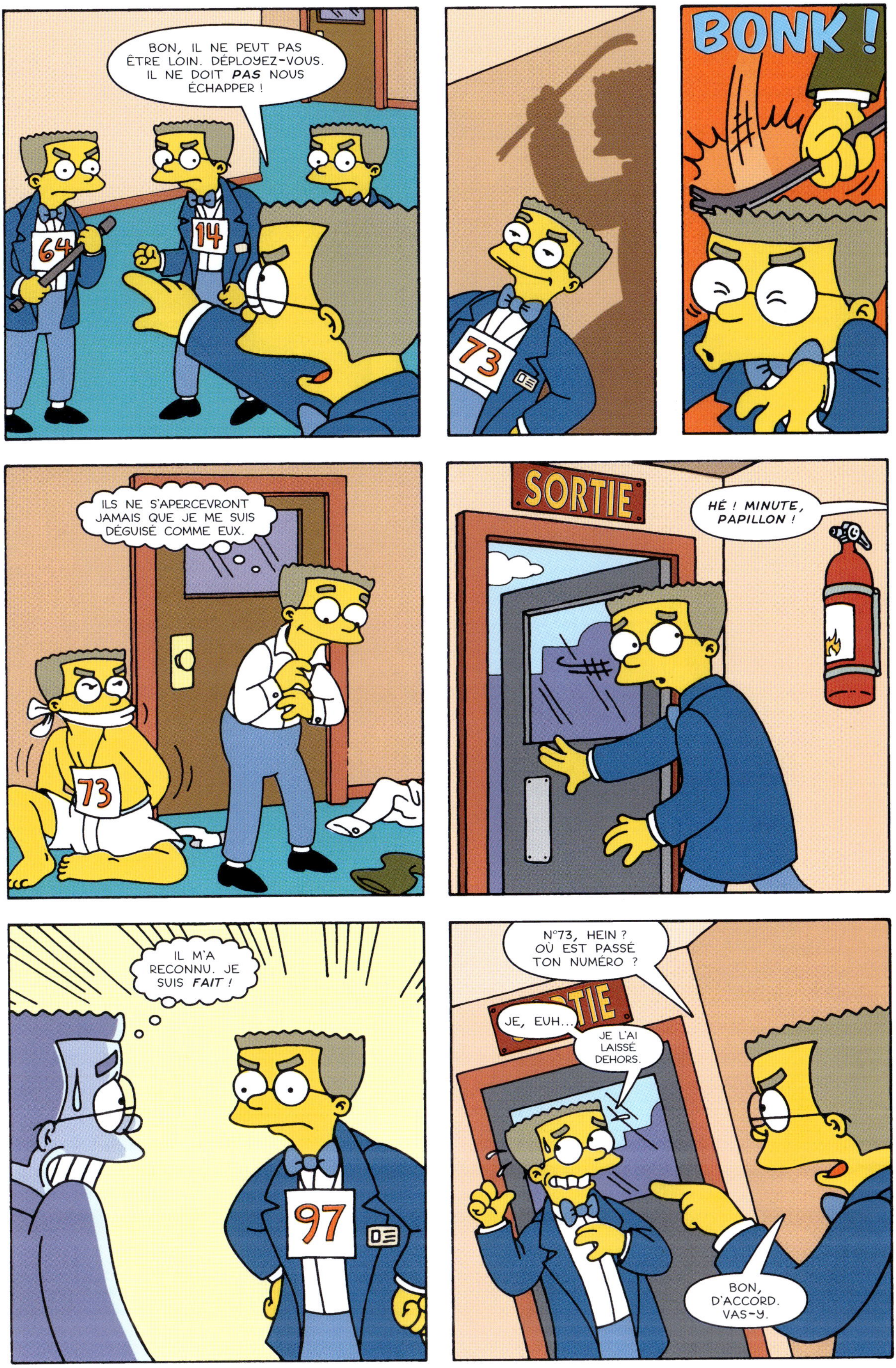
BON, IL NE PEUT PAS ÊTRE LOIN. DÉPLOYEZ-VOUS. IL NE DOIT **PAS** NOUS ÉCHAPPER !
64
14
73
BONK !
ILS NE S'APERCEVRONT JAMAIS QUE JE ME SUIS DÉGUISÉ COMME EUX.
73
SORTIE
HÉ ! MINUTE, PAPILLON !
IL M'A RECONNU. JE SUIS *FAIT* !
97
N°73, HEIN ? OÙ EST PASSÉ TON NUMÉRO ?
JE, EUH...
JE L'AI LAISSÉ DEHORS.
BON, D'ACCORD. VAS-Y.

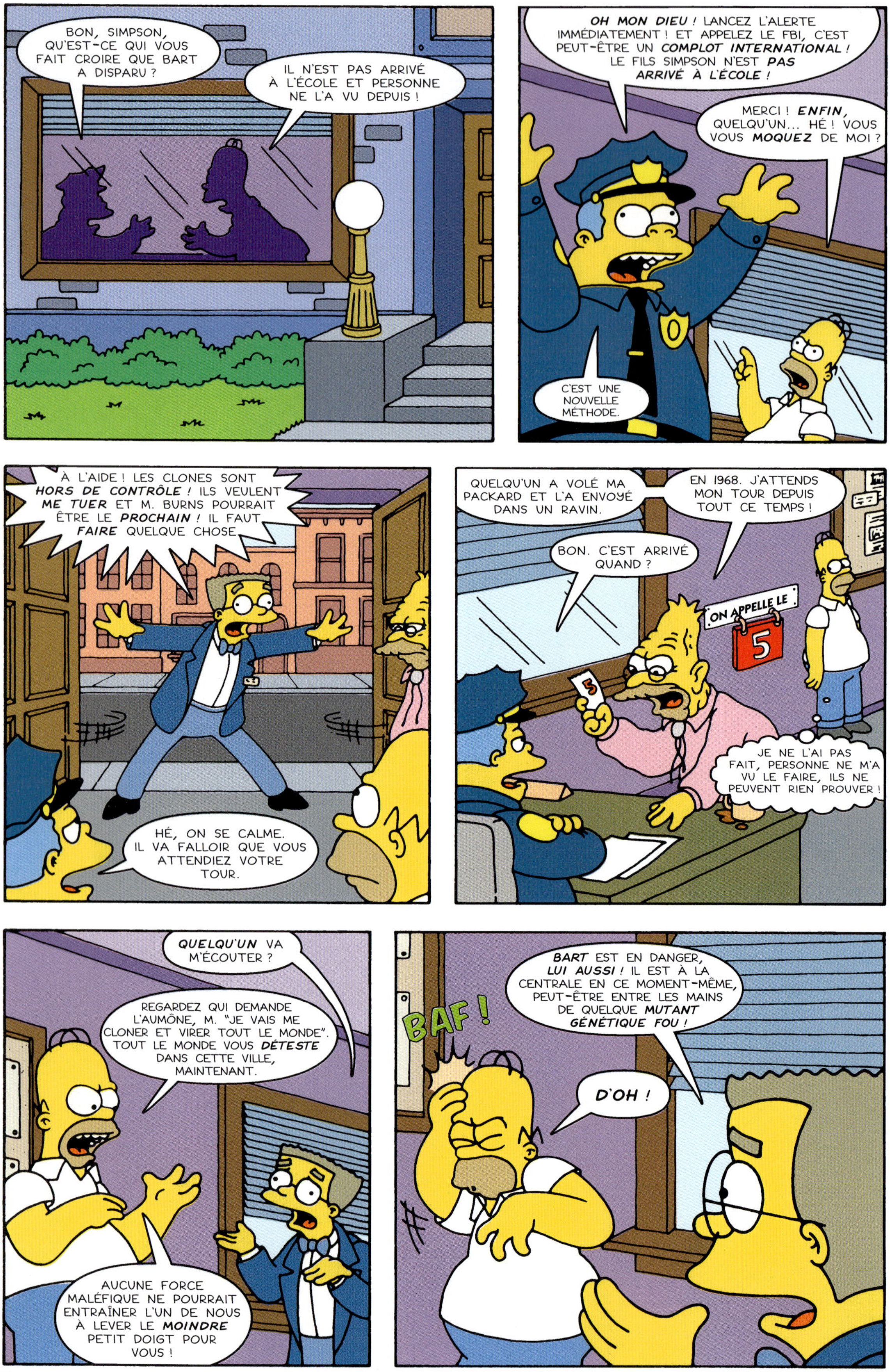
BON, SIMPSON, QU'EST-CE QUI VOUS FAIT CROIRE QUE BART A DISPARU ?
IL N'EST PAS ARRIVÉ À L'ÉCOLE ET PERSONNE NE L'A VU DEPUIS !
OH MON DIEU ! LANCEZ L'ALERTE IMMÉDIATEMENT ! ET APPELEZ LE FBI, C'EST PEUT-ÊTRE UN COMPLOT INTERNATIONAL ! LE FILS SIMPSON N'EST PAS ARRIVÉ À L'ÉCOLE !
MERCI ! ENFIN, QUELQU'UN... HÉ ! VOUS VOUS MOQUEZ DE MOI ?
C'EST UNE NOUVELLE MÉTHODE.
À L'AIDE ! LES CLONES SONT HORS DE CONTRÔLE ! ILS VEULENT ME TUER ET M. BURNS POURRAIT ÊTRE LE PROCHAIN ! IL FAUT FAIRE QUELQUE CHOSE.
HÉ, ON SE CALME. IL VA FALLOIR QUE VOUS ATTENDIEZ VOTRE TOUR.
QUELQU'UN A VOLÉ MA PACKARD ET L'A ENVOYÉ DANS UN RAVIN.
BON. C'EST ARRIVÉ QUAND ?
EN 1968. J'ATTENDS MON TOUR DEPUIS TOUT CE TEMPS !
ON APPELLE LE
5
JE NE L'AI PAS FAIT, PERSONNE NE M'A VU LE FAIRE, ILS NE PEUVENT RIEN PROUVER !
QUELQU'UN VA M'ÉCOUTER ?
REGARDEZ QUI DEMANDE L'AUMÔNE, M. "JE VAIS ME CLONER ET VIRER TOUT LE MONDE". TOUT LE MONDE VOUS DÉTESTE DANS CETTE VILLE, MAINTENANT.
AUCUNE FORCE MALÉFIQUE NE POURRAIT ENTRAÎNER L'UN DE NOUS À LEVER LE MOINDRE PETIT DOIGT POUR VOUS !
BART EST EN DANGER, LUI AUSSI ! IL EST À LA CENTRALE EN CE MOMENT-MÊME, PEUT-ÊTRE ENTRE LES MAINS DE QUELQUE MUTANT GÉNÉTIQUE FOU !
BAF !
D'OH !

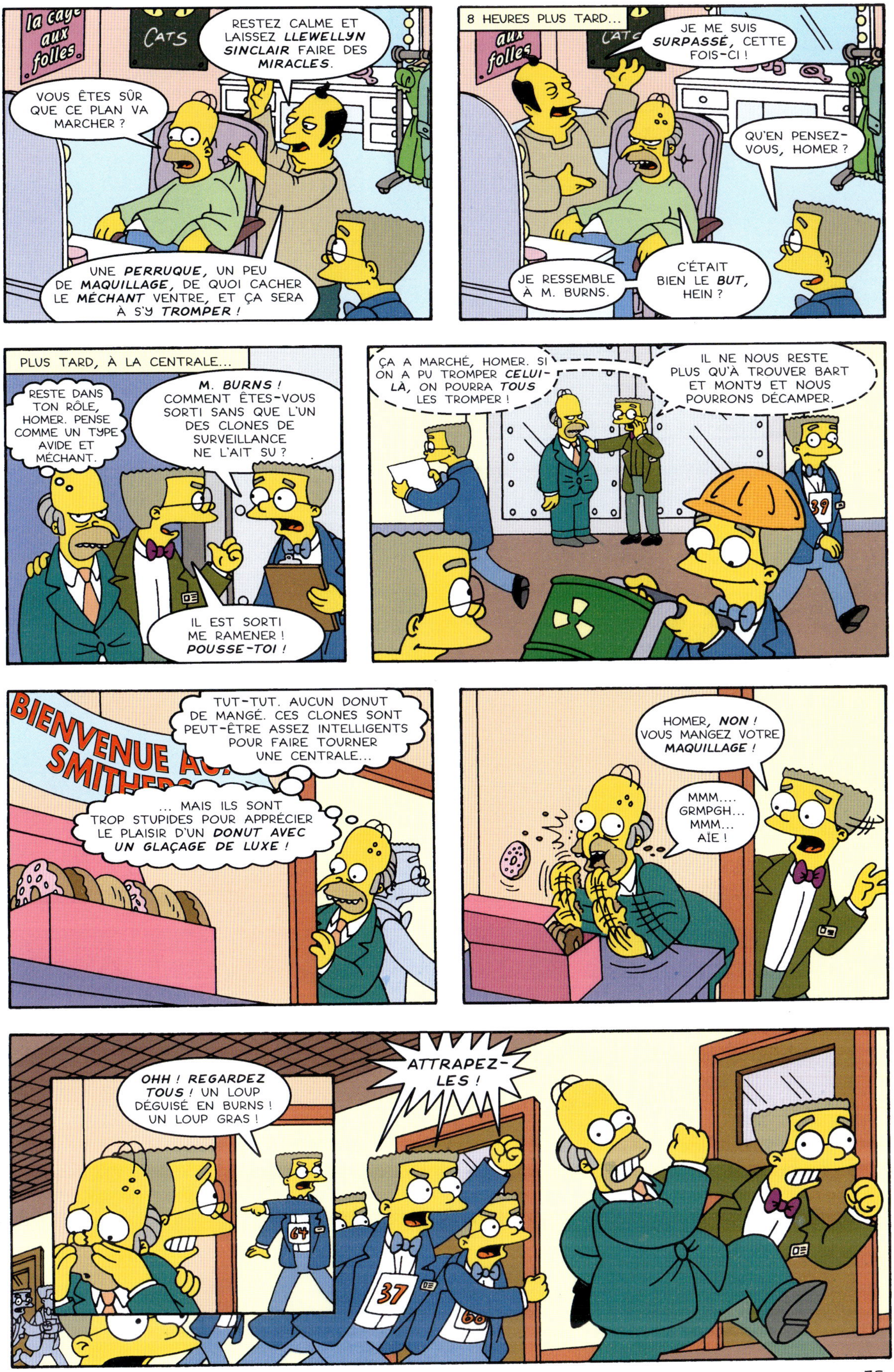
la cage aux folles
CATS
VOUS ÊTES SÛR QUE CE PLAN VA MARCHER ?
RESTEZ CALME ET LAISSEZ **LLEWELLYN SINCLAIR** FAIRE DES **MIRACLES**.
UNE **PERRUQUE**, UN PEU DE **MAQUILLAGE**, DE QUOI CACHER LE **MÉCHANT** VENTRE, ET ÇA SERA À S'Y **TROMPER** !
8 HEURES PLUS TARD...
JE ME SUIS **SURPASSÉ**, CETTE FOIS-CI !
QU'EN PENSEZ-VOUS, HOMER ?
JE RESSEMBLE À M. BURNS.
C'ÉTAIT BIEN LE **BUT**, HEIN ?
PLUS TARD, À LA CENTRALE...
RESTE DANS TON RÔLE, HOMER. PENSE COMME UN TYPE AVIDE ET MÉCHANT.
M. BURNS ! COMMENT ÊTES-VOUS SORTI SANS QUE L'UN DES CLONES DE SURVEILLANCE NE L'AIT SU ?
IL EST SORTI ME RAMENER ! **POUSSE-TOI !**
ÇA A MARCHÉ, HOMER. SI ON A PU TROMPER **CELUI-LÀ**, ON POURRA **TOUS** LES TROMPER !
IL NE NOUS RESTE PLUS QU'À TROUVER BART ET MONTY ET NOUS POURRONS DÉCAMPER.
BIENVENUE AU SMITHERS
TUT-TUT. AUCUN DONUT DE MANGÉ. CES CLONES SONT PEUT-ÊTRE ASSEZ INTELLIGENTS POUR FAIRE TOURNER UNE CENTRALE...
... MAIS ILS SONT TROP STUPIDES POUR APPRÉCIER LE PLAISIR D'UN **DONUT AVEC UN GLAÇAGE DE LUXE !**
HOMER, **NON !** VOUS MANGEZ VOTRE **MAQUILLAGE !**
MMM.... GRMPGH... MMM... AÏE !
OHH ! **REGARDEZ TOUS !** UN LOUP DÉGUISÉ EN BURNS ! UN LOUP GRAS !
ATTRAPEZ-LES !

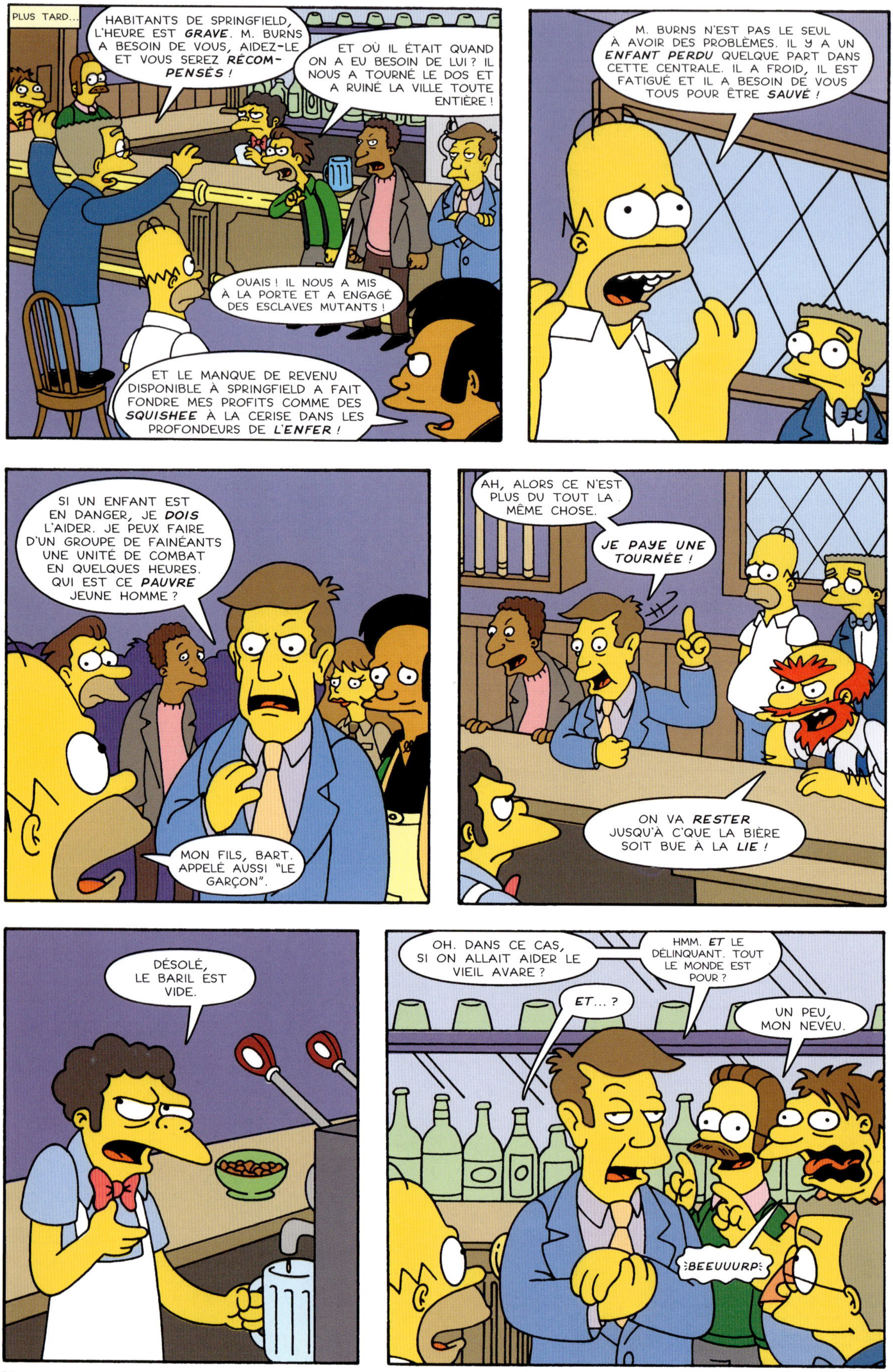
PLUS TARD...
HABITANTS DE SPRINGFIELD, L'HEURE EST **GRAVE**. M. BURNS A BESOIN DE VOUS, AIDEZ-LE ET VOUS SEREZ **RÉCOMPENSÉS** !
ET OÙ IL ÉTAIT QUAND ON A EU BESOIN DE LUI ? IL NOUS A TOURNÉ LE DOS ET A RUINÉ LA VILLE TOUTE ENTIÈRE !
OUAIS ! IL NOUS A MIS À LA PORTE ET A ENGAGÉ DES ESCLAVES MUTANTS !
ET LE MANQUE DE REVENU DISPONIBLE À SPRINGFIELD A FAIT FONDRE MES PROFITS COMME DES **SQUISHEE** À LA CERISE DANS LES PROFONDEURS DE **L'ENFER** !
M. BURNS N'EST PAS LE SEUL À AVOIR DES PROBLÈMES. IL Y A UN **ENFANT PERDU** QUELQUE PART DANS CETTE CENTRALE. IL A FROID, IL EST FATIGUÉ ET IL A BESOIN DE VOUS TOUS POUR ÊTRE **SAUVÉ** !
SI UN ENFANT EST EN DANGER, JE **DOIS** L'AIDER. JE PEUX FAIRE D'UN GROUPE DE FAINÉANTS UNE UNITÉ DE COMBAT EN QUELQUES HEURES. QUI EST CE **PAUVRE** JEUNE HOMME ?
MON FILS, BART. APPELÉ AUSSI "LE GARÇON".
AH, ALORS CE N'EST PLUS DU TOUT LA MÊME CHOSE.
JE PAYE UNE TOURNÉE !
ON VA **RESTER** JUSQU'À C'QUE LA BIÈRE SOIT BUE À LA **LIE** !
DÉSOLÉ, LE BARIL EST VIDE.
OH. DANS CE CAS, SI ON ALLAIT AIDER LE VIEIL AVARE ?
HMM. **ET** LE DÉLINQUANT. TOUT LE MONDE EST POUR ?
ET... ?
UN PEU, MON NEVEU.
BEEUUURP

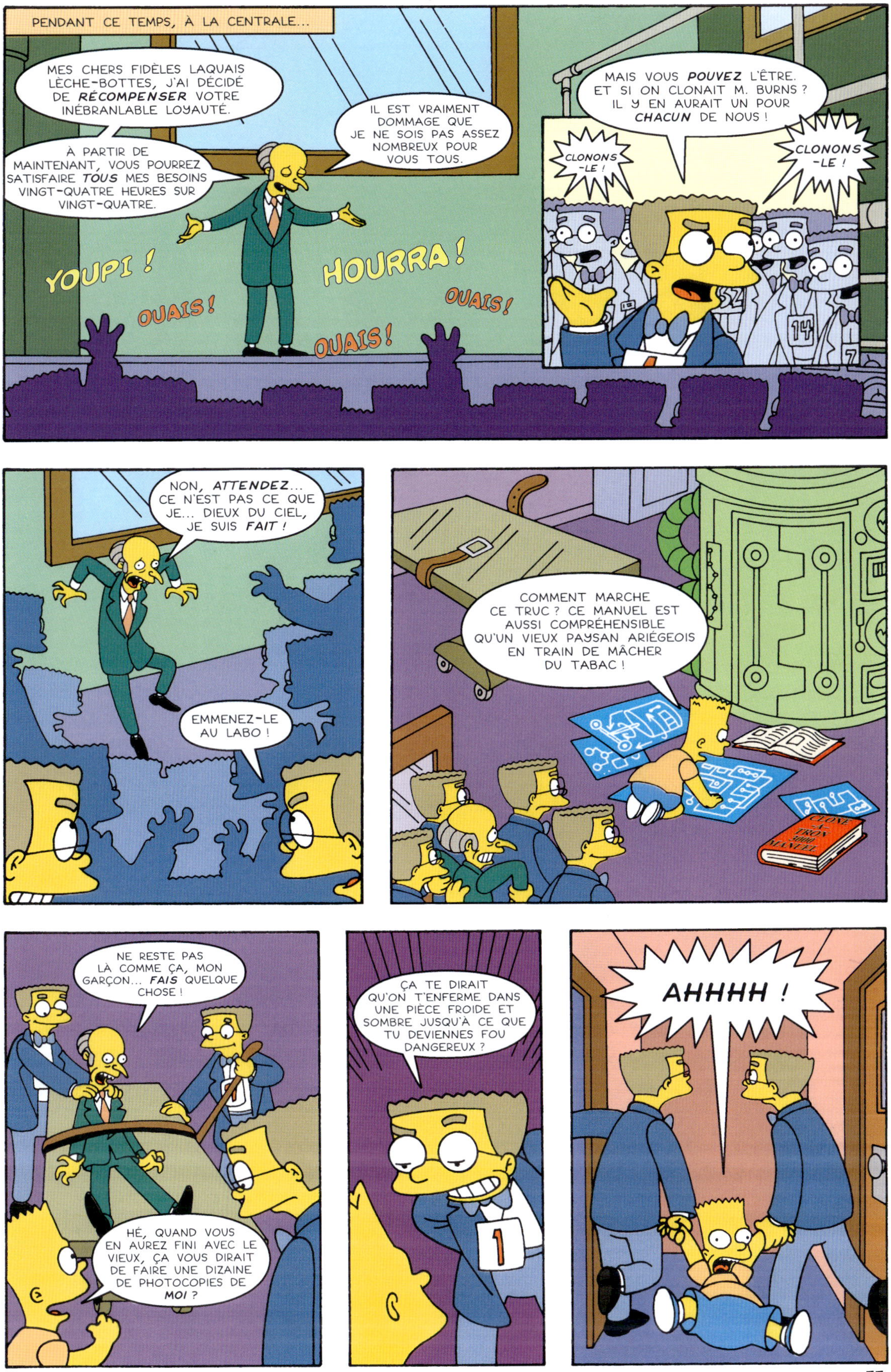
PENDANT CE TEMPS, À LA CENTRALE...
MES CHERS FIDÈLES LAQUAIS LÈCHE-BOTTES, J'AI DÉCIDÉ DE RÉCOMPENSER VOTRE INÉBRANLABLE LOYAUTÉ.
À PARTIR DE MAINTENANT, VOUS POURREZ SATISFAIRE TOUS MES BESOINS VINGT-QUATRE HEURES SUR VINGT-QUATRE.
IL EST VRAIMENT DOMMAGE QUE JE NE SOIS PAS ASSEZ NOMBREUX POUR VOUS TOUS.
YOUPI !
OUAIS !
HOURRA !
OUAIS !
OUAIS !
MAIS VOUS POUVEZ L'ÊTRE. ET SI ON CLONAIT M. BURNS ? IL Y EN AURAIT UN POUR CHACUN DE NOUS !
CLONONS-LE !
CLONONS-LE !
NON, ATTENDEZ... CE N'EST PAS CE QUE JE... DIEUX DU CIEL, JE SUIS FAIT !
EMMENEZ-LE AU LABO !
COMMENT MARCHE CE TRUC ? CE MANUEL EST AUSSI COMPRÉHENSIBLE QU'UN VIEUX PAYSAN ARIÉGEOIS EN TRAIN DE MÂCHER DU TABAC !
CLONE-A-TRON 4000 MANUEL
NE RESTE PAS LÀ COMME ÇA, MON GARÇON... FAIS QUELQUE CHOSE !
HÉ, QUAND VOUS EN AUREZ FINI AVEC LE VIEUX, ÇA VOUS DIRAIT DE FAIRE UNE DIZAINE DE PHOTOCOPIES DE MOI ?
ÇA TE DIRAIT QU'ON T'ENFERME DANS UNE PIÈCE FROIDE ET SOMBRE JUSQU'À CE QUE TU DEVIENNES FOU DANGEREUX ?
AHHHH !

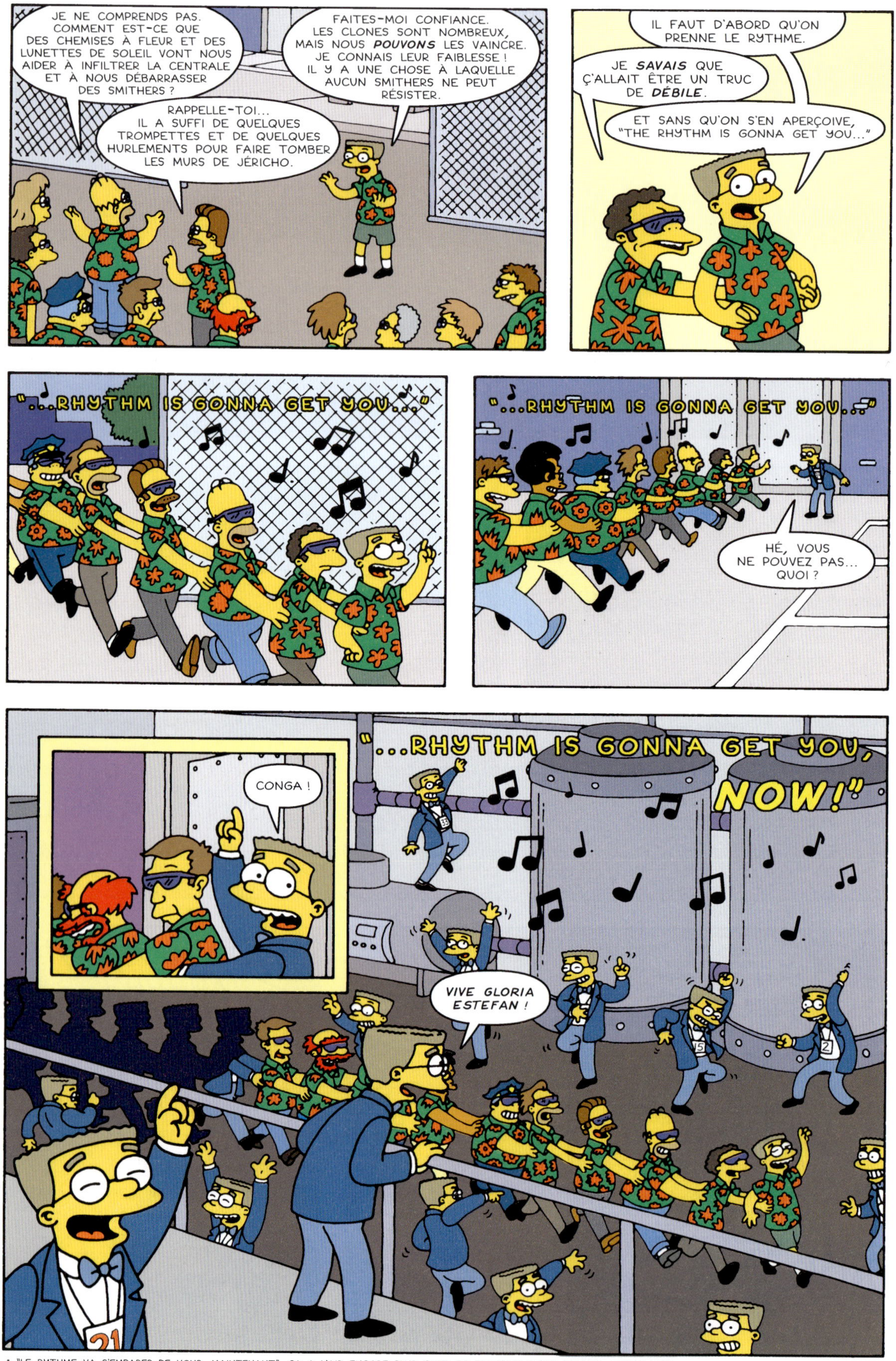

* "LE RYTHME VA S'EMPARER DE VOUS, MAINTENANT". ÇA A L'AIR ENCORE PLUS IDIOT EN FRANÇAIS QU'EN ANGLAIS, HEIN ? *NDT*.

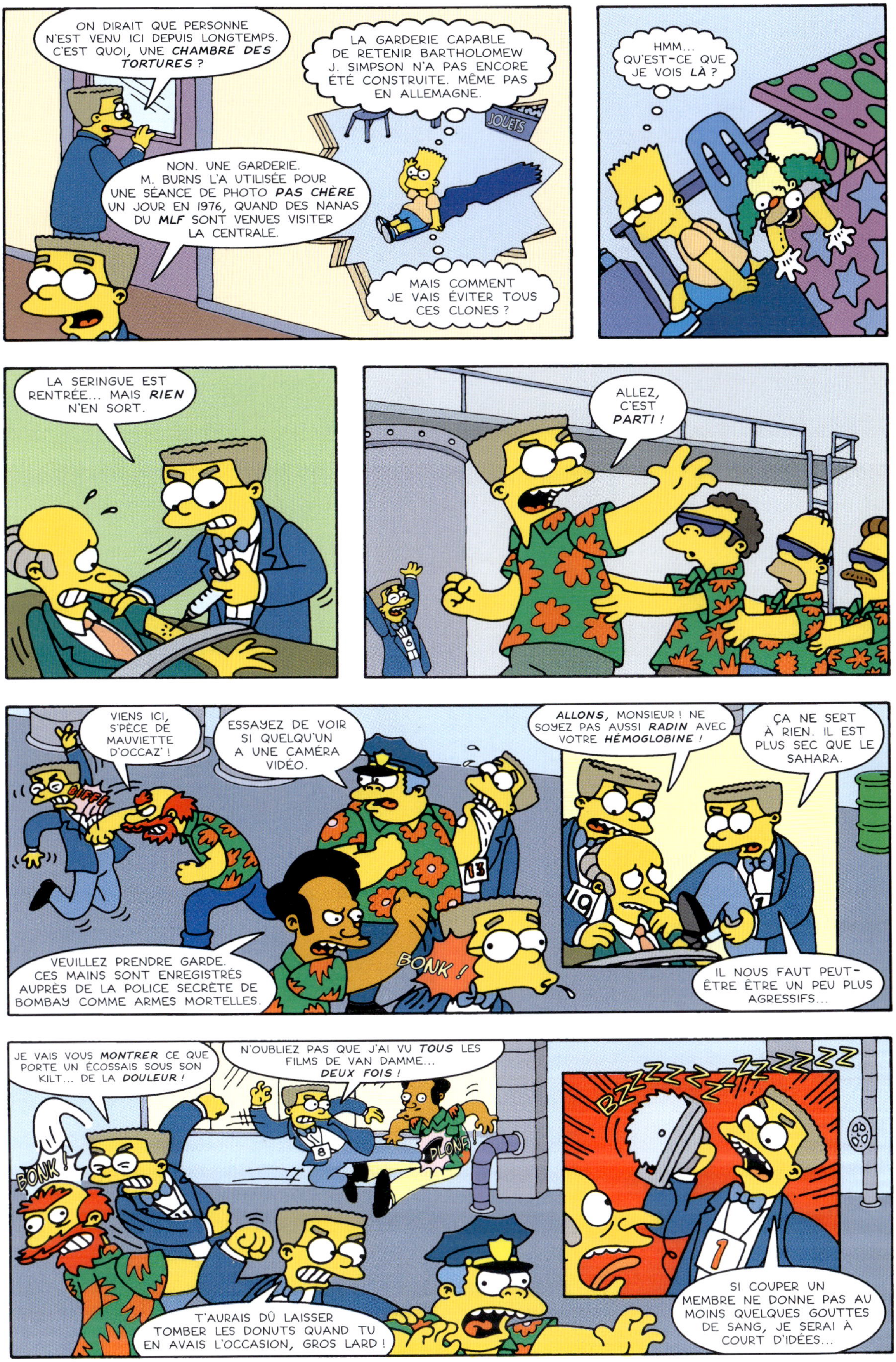
ON DIRAIT QUE PERSONNE N'EST VENU ICI DEPUIS LONGTEMPS. C'EST QUOI, UNE **CHAMBRE DES TORTURES** ?
NON. UNE GARDERIE. M. BURNS L'A UTILISÉE POUR UNE SÉANCE DE PHOTO **PAS CHÈRE** UN JOUR EN 1976, QUAND DES NANAS DU **MLF** SONT VENUES VISITER LA CENTRALE.
LA GARDERIE CAPABLE DE RETENIR BARTHOLOMEW J. SIMPSON N'A PAS ENCORE ÉTÉ CONSTRUITE. MÊME PAS EN ALLEMAGNE.
JOUETS
MAIS COMMENT JE VAIS ÉVITER TOUS CES CLONES ?
HMM... QU'EST-CE QUE JE VOIS **LÀ** ?
LA SERINGUE EST RENTRÉE... MAIS **RIEN** N'EN SORT.
ALLEZ, C'EST **PARTI** !
VIENS ICI, S'PÈCE DE MAUVIETTE D'OCCAZ' !
BIFF !
ESSAYEZ DE VOIR SI QUELQU'UN A UNE CAMÉRA VIDÉO.
VEUILLEZ PRENDRE GARDE. CES MAINS SONT ENREGISTRÉS AUPRÈS DE LA POLICE SECRÈTE DE BOMBAY COMME ARMES MORTELLES.
BONK !
ALLONS, MONSIEUR ! NE SOYEZ PAS AUSSI **RADIN** AVEC VOTRE **HÉMOGLOBINE** !
ÇA NE SERT À RIEN. IL EST PLUS SEC QUE LE SAHARA.
IL NOUS FAUT PEUT-ÊTRE ÊTRE UN PEU PLUS AGRESSIFS...
JE VAIS VOUS **MONTRER** CE QUE PORTE UN ÉCOSSAIS SOUS SON KILT... DE LA **DOULEUR** !
BONK !
N'OUBLIEZ PAS QUE J'AI VU **TOUS** LES FILMS DE VAN DAMME... **DEUX FOIS** !
PLONK !
T'AURAIS DÛ LAISSER TOMBER LES DONUTS QUAND TU EN AVAIS L'OCCASION, GROS LARD !
BZZZZZZZZZZZZZZ
SI COUPER UN MEMBRE NE DONNE PAS AU MOINS QUELQUES GOUTTES DE SANG, JE SERAI À COURT D'IDÉES...

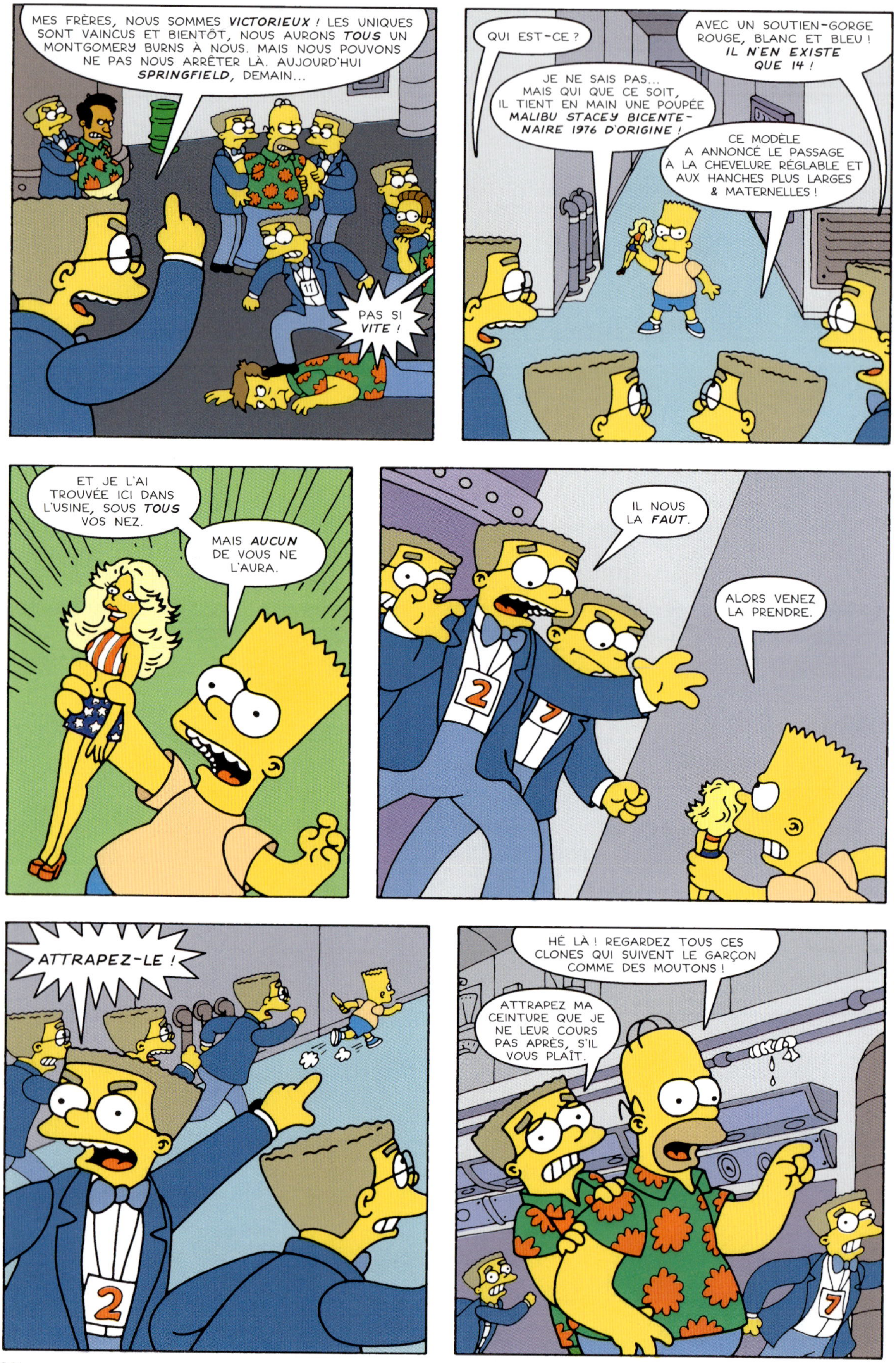
MES FRÈRES, NOUS SOMMES VICTORIEUX ! LES UNIQUES SONT VAINCUS ET BIENTÔT, NOUS AURONS TOUS UN MONTGOMERY BURNS À NOUS. MAIS NOUS POUVONS NE PAS NOUS ARRÊTER LÀ. AUJOURD'HUI SPRINGFIELD, DEMAIN...
PAS SI VITE !
QUI EST-CE ?
JE NE SAIS PAS... MAIS QUI QUE CE SOIT, IL TIENT EN MAIN UNE POUPÉE MALIBU STACEY BICENTENAIRE 1976 D'ORIGINE !
AVEC UN SOUTIEN-GORGE ROUGE, BLANC ET BLEU ! IL N'EN EXISTE QUE 14 !
CE MODÈLE A ANNONCÉ LE PASSAGE À LA CHEVELURE RÉGLABLE ET AUX HANCHES PLUS LARGES & MATERNELLES !
ET JE L'AI TROUVÉE ICI DANS L'USINE, SOUS TOUS VOS NEZ.
MAIS AUCUN DE VOUS NE L'AURA.
IL NOUS LA FAUT.
ALORS VENEZ LA PRENDRE.
ATTRAPEZ-LE !
HÉ LÀ ! REGARDEZ TOUS CES CLONES QUI SUIVENT LE GARÇON COMME DES MOUTONS !
ATTRAPEZ MA CEINTURE QUE JE NE LEUR COURS PAS APRÈS, S'IL VOUS PLAÎT.

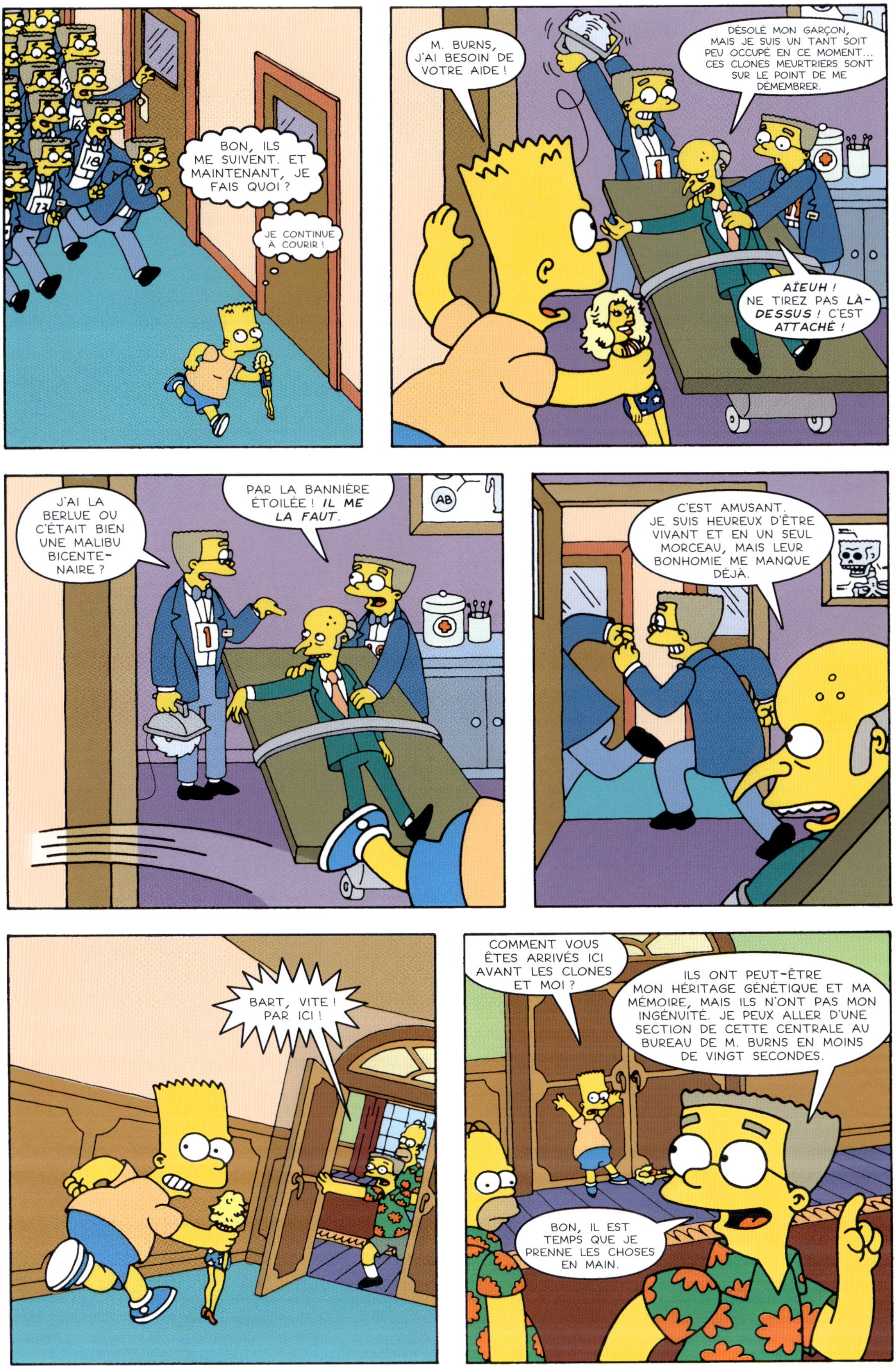
BON, ILS ME SUIVENT. ET MAINTENANT, JE FAIS QUOI ?
JE CONTINUE À COURIR !
M. BURNS, J'AI BESOIN DE VOTRE AIDE !
DÉSOLÉ MON GARÇON, MAIS JE SUIS UN TANT SOIT PEU OCCUPÉ EN CE MOMENT... CES CLONES MEURTRIERS SONT SUR LE POINT DE ME DÉMEMBRER.
AÏEUH ! NE TIREZ PAS LÀ-DESSUS ! C'EST ATTACHÉ !
J'AI LA BERLUE OU C'ÉTAIT BIEN UNE MALIBU BICENTENAIRE ?
PAR LA BANNIÈRE ÉTOILÉE ! IL ME LA FAUT.
C'EST AMUSANT. JE SUIS HEUREUX D'ÊTRE VIVANT ET EN UN SEUL MORCEAU, MAIS LEUR BONHOMIE ME MANQUE DÉJÀ.
BART, VITE ! PAR ICI !
COMMENT VOUS ÊTES ARRIVÉS ICI AVANT LES CLONES ET MOI ?
ILS ONT PEUT-ÊTRE MON HÉRITAGE GÉNÉTIQUE ET MA MÉMOIRE, MAIS ILS N'ONT PAS MON INGÉNUITÉ. JE PEUX ALLER D'UNE SECTION DE CETTE CENTRALE AU BUREAU DE M. BURNS EN MOINS DE VINGT SECONDES.
BON, IL EST TEMPS QUE JE PRENNE LES CHOSES EN MAIN.

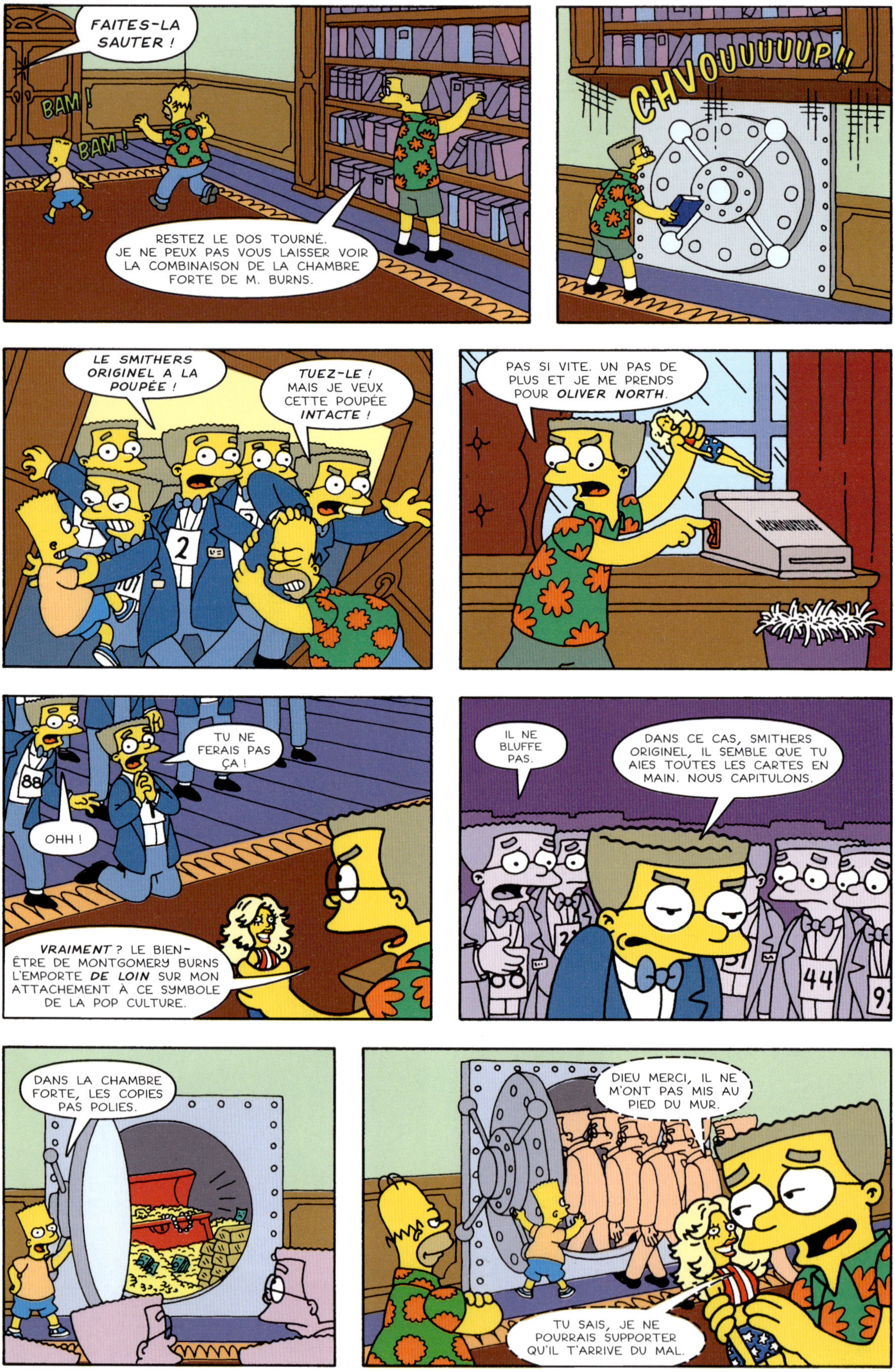
FAITES-LA SAUTER !
BAM !
BAM !
RESTEZ LE DOS TOURNÉ. JE NE PEUX PAS VOUS LAISSER VOIR LA COMBINAISON DE LA CHAMBRE FORTE DE M. BURNS.
CHVOUUUUUP !!
LE SMITHERS ORIGINEL A LA POUPÉE !
TUEZ-LE ! MAIS JE VEUX CETTE POUPÉE INTACTE !
PAS SI VITE. UN PAS DE PLUS ET JE ME PRENDS POUR OLIVER NORTH.
TU NE FERAIS PAS ÇA !
OHH !
VRAIMENT ? LE BIEN-ÊTRE DE MONTGOMERY BURNS L'EMPORTE DE LOIN SUR MON ATTACHEMENT À CE SYMBOLE DE LA POP CULTURE.
IL NE BLUFFE PAS.
DANS CE CAS, SMITHERS ORIGINEL, IL SEMBLE QUE TU AIES TOUTES LES CARTES EN MAIN. NOUS CAPITULONS.
DANS LA CHAMBRE FORTE, LES COPIES PAS POLIES.
DIEU MERCI, IL NE M'ONT PAS MIS AU PIED DU MUR.
TU SAIS, JE NE POURRAIS SUPPORTER QU'IL T'ARRIVE DU MAL.

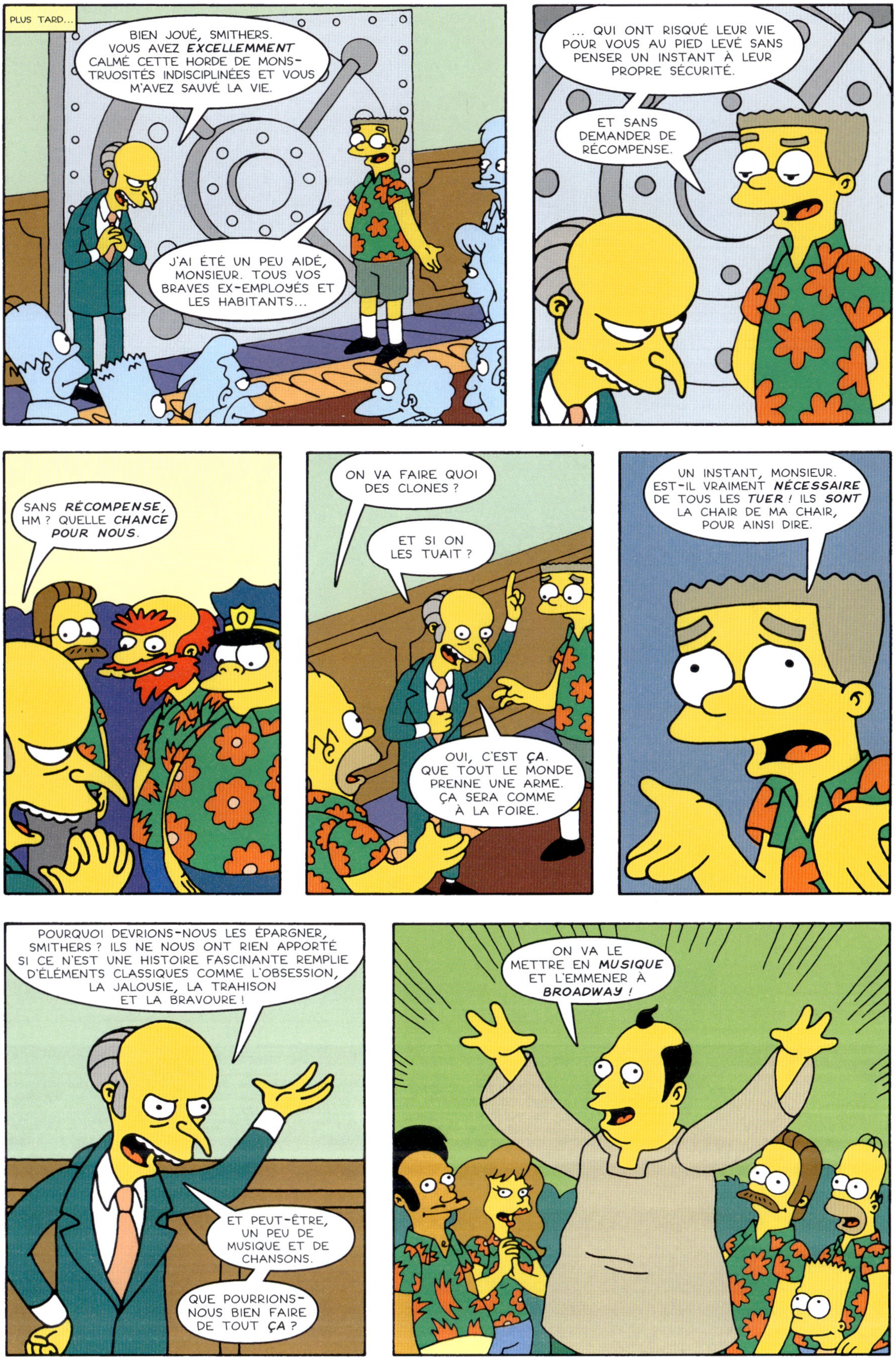
PLUS TARD...
BIEN JOUÉ, SMITHERS. VOUS AVEZ EXCELLEMMENT CALMÉ CETTE HORDE DE MONSTRUOSITÉS INDISCIPLINÉES ET VOUS M'AVEZ SAUVÉ LA VIE.
J'AI ÉTÉ UN PEU AIDÉ, MONSIEUR. TOUS VOS BRAVES EX-EMPLOYÉS ET LES HABITANTS...
... QUI ONT RISQUÉ LEUR VIE POUR VOUS AU PIED LEVÉ SANS PENSER UN INSTANT À LEUR PROPRE SÉCURITÉ.
ET SANS DEMANDER DE RÉCOMPENSE.
SANS RÉCOMPENSE, HM ? QUELLE CHANCE POUR NOUS.
ON VA FAIRE QUOI DES CLONES ?
ET SI ON LES TUAIT ?
OUI, C'EST ÇA. QUE TOUT LE MONDE PRENNE UNE ARME. ÇA SERA COMME À LA FOIRE.
UN INSTANT, MONSIEUR. EST-IL VRAIMENT NÉCESSAIRE DE TOUS LES TUER ! ILS SONT LA CHAIR DE MA CHAIR, POUR AINSI DIRE.
POURQUOI DEVRIONS-NOUS LES ÉPARGNER, SMITHERS ? ILS NE NOUS ONT RIEN APPORTÉ SI CE N'EST UNE HISTOIRE FASCINANTE REMPLIE D'ÉLÉMENTS CLASSIQUES COMME L'OBSESSION, LA JALOUSIE, LA TRAHISON ET LA BRAVOURE !
ET PEUT-ÊTRE, UN PEU DE MUSIQUE ET DE CHANSONS.
QUE POURRIONS-NOUS BIEN FAIRE DE TOUT ÇA ?
ON VA LE METTRE EN MUSIQUE ET L'EMMENER À BROADWAY !

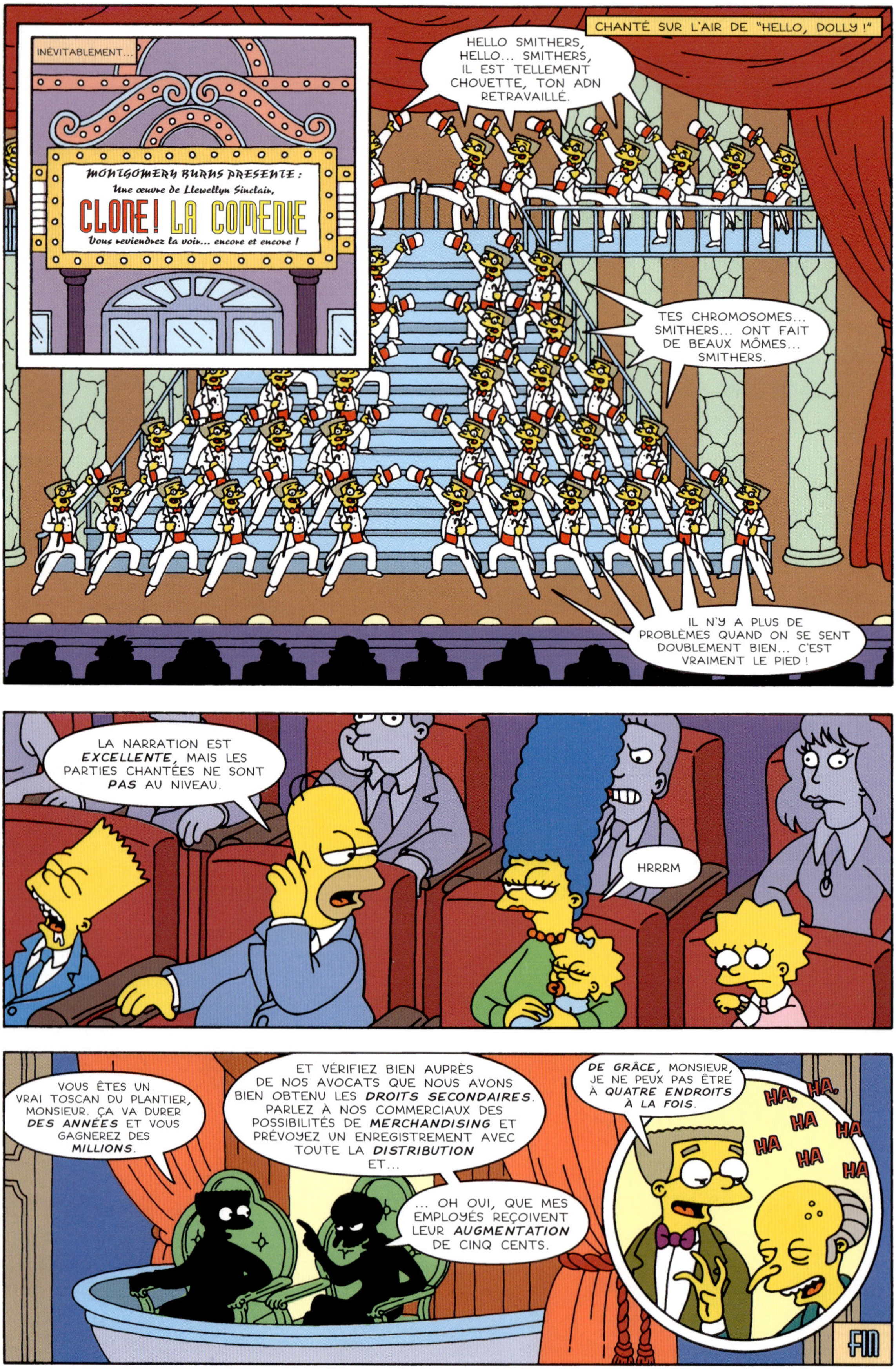
INÉVITABLEMENT...
MONTGOMERY BURNS PRESENTE :
Une œuvre de Llewellyn Sinclair,
CLONE! LA COMEDIE
Vous reviendrez la voir... encore et encore !
CHANTÉ SUR L'AIR DE "HELLO, DOLLY !"
HELLO SMITHERS, HELLO... SMITHERS, IL EST TELLEMENT CHOUETTE, TON ADN RETRAVAILLÉ.
TES CHROMOSOMES... SMITHERS... ONT FAIT DE BEAUX MÔMES... SMITHERS.
IL N'Y A PLUS DE PROBLÈMES QUAND ON SE SENT DOUBLEMENT BIEN... C'EST VRAIMENT LE PIED !
LA NARRATION EST *EXCELLENTE*, MAIS LES PARTIES CHANTÉES NE SONT *PAS* AU NIVEAU.
HRRRM
VOUS ÊTES UN VRAI TOSCAN DU PLANTIER, MONSIEUR. ÇA VA DURER *DES ANNÉES* ET VOUS GAGNEREZ DES *MILLIONS*.
ET VÉRIFIEZ BIEN AUPRÈS DE NOS AVOCATS QUE NOUS AVONS BIEN OBTENU LES *DROITS SECONDAIRES*. PARLEZ À NOS COMMERCIAUX DES POSSIBILITÉS DE *MERCHANDISING* ET PRÉVOYEZ UN ENREGISTREMENT AVEC TOUTE LA *DISTRIBUTION* ET...
... OH OUI, QUE MES EMPLOYÉS REÇOIVENT LEUR *AUGMENTATION* DE CINQ CENTS.
DE GRÂCE, MONSIEUR, JE NE PEUX PAS ÊTRE À *QUATRE ENDROITS À LA FOIS*.
HA, HA, HA HA HA HA HA
FIN

BART & MILHOUSE DANS "C'EST D'LA BOMBE !"

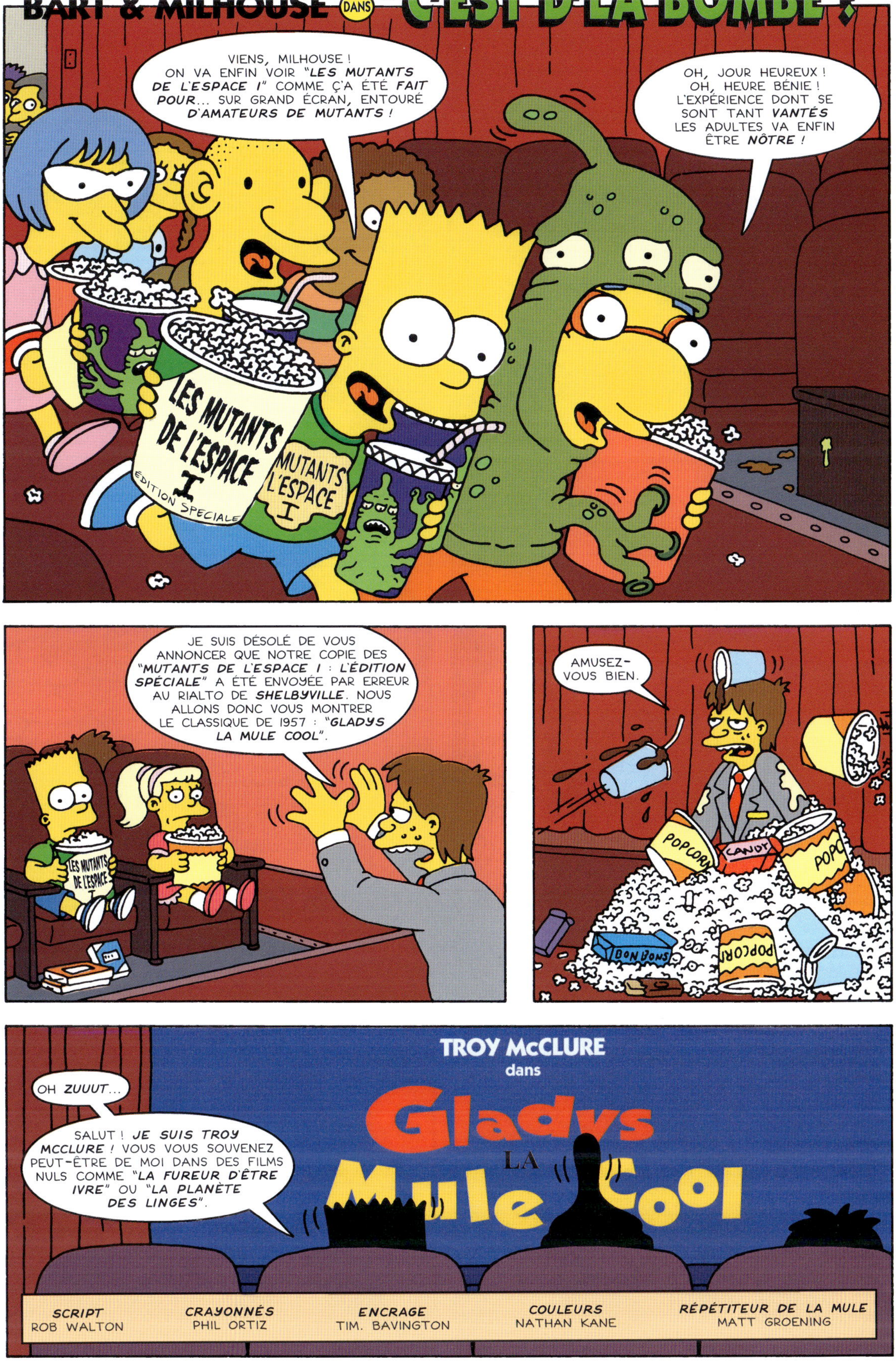

TRADUCTION FRANÇOIS PENEAUD SUPERVISION LOUIS-ANTOINE DUJARDIN

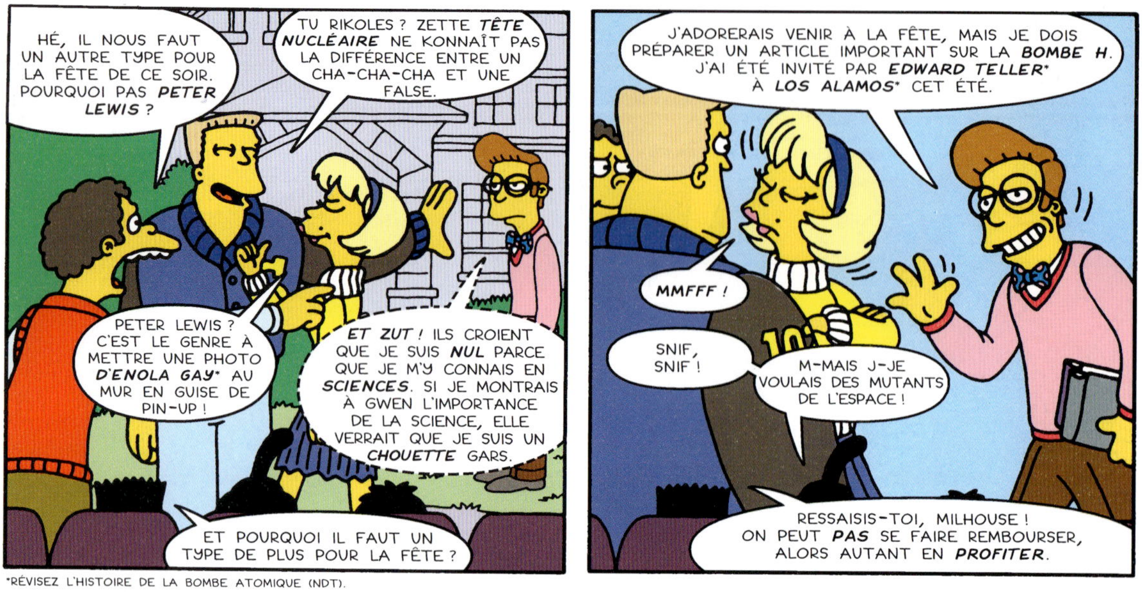

*RÉVISEZ L'HISTOIRE DE LA BOMBE ATOMIQUE (NDT).

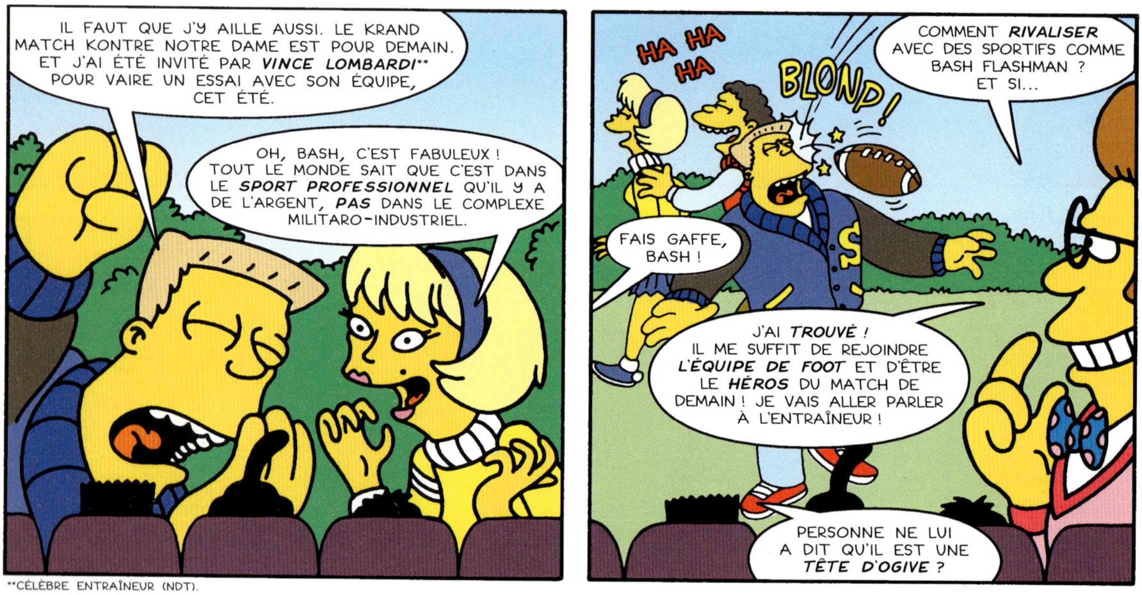

**CÉLÈBRE ENTRAÎNEUR (NDT).

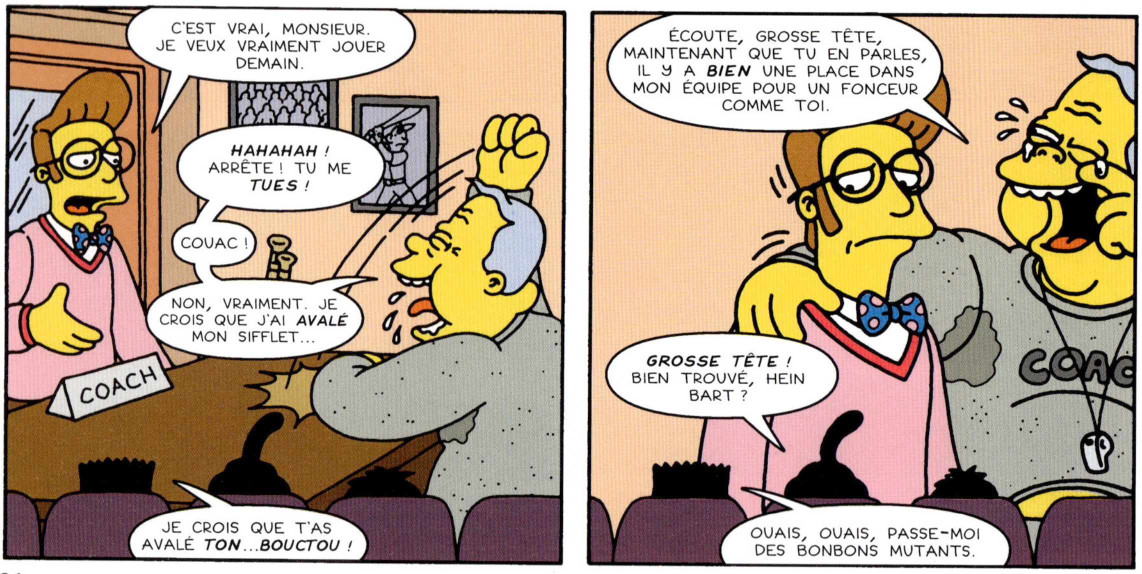

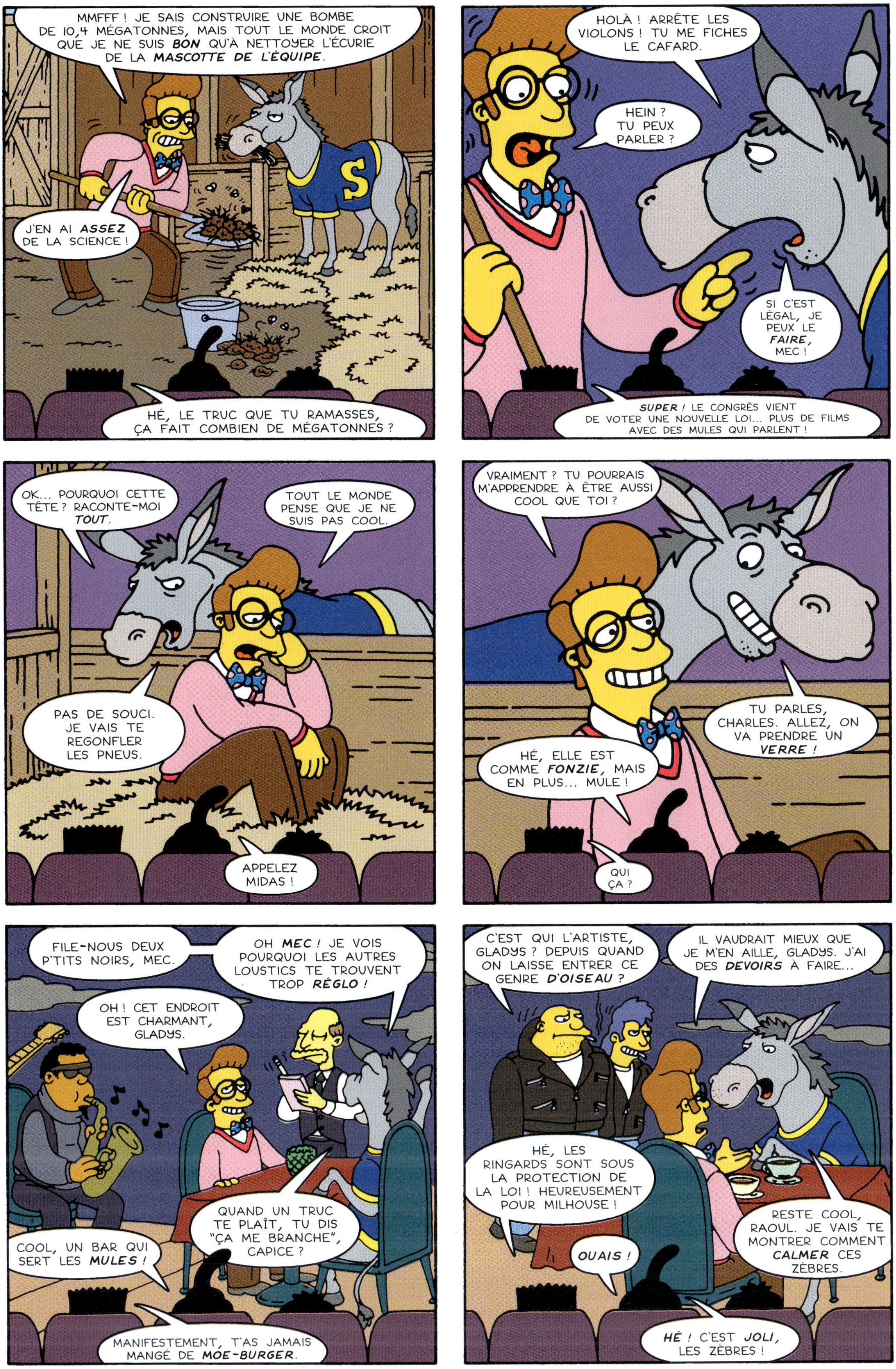

MMFFF ! JE SAIS CONSTRUIRE UNE BOMBE DE 10,4 MÉGATONNES, MAIS TOUT LE MONDE CROIT QUE JE NE SUIS **BON** QU'À NETTOYER L'ÉCURIE DE LA **MASCOTTE DE L'ÉQUIPE**.
J'EN AI **ASSEZ** DE LA SCIENCE !
HÉ, LE TRUC QUE TU RAMASSES, ÇA FAIT COMBIEN DE MÉGATONNES ?
HOLÀ ! ARRÊTE LES VIOLONS ! TU ME FICHES LE CAFARD.
HEIN ? TU PEUX PARLER ?
SI C'EST LÉGAL, JE PEUX LE **FAIRE**, MEC !
SUPER ! LE CONGRÈS VIENT DE VOTER UNE NOUVELLE LOI... PLUS DE FILMS AVEC DES MULES QUI PARLENT !
OK... POURQUOI CETTE TÊTE ? RACONTE-MOI **TOUT**.
TOUT LE MONDE PENSE QUE JE NE SUIS PAS COOL.
PAS DE SOUCI. JE VAIS TE REGONFLER LES PNEUS.
APPELEZ MIDAS !
VRAIMENT ? TU POURRAIS M'APPRENDRE À ÊTRE AUSSI COOL QUE TOI ?
TU PARLES, CHARLES. ALLEZ, ON VA PRENDRE UN **VERRE** !
HÉ, ELLE EST COMME **FONZIE**, MAIS EN PLUS... MULE !
QUI ÇA ?
FILE-NOUS DEUX P'TITS NOIRS, MEC.
OH **MEC** ! JE VOIS POURQUOI LES AUTRES LOUSTICS TE TROUVENT TROP **RÉGLO** !
OH ! CET ENDROIT EST CHARMANT, GLADYS.
QUAND UN TRUC TE PLAÎT, TU DIS "ÇA ME BRANCHE", CAPICE ?
COOL, UN BAR QUI SERT LES **MULES** !
MANIFESTEMENT, T'AS JAMAIS MANGÉ DE **MOE-BURGER**.
C'EST QUI L'ARTISTE, GLADYS ? DEPUIS QUAND ON LAISSE ENTRER CE GENRE **D'OISEAU** ?
IL VAUDRAIT MIEUX QUE JE M'EN AILLE, GLADYS. J'AI DES **DEVOIRS** À FAIRE...
HÉ, LES RINGARDS SONT SOUS LA PROTECTION DE LA LOI ! HEUREUSEMENT POUR MILHOUSE !
OUAIS !
RESTE COOL, RAOUL. JE VAIS TE MONTRER COMMENT **CALMER** CES ZÈBRES.
HÉ ! C'EST **JOLI**, LES ZÈBRES !

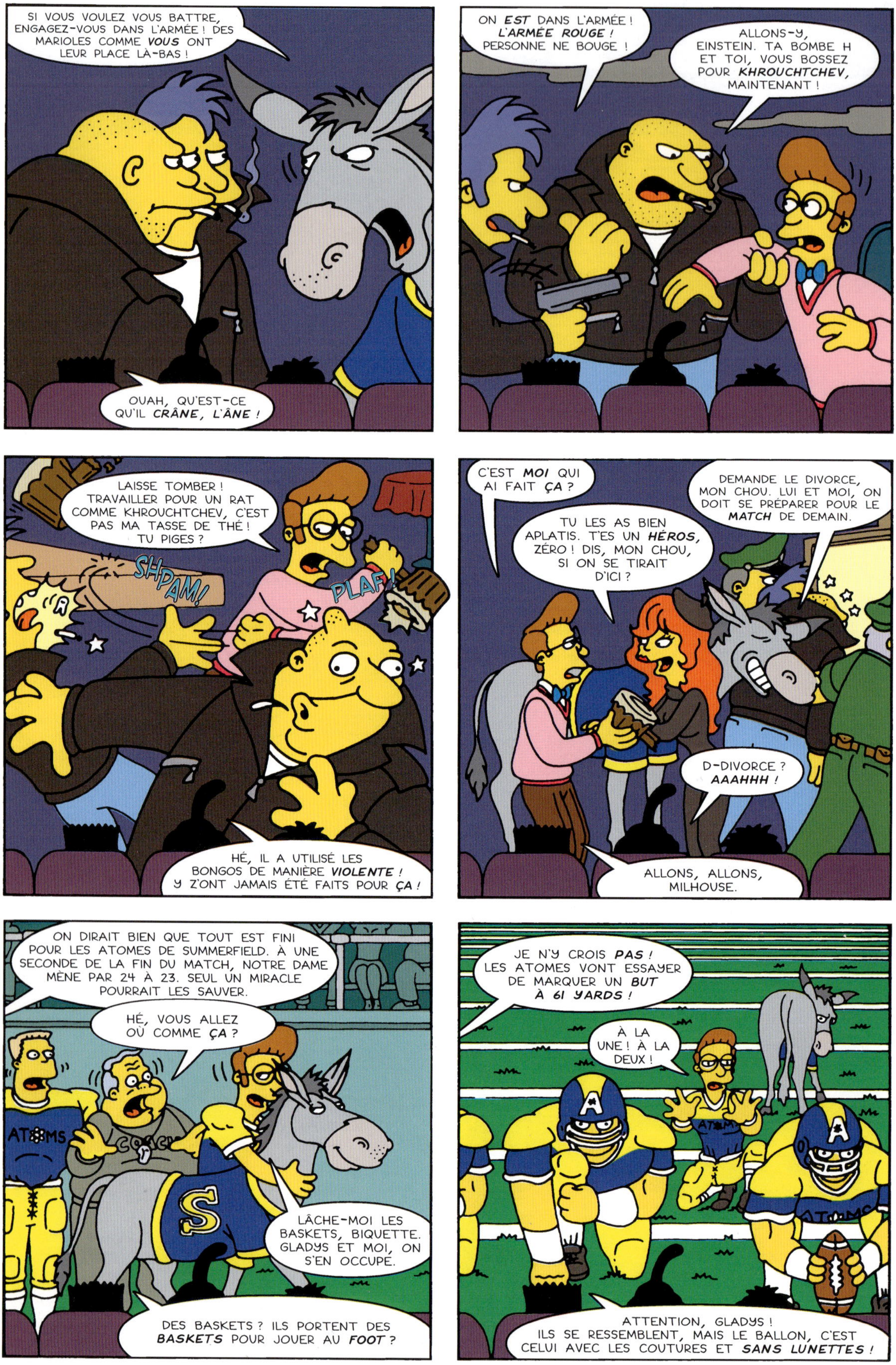
SI VOUS VOULEZ VOUS BATTRE, ENGAGEZ-VOUS DANS L'ARMÉE ! DES MARIOLES COMME VOUS ONT LEUR PLACE LÀ-BAS !
OUAH, QU'EST-CE QU'IL CRÂNE, L'ÂNE !
ON EST DANS L'ARMÉE ! L'ARMÉE ROUGE ! PERSONNE NE BOUGE !
ALLONS-Y, EINSTEIN. TA BOMBE H ET TOI, VOUS BOSSEZ POUR KHROUCHTCHEV, MAINTENANT !
LAISSE TOMBER ! TRAVAILLER POUR UN RAT COMME KHROUCHTCHEV, C'EST PAS MA TASSE DE THÉ ! TU PIGES ?
SHPAM!
PLAF!
HÉ, IL A UTILISÉ LES BONGOS DE MANIÈRE VIOLENTE ! Y Z'ONT JAMAIS ÉTÉ FAITS POUR ÇA !
C'EST MOI QUI AI FAIT ÇA ?
DEMANDE LE DIVORCE, MON CHOU. LUI ET MOI, ON DOIT SE PRÉPARER POUR LE MATCH DE DEMAIN.
TU LES AS BIEN APLATIS. T'ES UN HÉROS, ZÉRO ! DIS, MON CHOU, SI ON SE TIRAIT D'ICI ?
D-DIVORCE ? AAAHHH !
ALLONS, ALLONS, MILHOUSE.
ON DIRAIT BIEN QUE TOUT EST FINI POUR LES ATOMES DE SUMMERFIELD. À UNE SECONDE DE LA FIN DU MATCH, NOTRE DAME MÈNE PAR 24 À 23. SEUL UN MIRACLE POURRAIT LES SAUVER.
HÉ, VOUS ALLEZ OÙ COMME ÇA ?
ATOMS
COACH
LÂCHE-MOI LES BASKETS, BIQUETTE. GLADYS ET MOI, ON S'EN OCCUPE.
DES BASKETS ? ILS PORTENT DES BASKETS POUR JOUER AU FOOT ?
JE N'Y CROIS PAS ! LES ATOMES VONT ESSAYER DE MARQUER UN BUT À 61 YARDS !
À LA UNE ! À LA DEUX !
ATTENTION, GLADYS ! ILS SE RESSEMBLENT, MAIS LE BALLON, C'EST CELUI AVEC LES COUTURES ET SANS LUNETTES !

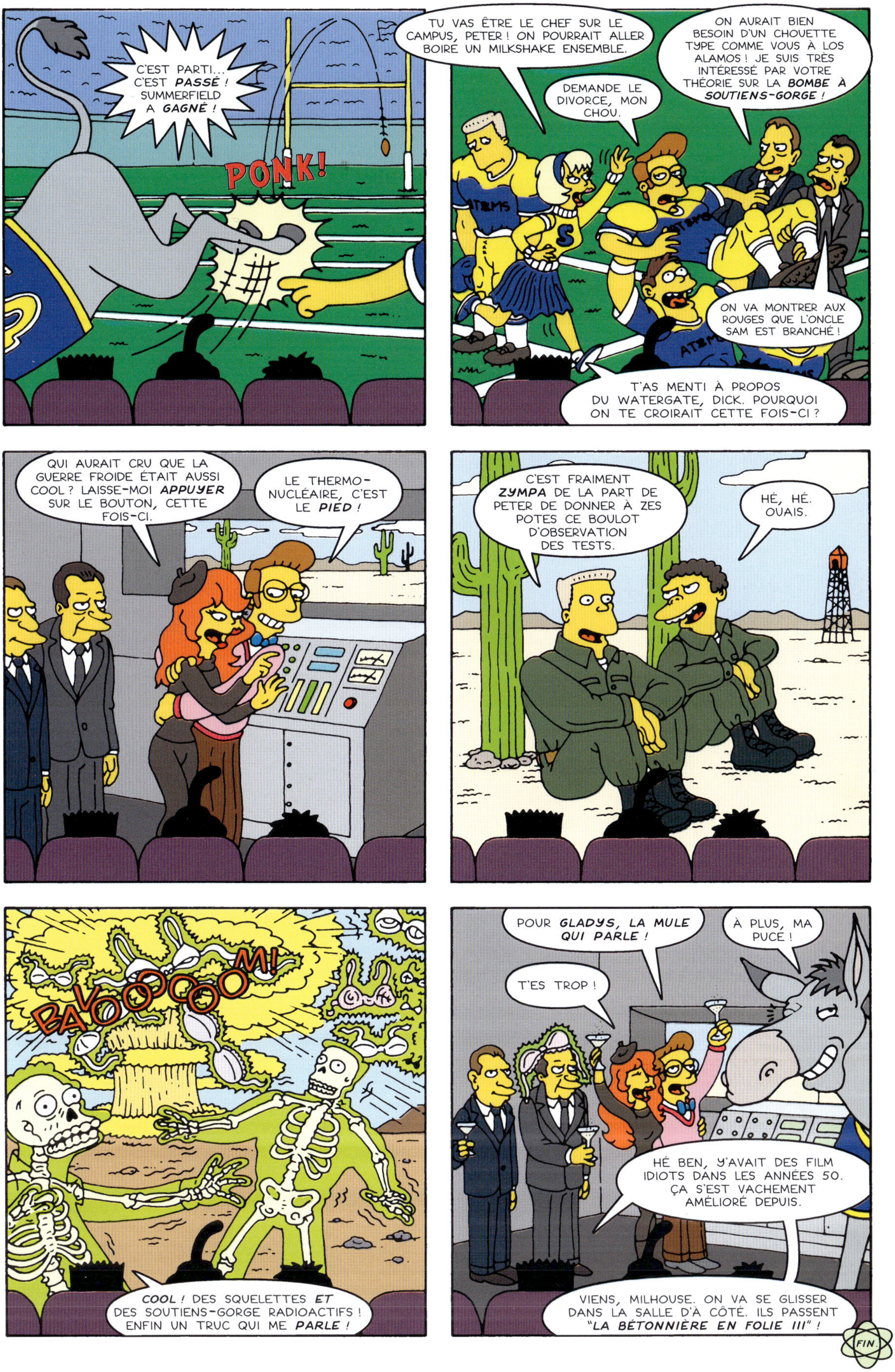

C'EST PARTI... C'EST PASSÉ ! SUMMERFIELD A GAGNÉ !
PONK!
TU VAS ÊTRE LE CHEF SUR LE CAMPUS, PETER ! ON POURRAIT ALLER BOIRE UN MILKSHAKE ENSEMBLE.
DEMANDE LE DIVORCE, MON CHOU.
ON AURAIT BIEN BESOIN D'UN CHOUETTE TYPE COMME VOUS À LOS ALAMOS ! JE SUIS TRÈS INTÉRESSÉ PAR VOTRE THÉORIE SUR LA BOMBE À SOUTIENS-GORGE !
ON VA MONTRER AUX ROUGES QUE L'ONCLE SAM EST BRANCHÉ !
T'AS MENTI À PROPOS DU WATERGATE, DICK. POURQUOI ON TE CROIRAIT CETTE FOIS-CI ?
QUI AURAIT CRU QUE LA GUERRE FROIDE ÉTAIT AUSSI COOL ? LAISSE-MOI APPUYER SUR LE BOUTON, CETTE FOIS-CI.
LE THERMO-NUCLÉAIRE, C'EST LE PIED !
C'EST FRAIMENT ZYMPA DE LA PART DE PETER DE DONNER À ZES POTES CE BOULOT D'OBSERVATION DES TESTS.
HÉ, HÉ. OUAIS.
BAVOOOOOOM!
COOL ! DES SQUELETTES ET DES SOUTIENS-GORGE RADIOACTIFS ! ENFIN UN TRUC QUI ME PARLE !
POUR GLADYS, LA MULE QUI PARLE !
À PLUS, MA PUCE !
T'ES TROP !
HÉ BEN, Y'AVAIT DES FILM IDIOTS DANS LES ANNÉES 50. ÇA S'EST VACHEMENT AMÉLIORÉ DEPUIS.
VIENS, MILHOUSE. ON VA SE GLISSER DANS LA SALLE D'À CÔTÉ. ILS PASSENT "LA BÉTONNIÈRE EN FOLIE III" !
FIN

LA MAISON DE

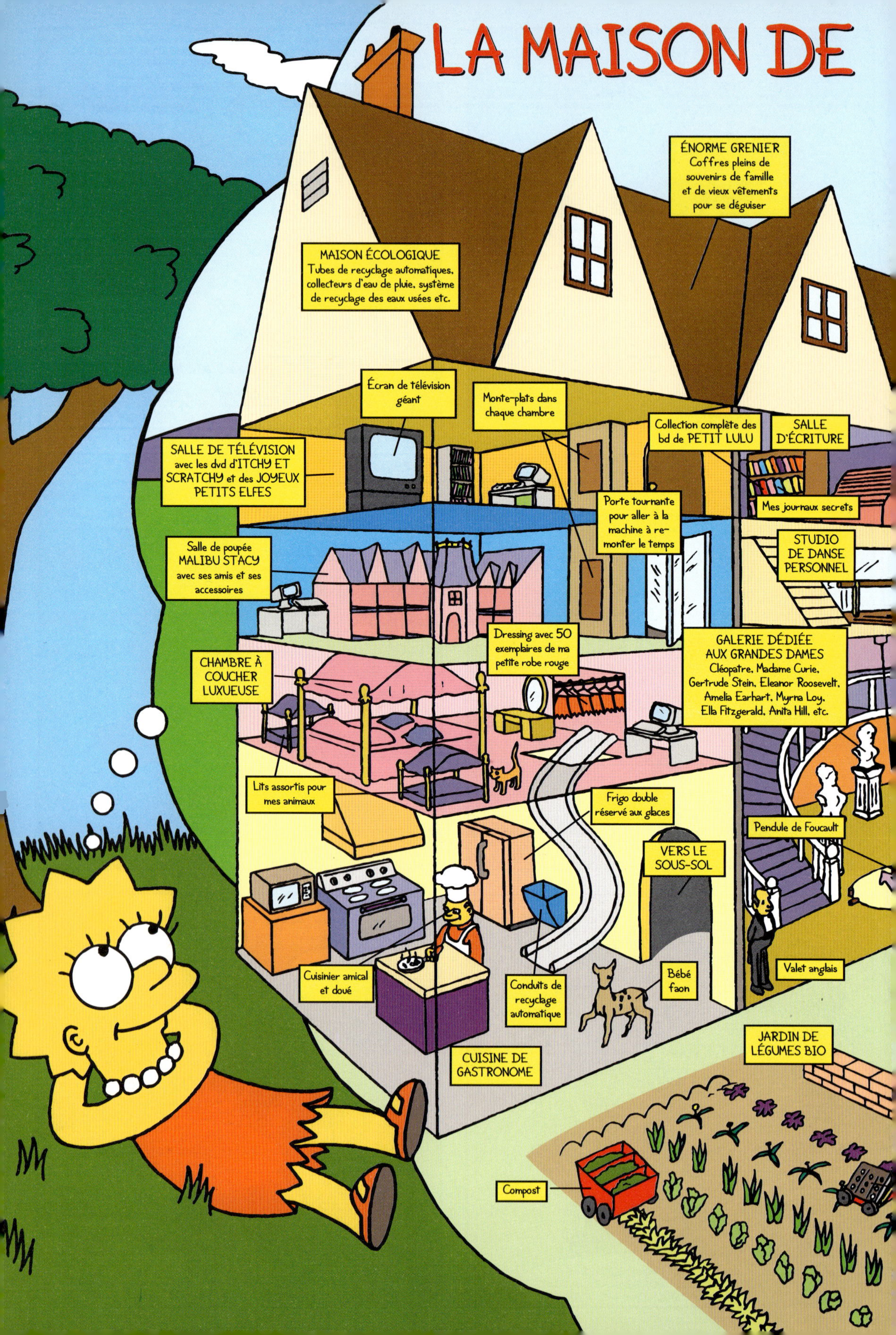
ÉNORME GRENIER
Coffres pleins de souvenirs de famille et de vieux vêtements pour se déguiser
MAISON ÉCOLOGIQUE
Tubes de recyclage automatiques, collecteurs d'eau de pluie, système de recyclage des eaux usées etc.
Écran de télévision géant
Monte-plats dans chaque chambre
Collection complète des bd de PETIT LULU
SALLE D'ÉCRITURE
SALLE DE TÉLÉVISION avec les dvd d'ITCHY ET SCRATCHY et des JOYEUX PETITS ELFES
Mes journaux secrets
Porte tournante pour aller à la machine à remonter le temps
Salle de poupée MALIBU STACY avec ses amis et ses accessoires
STUDIO DE DANSE PERSONNEL
Dressing avec 50 exemplaires de ma petite robe rouge
GALERIE DÉDIÉE AUX GRANDES DAMES
Cléopatre, Madame Curie, Gertrude Stein, Eleanor Roosevelt, Amelia Earhart, Myrna Loy, Ella Fitzgerald, Anita Hill, etc.
CHAMBRE À COUCHER LUXUEUSE
Lits assortis pour mes animaux
Frigo double réservé aux glaces
Pendule de Foucault
VERS LE SOUS-SOL
Cuisinier amical et doué
Conduits de recyclage automatique
Bébé faon
Valet anglais
JARDIN DE LÉGUMES BIO
CUISINE DE GASTRONOME
Compost

RÊVE DE LISA

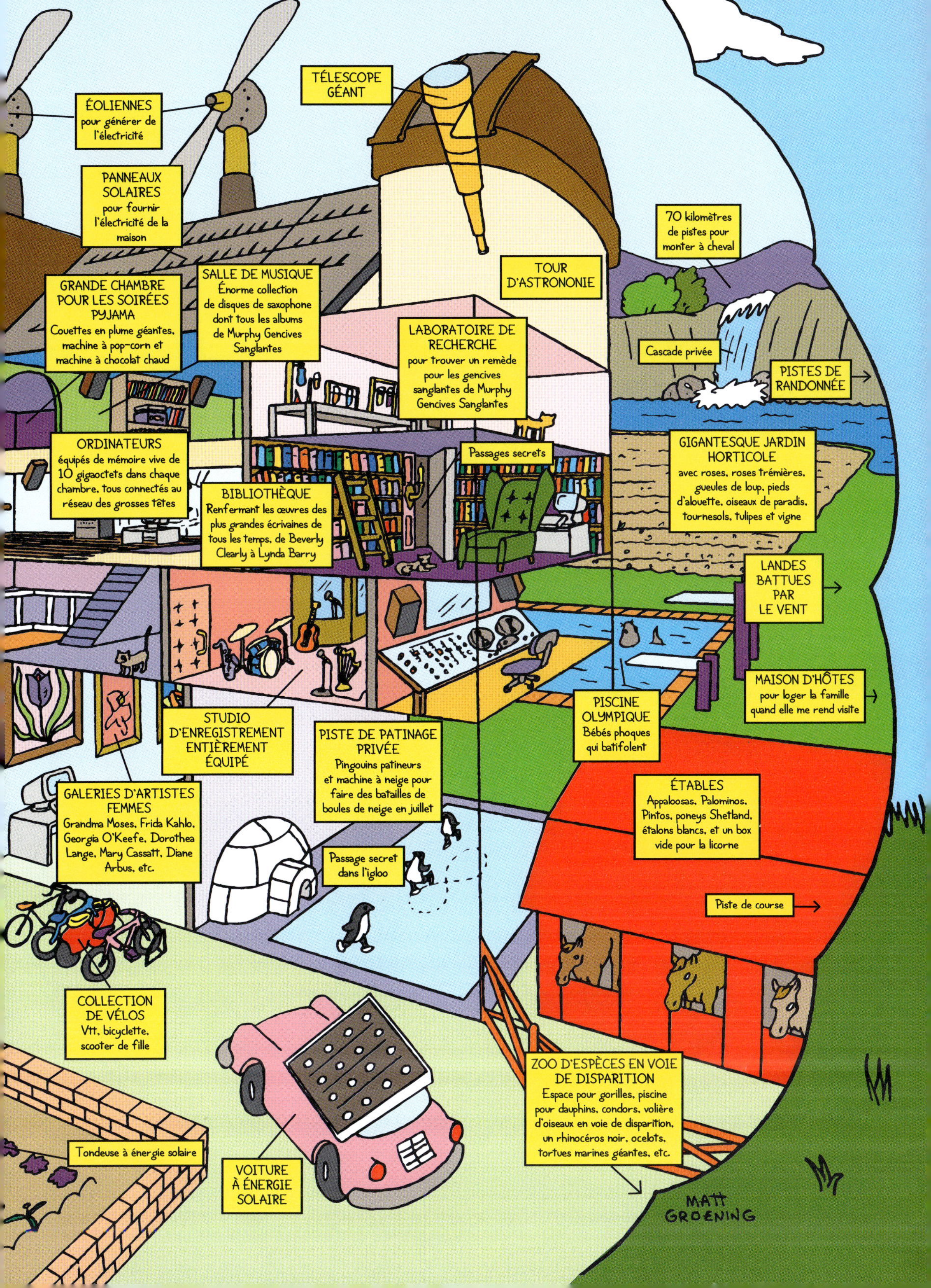

ÉOLIENNES pour générer de l'électricité
PANNEAUX SOLAIRES pour fournir l'électricité de la maison
TÉLESCOPE GÉANT
TOUR D'ASTRONOMIE
70 kilomètres de pistes pour monter à cheval
GRANDE CHAMBRE POUR LES SOIRÉES PYJAMA Couettes en plume géantes, machine à pop-corn et machine à chocolat chaud
SALLE DE MUSIQUE Énorme collection de disques de saxophone dont tous les albums de Murphy Gencives Sanglantes
LABORATOIRE DE RECHERCHE pour trouver un remède pour les gencives sanglantes de Murphy Gencives Sanglantes
Cascade privée
PISTES DE RANDONNÉE
ORDINATEURS équipés de mémoire vive de 10 gigaoctets dans chaque chambre, tous connectés au réseau des grosses têtes
Passages secrets
BIBLIOTHÈQUE Renfermant les œuvres des plus grandes écrivaines de tous les temps, de Beverly Clearly à Lynda Barry
GIGANTESQUE JARDIN HORTICOLE avec roses, roses trémières, gueules de loup, pieds d'alouette, oiseaux de paradis, tournesols, tulipes et vigne
LANDES BATTUES PAR LE VENT
MAISON D'HÔTES pour loger la famille quand elle me rend visite
STUDIO D'ENREGISTREMENT ENTIÈREMENT ÉQUIPÉ
PISTE DE PATINAGE PRIVÉE Pingouins patineurs et machine à neige pour faire des batailles de boules de neige en juillet
PISCINE OLYMPIQUE Bébés phoques qui batifolent
ÉTABLES Appaloosas, Palominos, Pintos, poneys Shetland, étalons blancs, et un box vide pour la licorne
GALERIES D'ARTISTES FEMMES Grandma Moses, Frida Kahlo, Georgia O'Keefe, Dorothea Lange, Mary Cassatt, Diane Arbus, etc.
Passage secret dans l'igloo
Piste de course
COLLECTION DE VÉLOS Vtt, bicyclette, scooter de fille
ZOO D'ESPÈCES EN VOIE DE DISPARITION Espace pour gorilles, piscine pour dauphins, condors, volière d'oiseaux en voie de disparition, un rhinocéros noir, ocelots, tortues marines géantes, etc.
Tondeuse à énergie solaire
VOITURE À ÉNERGIE SOLAIRE
MATT GROENING

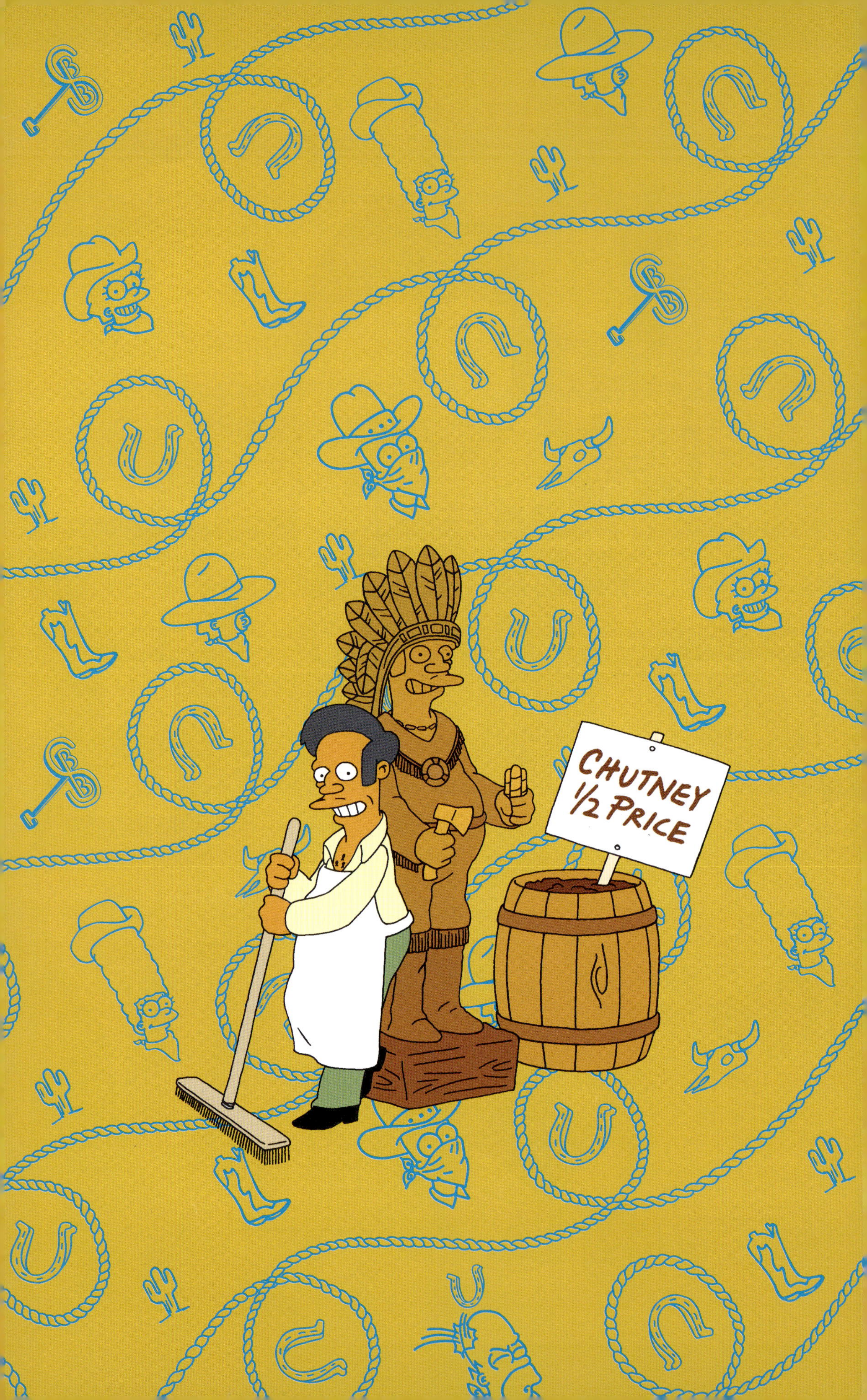
CHUTNEY
1/2 PRICE

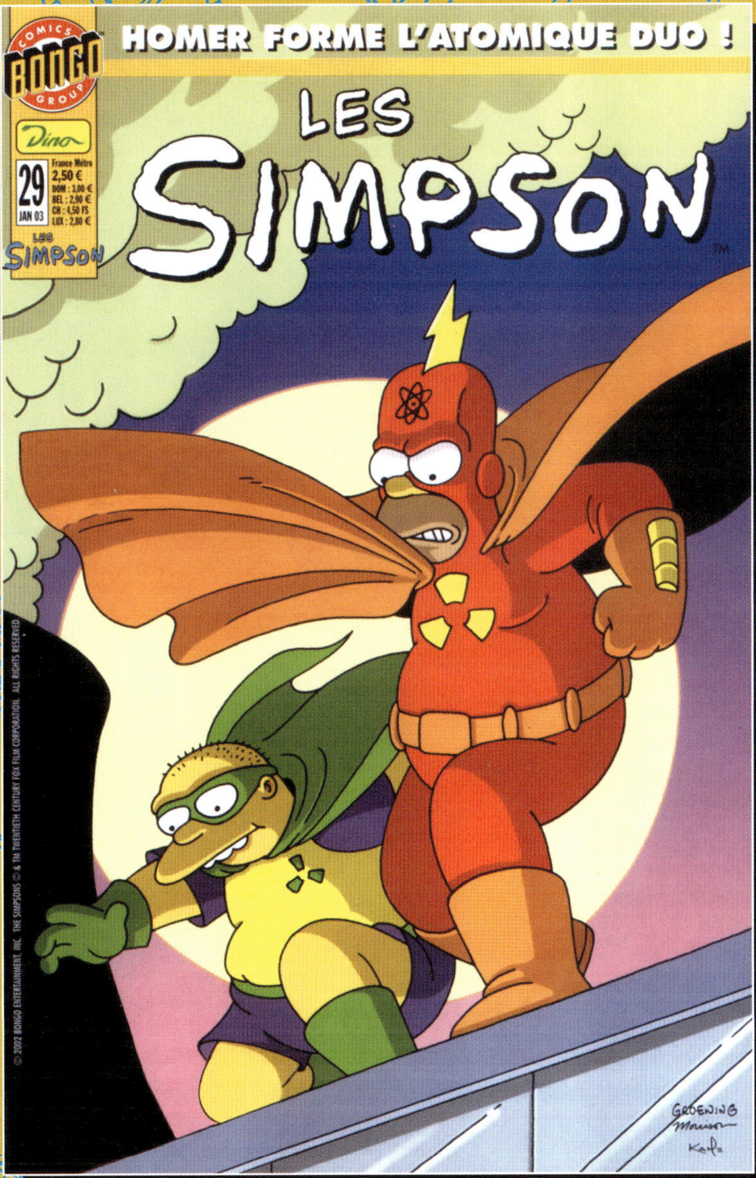
HOMER FORME L'ATOMIQUE DUO !
LES SIMPSON
29
JAN 03
France Métro 2,50 €
DOM : 3,00 €
BEL : 2,90 €
CH : 4,50 FS
LUX : 2,80 €
© 2002 BONGO ENTERTAINMENT, INC. THE SIMPSONS © & TM TWENTIETH CENTURY FOX FILM CORPORATION. ALL RIGHTS RESERVED

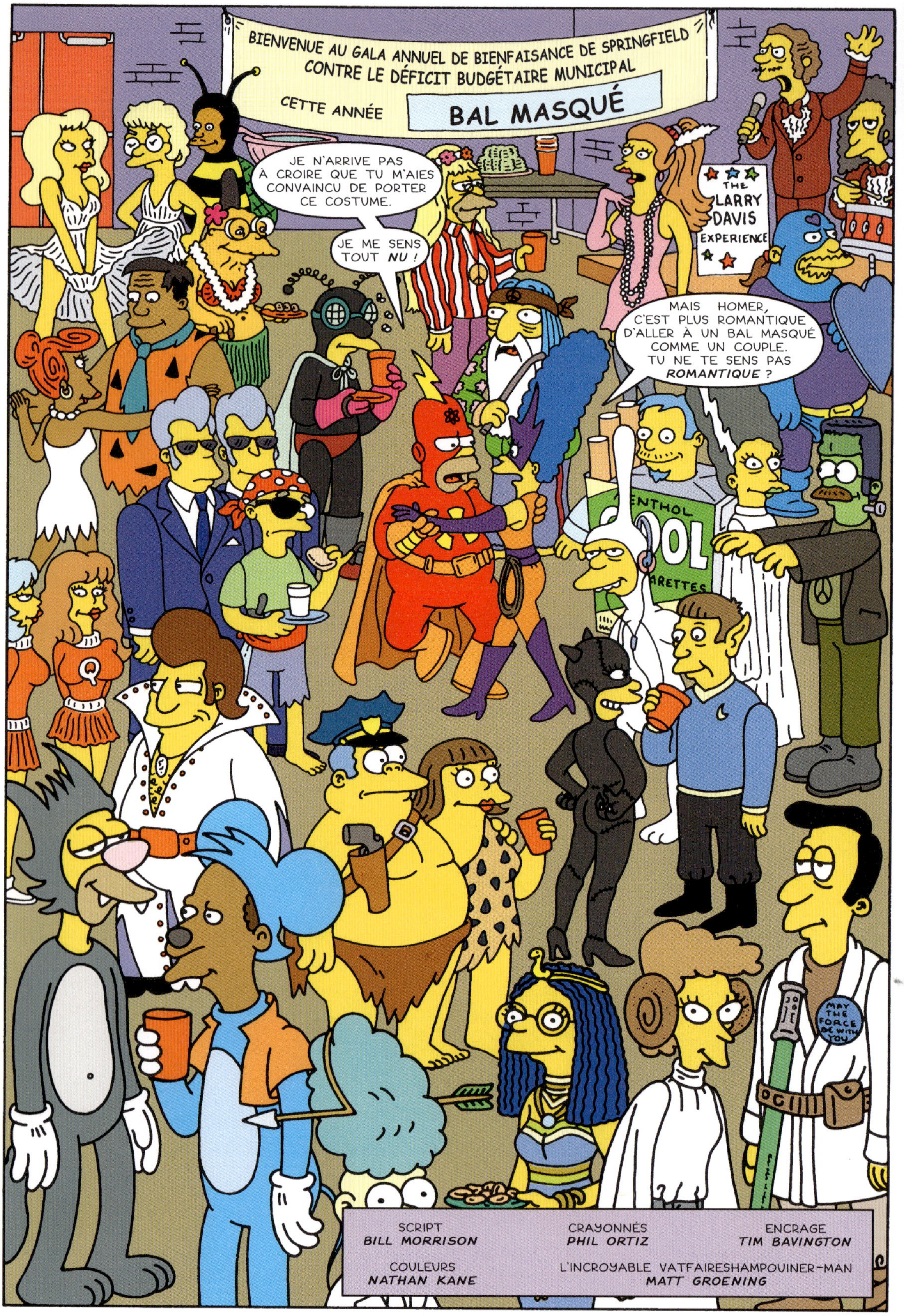

TRADUCTOR *FRANÇOIS PENEAUD* RÉDACTOR *LOUIS-ANTOINE DUJARDIN*

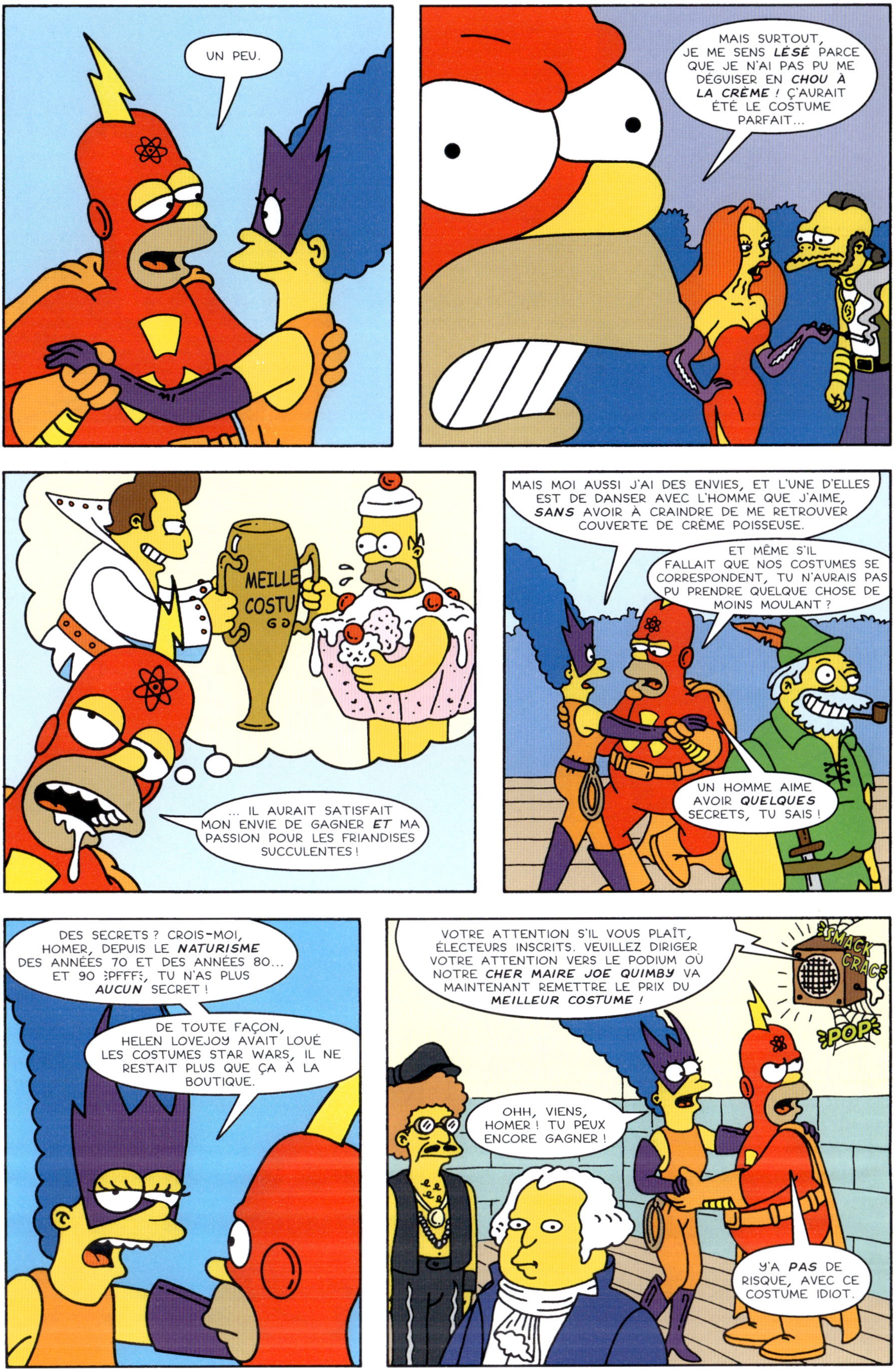
UN PEU.
MAIS SURTOUT, JE ME SENS **LÉSÉ** PARCE QUE JE N'AI PAS PU ME DÉGUISER EN **CHOU À LA CRÈME** ! ÇA'URAIT ÉTÉ LE COSTUME PARFAIT...
MEILLE COSTU
... IL AURAIT SATISFAIT MON ENVIE DE GAGNER **ET** MA PASSION POUR LES FRIANDISES SUCCULENTES !
MAIS MOI AUSSI J'AI DES ENVIES, ET L'UNE D'ELLES EST DE DANSER AVEC L'HOMME QUE J'AIME, **SANS** AVOIR À CRAINDRE DE ME RETROUVER COUVERTE DE CRÈME POISSEUSE.
ET MÊME S'IL FALLAIT QUE NOS COSTUMES SE CORRESPONDENT, TU N'AURAIS PAS PU PRENDRE QUELQUE CHOSE DE MOINS MOULANT ?
UN HOMME AIME AVOIR **QUELQUES** SECRETS, TU SAIS !
DES SECRETS ? CROIS-MOI, HOMER, DEPUIS LE **NATURISME** DES ANNÉES 70 ET DES ANNÉES 80... ET 90 PFFF, TU N'AS PLUS **AUCUN** SECRET !
DE TOUTE FAÇON, HELEN LOVEJOY AVAIT LOUÉ LES COSTUMES STAR WARS, IL NE RESTAIT PLUS QUE ÇA À LA BOUTIQUE.
VOTRE ATTENTION S'IL VOUS PLAÎT, ÉLECTEURS INSCRITS. VEUILLEZ DIRIGER VOTRE ATTENTION VERS LE PODIUM OÙ NOTRE **CHER MAIRE JOE QUIMBY** VA MAINTENANT REMETTRE LE PRIX DU **MEILLEUR COSTUME** !
SMACK
CRAC
POP
OHH, VIENS, HOMER ! TU PEUX ENCORE GAGNER !
Y'A **PAS** DE RISQUE, AVEC CE COSTUME IDIOT.

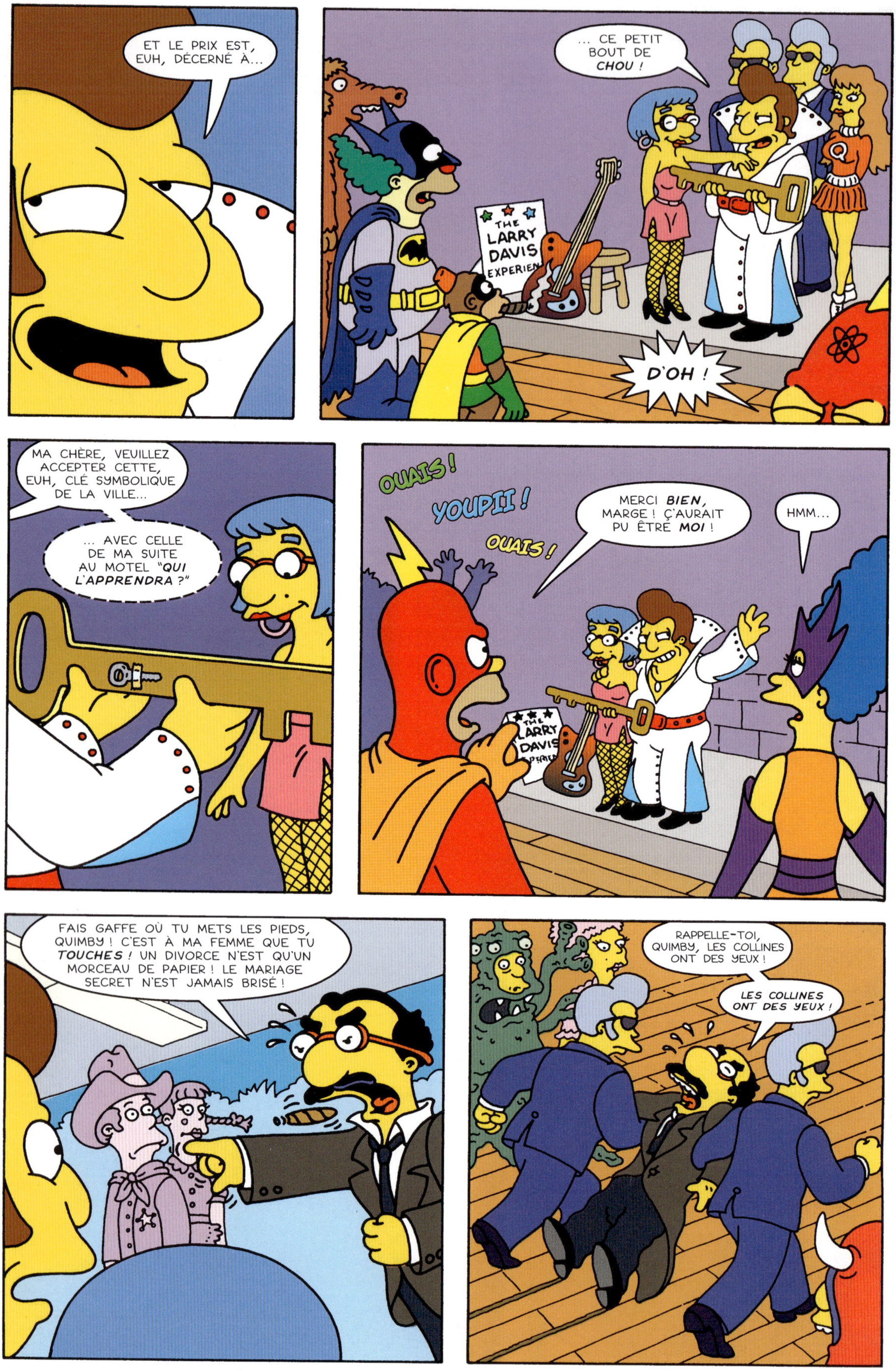
ET LE PRIX EST, EUH, DÉCERNÉ À...
... CE PETIT BOUT DE **CHOU** !
THE LARRY DAVIS
D'OH !
MA CHÈRE, VEUILLEZ ACCEPTER CETTE, EUH, CLÉ SYMBOLIQUE DE LA VILLE...
... AVEC CELLE DE MA SUITE AU MOTEL "**QUI L'APPRENDRA** ?"
OUAIS !
YOUPII !
OUAIS !
MERCI **BIEN**, MARGE ! ÇA AURAIT PU ÊTRE **MOI** !
HMM...
FAIS GAFFE OÙ TU METS LES PIEDS, QUIMBY ! C'EST À MA FEMME QUE TU **TOUCHES** ! UN DIVORCE N'EST QU'UN MORCEAU DE PAPIER ! LE MARIAGE SECRET N'EST JAMAIS BRISÉ !
RAPPELLE-TOI, QUIMBY, LES COLLINES ONT DES YEUX !
LES COLLINES ONT DES YEUX !

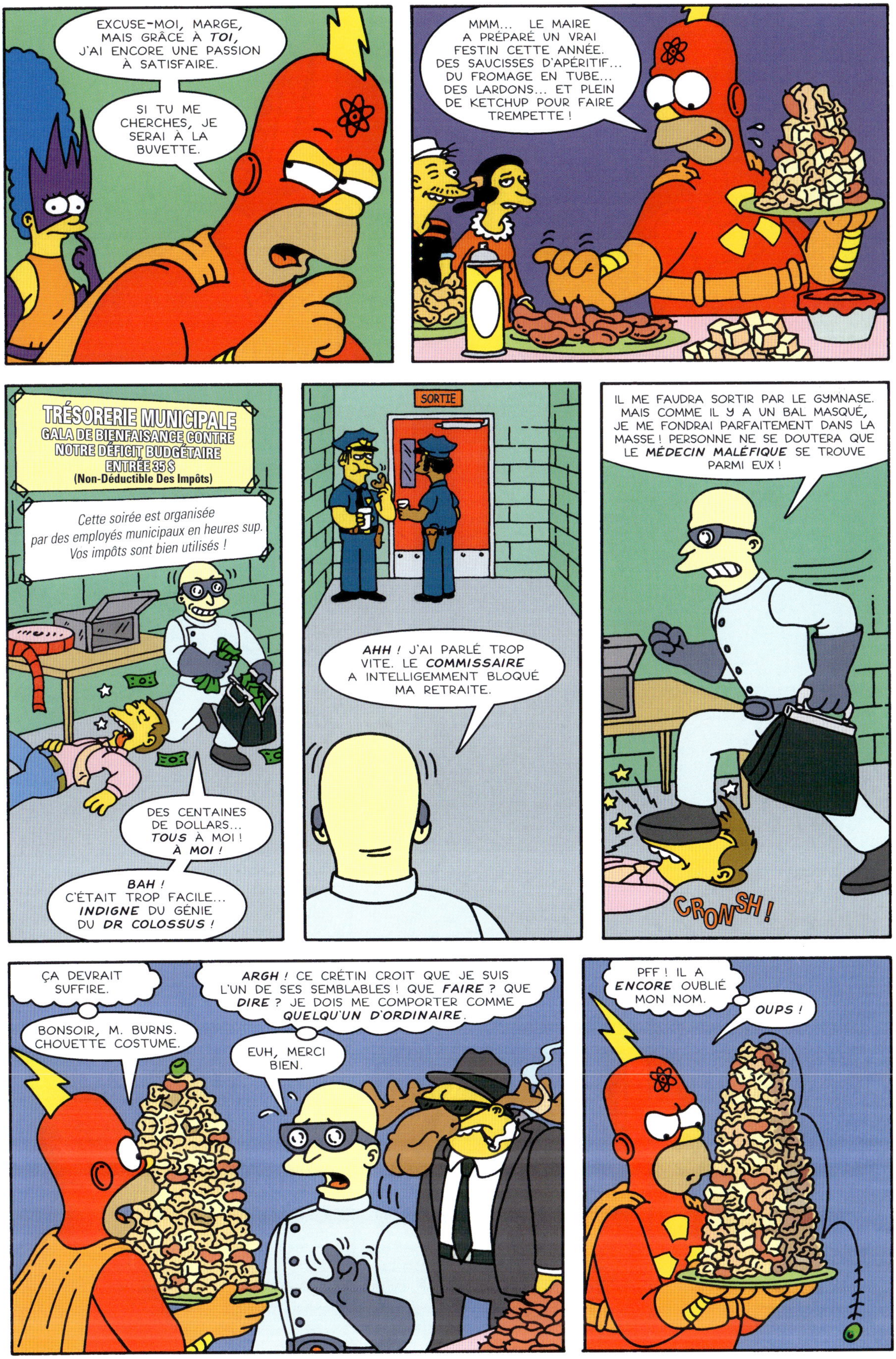
EXCUSE-MOI, MARGE, MAIS GRÂCE À *TOI*, J'AI ENCORE UNE PASSION À SATISFAIRE.
SI TU ME CHERCHES, JE SERAI À LA BUVETTE.
MMM... LE MAIRE A PRÉPARÉ UN VRAI FESTIN CETTE ANNÉE. DES SAUCISSES D'APÉRITIF... DU FROMAGE EN TUBE... DES LARDONS... ET PLEIN DE KETCHUP POUR FAIRE TREMPETTE !
TRÉSORERIE MUNICIPALE
GALA DE BIENFAISANCE CONTRE NOTRE DÉFICIT BUDGÉTAIRE
ENTRÉE 35 $
(Non-Déductible Des Impôts)
Cette soirée est organisée par des employés municipaux en heures sup. Vos impôts sont bien utilisés !
DES CENTAINES DE DOLLARS... *TOUS* À MOI ! *À MOI* !
BAH ! C'ÉTAIT TROP FACILE... *INDIGNE* DU GÉNIE DU *DR COLOSSUS* !
SORTIE
AHH ! J'AI PARLÉ TROP VITE. LE *COMMISSAIRE* A INTELLIGEMMENT BLOQUÉ MA RETRAITE.
IL ME FAUDRA SORTIR PAR LE GYMNASE. MAIS COMME IL Y A UN BAL MASQUÉ, JE ME FONDRAI PARFAITEMENT DANS LA MASSE ! PERSONNE NE SE DOUTERA QUE LE *MÉDECIN MALÉFIQUE* SE TROUVE PARMI EUX !
CRONSH !
ÇA DEVRAIT SUFFIRE.
BONSOIR, M. BURNS. CHOUETTE COSTUME.
ARGH ! CE CRÉTIN CROIT QUE JE SUIS L'UN DE SES SEMBLABLES ! QUE *FAIRE* ? QUE *DIRE* ? JE DOIS ME COMPORTER COMME *QUELQU'UN D'ORDINAIRE*.
EUH, MERCI BIEN.
PFF ! IL A *ENCORE* OUBLIÉ MON NOM.
OUPS !

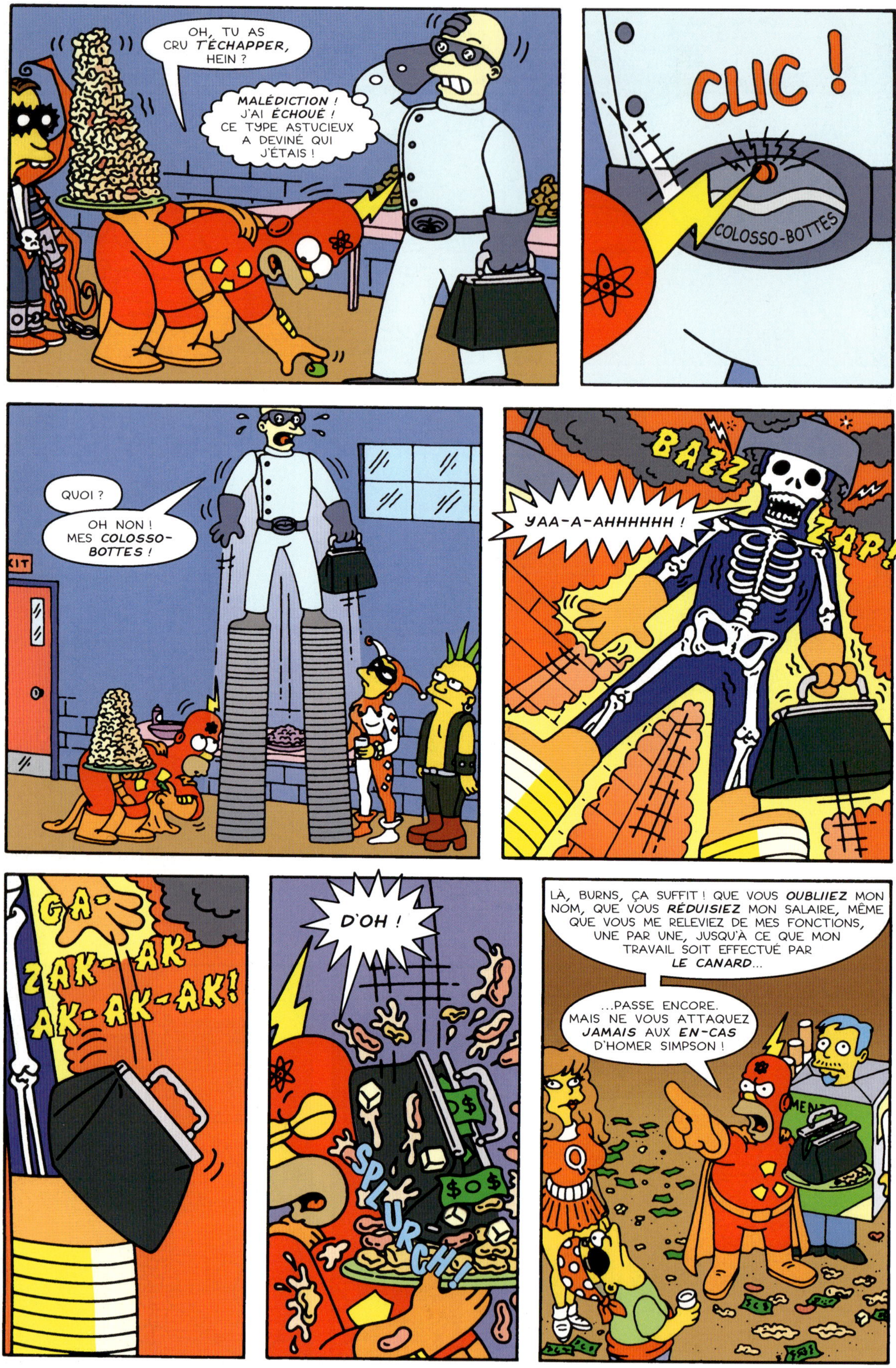
OH, TU AS CRU T'ÉCHAPPER, HEIN ?
MALÉDICTION ! J'AI ÉCHOUÉ ! CE TYPE ASTUCIEUX A DEVINÉ QUI J'ÉTAIS !
CLIC !
COLOSSO-BOTTES
QUOI ?
OH NON ! MES COLOSSO-BOTTES !
BAZZ
YAA-A-AHHHHHH !
ZAP !
GA-ZAK-AK-AK-AK-AK!
D'OH !
SPLURCH!
LÀ, BURNS, ÇA SUFFIT ! QUE VOUS OUBLIIEZ MON NOM, QUE VOUS RÉDUISIEZ MON SALAIRE, MÊME QUE VOUS ME RELEVIEZ DE MES FONCTIONS, UNE PAR UNE, JUSQU'À CE QUE MON TRAVAIL SOIT EFFECTUÉ PAR LE CANARD...
...PASSE ENCORE. MAIS NE VOUS ATTAQUEZ JAMAIS AUX EN-CAS D'HOMER SIMPSON !

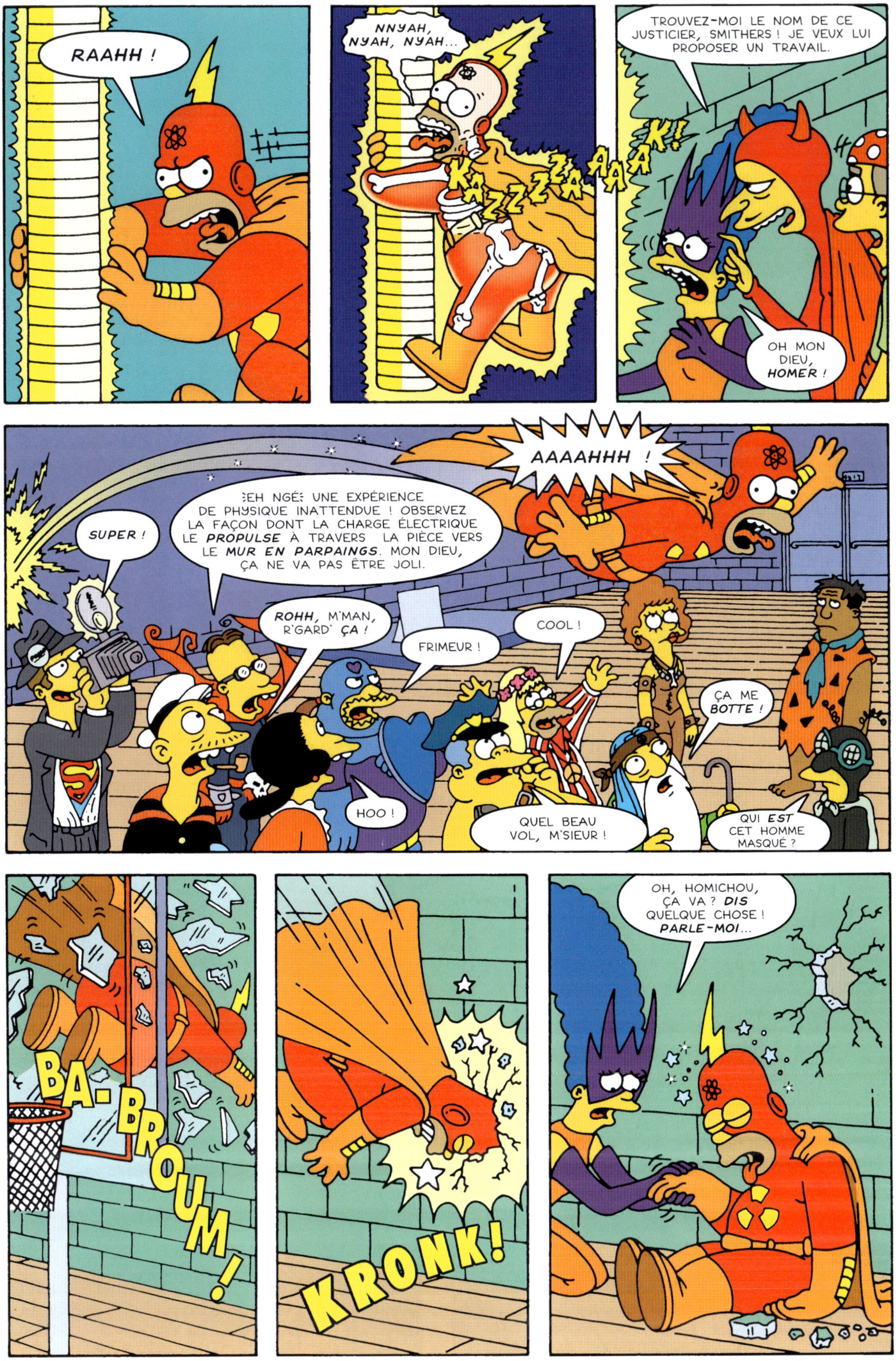
RAAHH !
NNYAH, NYAH, NYAH...
KAZZZZZAAAAAK!
TROUVEZ-MOI LE NOM DE CE JUSTICIER, SMITHERS ! JE VEUX LUI PROPOSER UN TRAVAIL.
OH MON DIEU, HOMER !
AAAAHHH !
SUPER !
EH NGÉ UNE EXPÉRIENCE DE PHYSIQUE INATTENDUE ! OBSERVEZ LA FAÇON DONT LA CHARGE ÉLECTRIQUE LE PROPULSE À TRAVERS LA PIÈCE VERS LE MUR EN PARPAINGS. MON DIEU, ÇA NE VA PAS ÊTRE JOLI.
ROHH, M'MAN, R'GARD' ÇA !
FRIMEUR !
COOL !
ÇA ME BOTTE !
HOO !
QUEL BEAU VOL, M'SIEUR !
QUI EST CET HOMME MASQUÉ ?
BA-BROUM!
KRONK!
OH, HOMICHOU, ÇA VA ? DIS QUELQUE CHOSE ! PARLE-MOI...

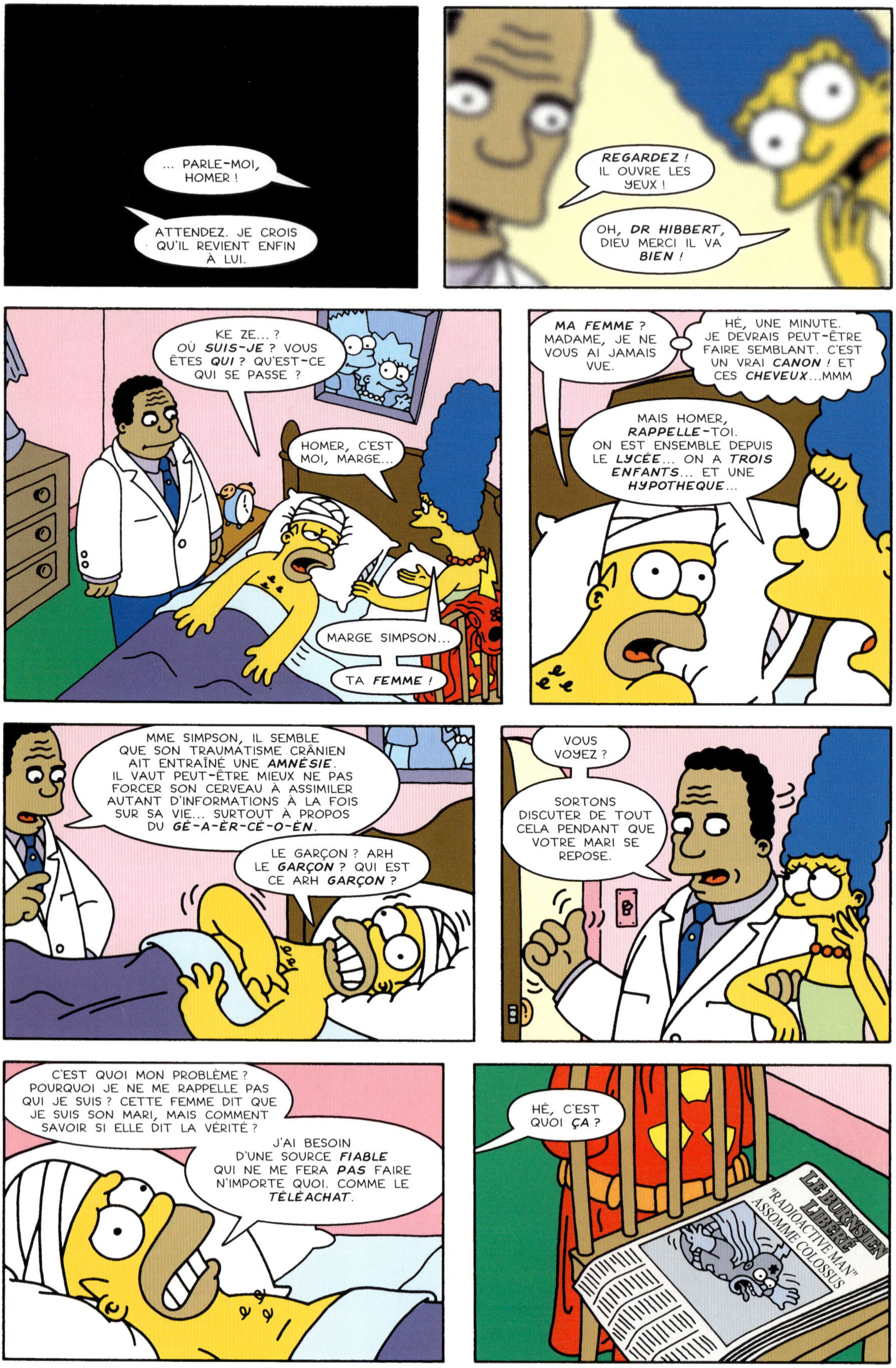
... PARLE-MOI, HOMER !
ATTENDEZ. JE CROIS QU'IL REVIENT ENFIN À LUI.
REGARDEZ ! IL OUVRE LES YEUX !
OH, DR HIBBERT, DIEU MERCI IL VA BIEN !
KE ZE... ? OÙ SUIS-JE ? VOUS ÊTES QUI ? QU'EST-CE QUI SE PASSE ?
HOMER, C'EST MOI, MARGE...
MARGE SIMPSON...
TA FEMME !
MA FEMME ? MADAME, JE NE VOUS AI JAMAIS VUE.
HÉ, UNE MINUTE. JE DEVRAIS PEUT-ÊTRE FAIRE SEMBLANT. C'EST UN VRAI CANON ! ET CES CHEVEUX... MMM
MAIS HOMER, RAPPELLE-TOI. ON EST ENSEMBLE DEPUIS LE LYCÉE... ON A TROIS ENFANTS... ET UNE HYPOTHEQUE...
MME SIMPSON, IL SEMBLE QUE SON TRAUMATISME CRÂNIEN AIT ENTRAÎNÉ UNE AMNÉSIE. IL VAUT PEUT-ÊTRE MIEUX NE PAS FORCER SON CERVEAU À ASSIMILER AUTANT D'INFORMATIONS À LA FOIS SUR SA VIE... SURTOUT À PROPOS DU GÉ-A-ÈR-CÉ-O-ÈN.
LE GARÇON ? ARH LE GARÇON ? QUI EST CE ARH GARÇON ?
VOUS VOYEZ ?
SORTONS DISCUTER DE TOUT CELA PENDANT QUE VOTRE MARI SE REPOSE.
C'EST QUOI MON PROBLÈME ? POURQUOI JE NE ME RAPPELLE PAS QUI JE SUIS ? CETTE FEMME DIT QUE JE SUIS SON MARI, MAIS COMMENT SAVOIR SI ELLE DIT LA VÉRITÉ ?
J'AI BESOIN D'UNE SOURCE FIABLE QUI NE ME FERA PAS FAIRE N'IMPORTE QUOI. COMME LE TÉLÉACHAT.
HÉ, C'EST QUOI ÇA ?
LE BURNSIEN LIBÉRÉ
"RADIOACTIVE MAN" ASSOMME COLOSSUS

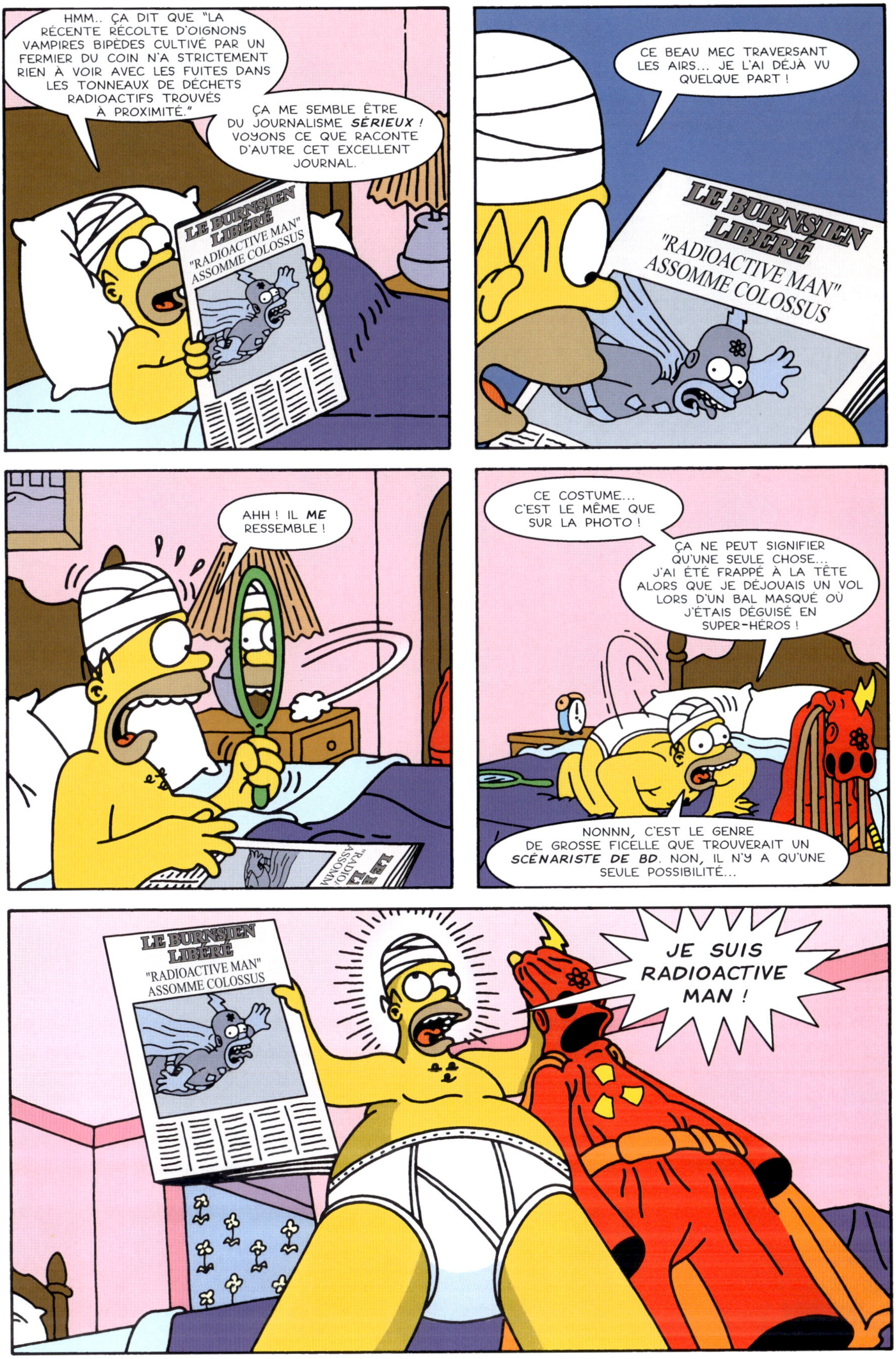
HMM.. ÇA DIT QUE "LA RÉCENTE RÉCOLTE D'OIGNONS VAMPIRES BIPÈDES CULTIVÉ PAR UN FERMIER DU COIN N'A STRICTEMENT RIEN À VOIR AVEC LES FUITES DANS LES TONNEAUX DE DÉCHETS RADIOACTIFS TROUVÉS À PROXIMITÉ."
ÇA ME SEMBLE ÊTRE DU JOURNALISME SÉRIEUX ! VOYONS CE QUE RACONTE D'AUTRE CET EXCELLENT JOURNAL.
LE BURNSIEN LIBÉRÉ
"RADIOACTIVE MAN" ASSOMME COLOSSUS
CE BEAU MEC TRAVERSANT LES AIRS... JE L'AI DÉJÀ VU QUELQUE PART !
LE BURNSIEN LIBÉRÉ
"RADIOACTIVE MAN" ASSOMME COLOSSUS
AHH ! IL ME RESSEMBLE !
CE COSTUME... C'EST LE MÊME QUE SUR LA PHOTO !
ÇA NE PEUT SIGNIFIER QU'UNE SEULE CHOSE... J'AI ÉTÉ FRAPPÉ À LA TÊTE ALORS QUE JE DÉJOUAIS UN VOL LORS D'UN BAL MASQUÉ OÙ J'ÉTAIS DÉGUISÉ EN SUPER-HÉROS !
NONNN, C'EST LE GENRE DE GROSSE FICELLE QUE TROUVERAIT UN SCÉNARISTE DE BD. NON, IL N'Y A QU'UNE SEULE POSSIBILITÉ...
LE BURNSIEN LIBÉRÉ
"RADIOACTIVE MAN" ASSOMME COLOSSUS
JE SUIS RADIOACTIVE MAN !

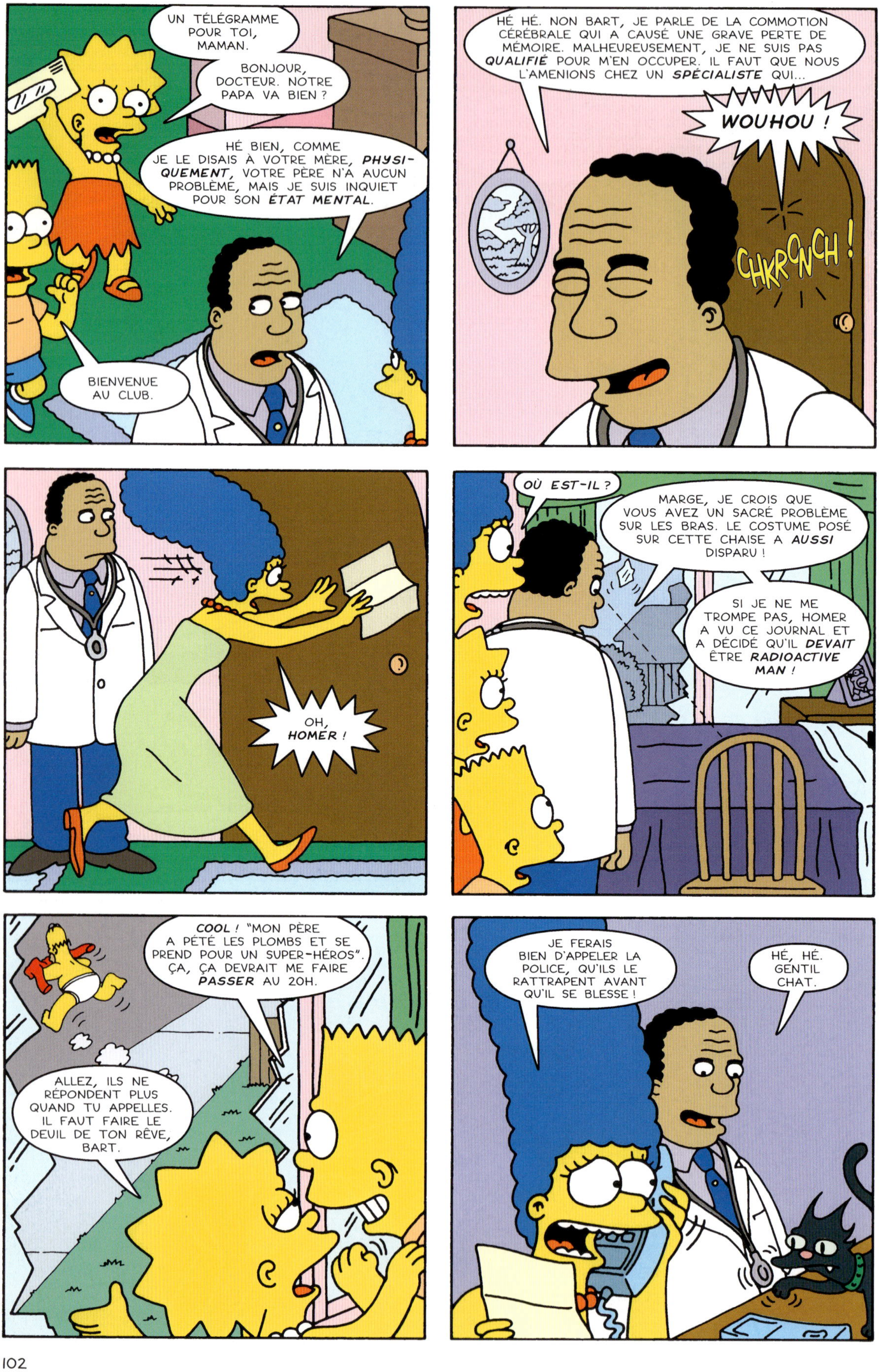
UN TÉLÉGRAMME POUR TOI, MAMAN.
BONJOUR, DOCTEUR. NOTRE PAPA VA BIEN ?
HÉ BIEN, COMME JE LE DISAIS À VOTRE MÈRE, PHYSIQUEMENT, VOTRE PÈRE N'A AUCUN PROBLÈME, MAIS JE SUIS INQUIET POUR SON ÉTAT MENTAL.
BIENVENUE AU CLUB.
HÉ HÉ. NON BART, JE PARLE DE LA COMMOTION CÉRÉBRALE QUI A CAUSÉ UNE GRAVE PERTE DE MÉMOIRE. MALHEUREUSEMENT, JE NE SUIS PAS QUALIFIÉ POUR M'EN OCCUPER. IL FAUT QUE NOUS L'AMENIONS CHEZ UN SPÉCIALISTE QUI...
WOUHOU !
CHKRONCH !
OH, HOMER !
OÙ EST-IL ?
MARGE, JE CROIS QUE VOUS AVEZ UN SACRÉ PROBLÈME SUR LES BRAS. LE COSTUME POSÉ SUR CETTE CHAISE A AUSSI DISPARU !
SI JE NE ME TROMPE PAS, HOMER A VU CE JOURNAL ET A DÉCIDÉ QU'IL DEVAIT ÊTRE RADIOACTIVE MAN !
COOL ! "MON PÈRE A PÉTÉ LES PLOMBS ET SE PREND POUR UN SUPER-HÉROS". ÇA, ÇA DEVRAIT ME FAIRE PASSER AU 20H.
ALLEZ, ILS NE RÉPONDENT PLUS QUAND TU APPELLES. IL FAUT FAIRE LE DEUIL DE TON RÊVE, BART.
JE FERAIS BIEN D'APPELER LA POLICE, QU'ILS LE RATTRAPENT AVANT QU'IL SE BLESSE !
HÉ, HÉ. GENTIL CHAT.

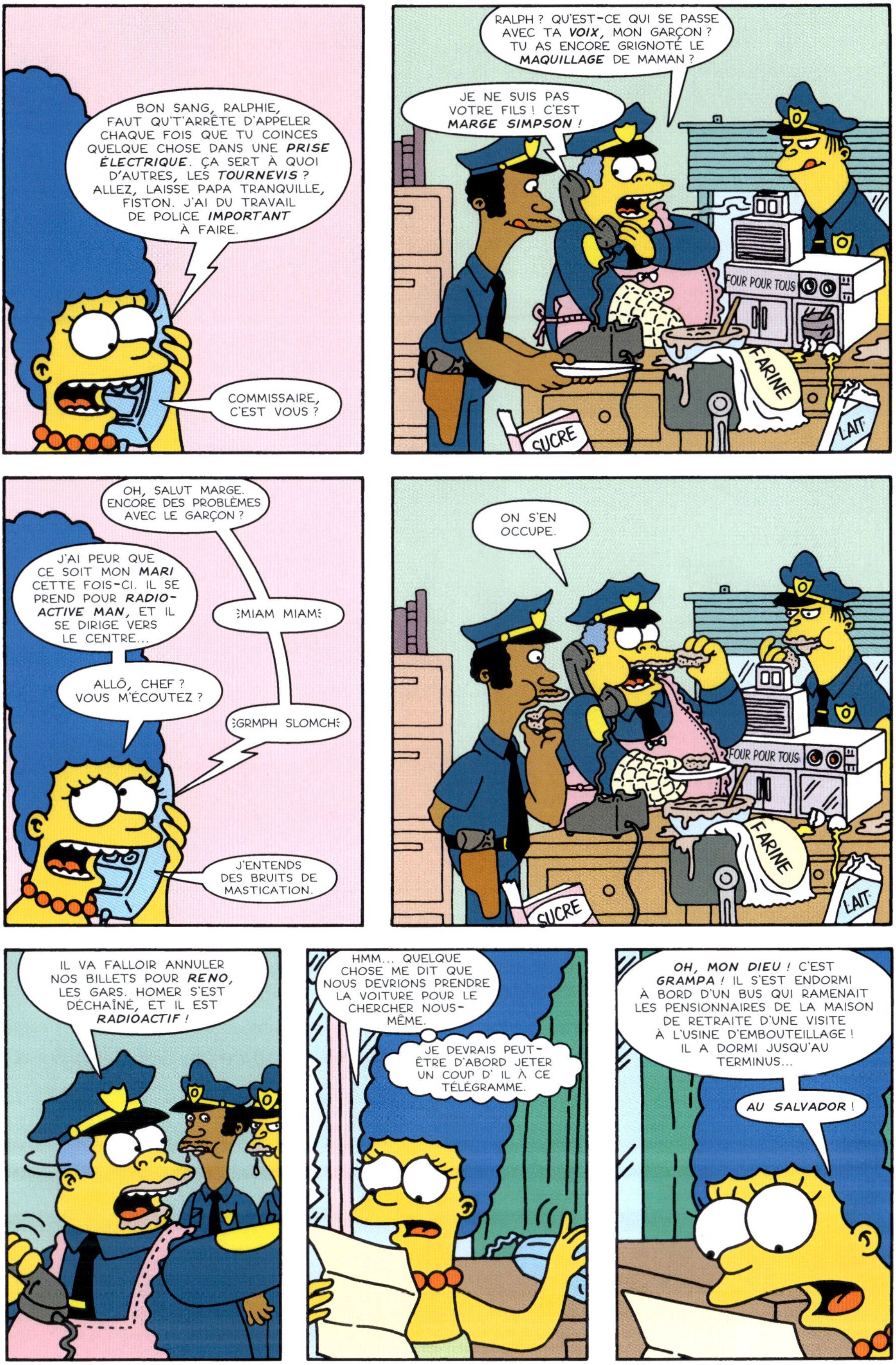
BON SANG, RALPHIE, FAUT QU'T'ARRÊTE D'APPELER CHAQUE FOIS QUE TU COINCES QUELQUE CHOSE DANS UNE PRISE ÉLECTRIQUE. ÇA SERT À QUOI D'AUTRES, LES TOURNEVIS ? ALLEZ, LAISSE PAPA TRANQUILLE, FISTON. J'AI DU TRAVAIL DE POLICE IMPORTANT À FAIRE.
COMMISSAIRE, C'EST VOUS ?
RALPH ? QU'EST-CE QUI SE PASSE AVEC TA VOIX, MON GARÇON ? TU AS ENCORE GRIGNOTÉ LE MAQUILLAGE DE MAMAN ?
JE NE SUIS PAS VOTRE FILS ! C'EST MARGE SIMPSON !
FOUR POUR TOUS
FARINE
SUCRE
LAIT
OH, SALUT MARGE. ENCORE DES PROBLÈMES AVEC LE GARÇON ?
J'AI PEUR QUE CE SOIT MON MARI CETTE FOIS-CI. IL SE PREND POUR RADIO-ACTIVE MAN, ET IL SE DIRIGE VERS LE CENTRE...
MIAM MIAM
ALLÔ, CHEF ? VOUS M'ÉCOUTEZ ?
GRMPH SLOMCH
J'ENTENDS DES BRUITS DE MASTICATION.
ON S'EN OCCUPE.
FOUR POUR TOUS
FARINE
SUCRE
LAIT
IL VA FALLOIR ANNULER NOS BILLETS POUR RENO, LES GARS. HOMER S'EST DÉCHAÎNÉ, ET IL EST RADIOACTIF !
HMM... QUELQUE CHOSE ME DIT QUE NOUS DEVRIONS PRENDRE LA VOITURE POUR LE CHERCHER NOUS-MÊME.
JE DEVRAIS PEUT-ÊTRE D'ABORD JETER UN COUP D' IL À CE TÉLÉGRAMME.
OH, MON DIEU ! C'EST GRAMPA ! IL S'EST ENDORMI À BORD D'UN BUS QUI RAMENAIT LES PENSIONNAIRES DE LA MAISON DE RETRAITE D'UNE VISITE À L'USINE D'EMBOUTEILLAGE ! IL A DORMI JUSQU'AU TERMINUS...
AU SALVADOR !

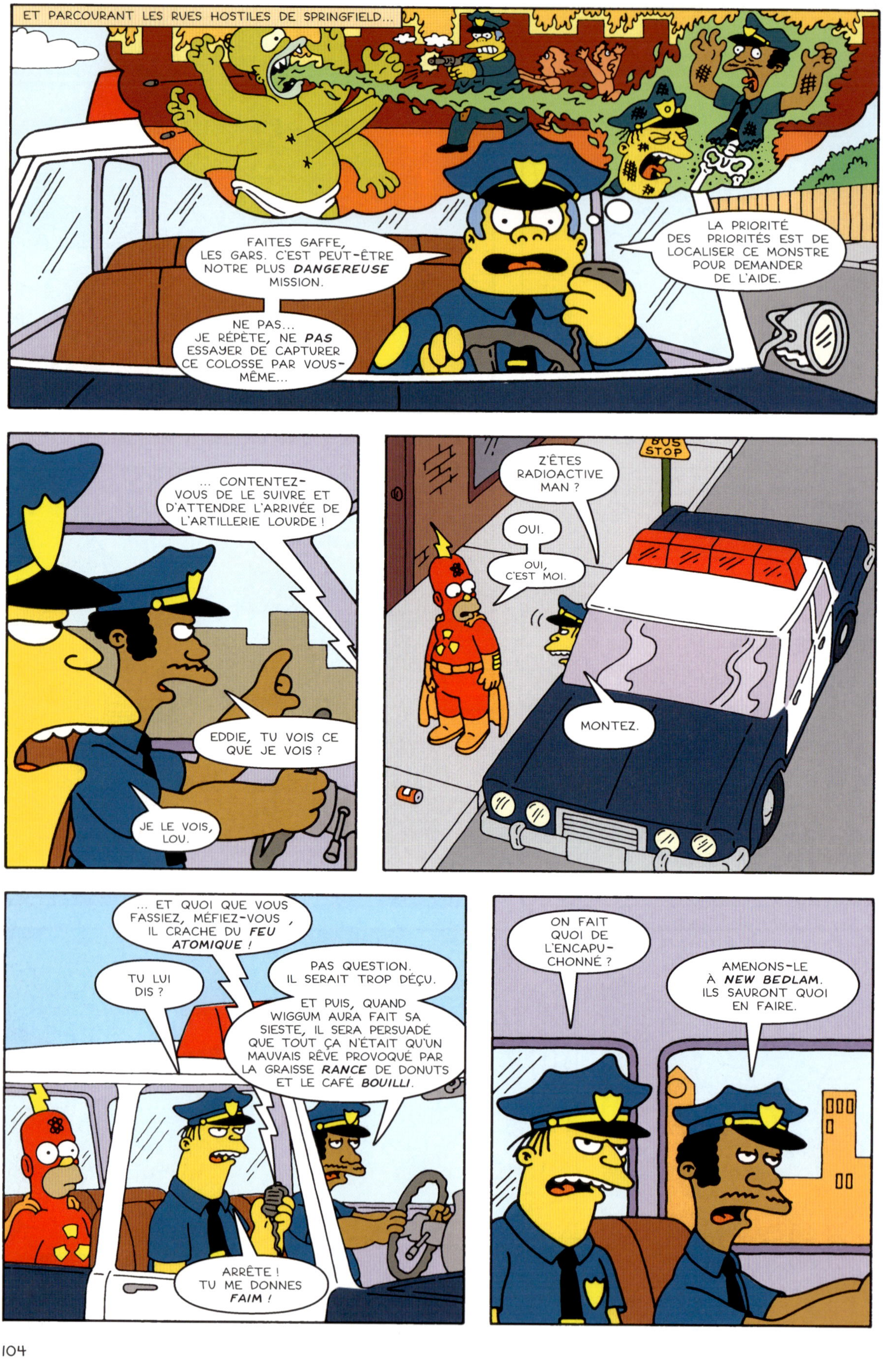
ET PARCOURANT LES RUES HOSTILES DE SPRINGFIELD...
FAITES GAFFE, LES GARS. C'EST PEUT-ÊTRE NOTRE PLUS DANGEREUSE MISSION.
LA PRIORITÉ DES PRIORITÉS EST DE LOCALISER CE MONSTRE POUR DEMANDER DE L'AIDE.
NE PAS... JE RÉPÈTE, NE PAS ESSAYER DE CAPTURER CE COLOSSE PAR VOUS-MÊME...
... CONTENTEZ-VOUS DE LE SUIVRE ET D'ATTENDRE L'ARRIVÉE DE L'ARTILLERIE LOURDE !
EDDIE, TU VOIS CE QUE JE VOIS ?
JE LE VOIS, LOU.
BUS STOP
Z'ÊTES RADIOACTIVE MAN ?
OUI.
OUI, C'EST MOI.
MONTEZ.
... ET QUOI QUE VOUS FASSIEZ, MÉFIEZ-VOUS, IL CRACHE DU FEU ATOMIQUE !
TU LUI DIS ?
PAS QUESTION. IL SERAIT TROP DÉÇU.
ET PUIS, QUAND WIGGUM AURA FAIT SA SIESTE, IL SERA PERSUADÉ QUE TOUT ÇA N'ÉTAIT QU'UN MAUVAIS RÊVE PROVOQUÉ PAR LA GRAISSE RANCE DE DONUTS ET LE CAFÉ BOUILLI.
ARRÊTE ! TU ME DONNES FAIM !
ON FAIT QUOI DE L'ENCAPUCHONNÉ ?
AMENONS-LE À NEW BEDLAM. ILS SAURONT QUOI EN FAIRE.

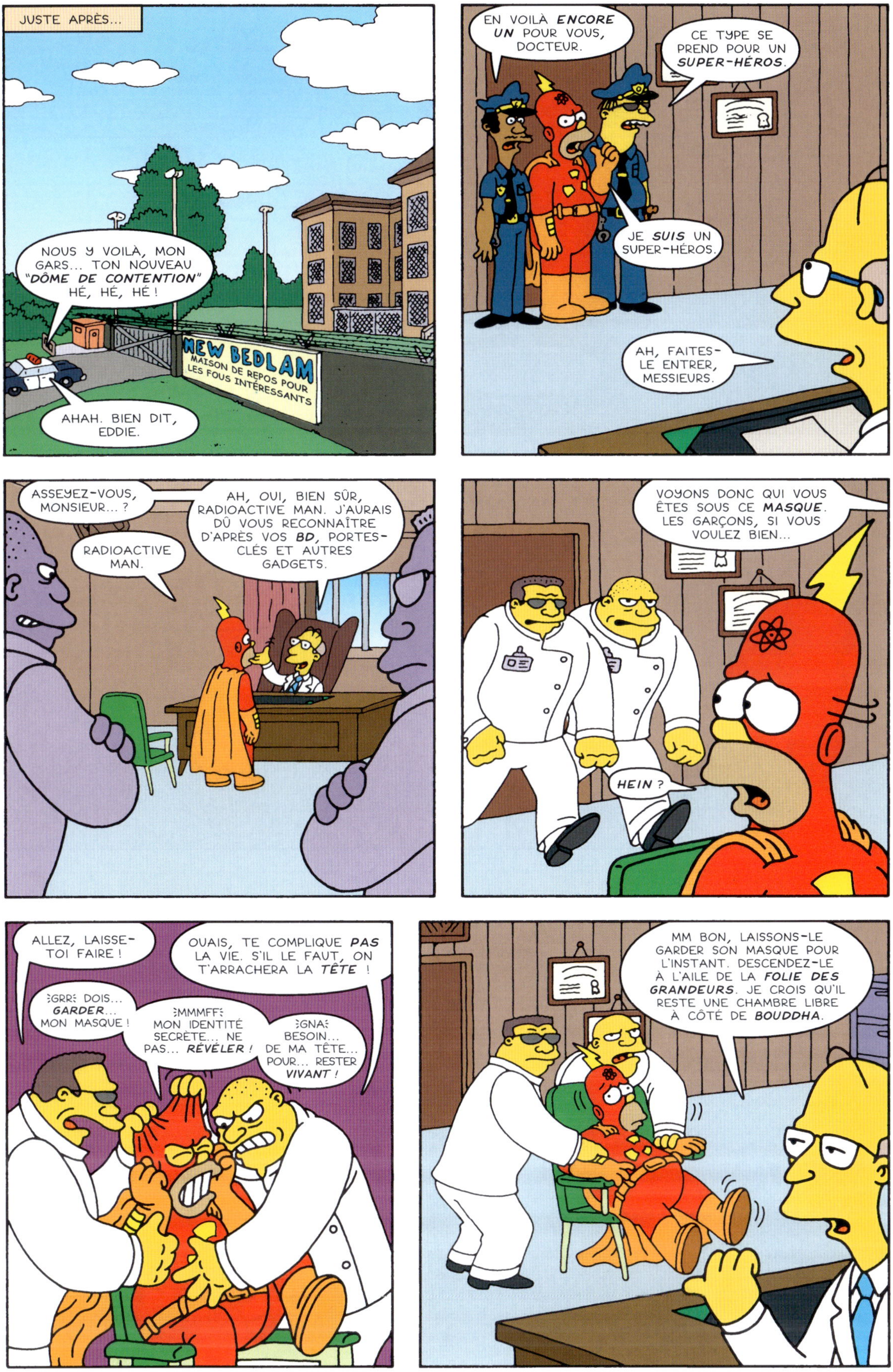

JUSTE APRÈS...
NOUS Y VOILÀ, MON GARS... TON NOUVEAU "DÔME DE CONTENTION" HÉ, HÉ, HÉ !
NEW BEDLAM
MAISON DE REPOS POUR LES FOUS INTÉRESSANTS
AHAH. BIEN DIT, EDDIE.
EN VOILÀ ENCORE UN POUR VOUS, DOCTEUR.
CE TYPE SE PREND POUR UN SUPER-HÉROS.
JE SUIS UN SUPER-HÉROS.
AH, FAITES-LE ENTRER, MESSIEURS.
ASSEYEZ-VOUS, MONSIEUR... ?
RADIOACTIVE MAN.
AH, OUI, BIEN SÛR, RADIOACTIVE MAN. J'AURAIS DÛ VOUS RECONNAÎTRE D'APRÈS VOS BD, PORTES-CLÉS ET AUTRES GADGETS.
VOYONS DONC QUI VOUS ÊTES SOUS CE MASQUE. LES GARÇONS, SI VOUS VOULEZ BIEN...
HEIN ?
ALLEZ, LAISSE-TOI FAIRE !
OUAIS, TE COMPLIQUE PAS LA VIE. S'IL LE FAUT, ON T'ARRACHERA LA TÊTE !
GRR DOIS... GARDER... MON MASQUE !
MMMFF MON IDENTITÉ SECRÈTE... NE PAS... RÉVÉLER !
GNA BESOIN... DE MA TÊTE... POUR... RESTER VIVANT !
MM BON, LAISSONS-LE GARDER SON MASQUE POUR L'INSTANT. DESCENDEZ-LE À L'AILE DE LA FOLIE DES GRANDEURS. JE CROIS QU'IL RESTE UNE CHAMBRE LIBRE À CÔTÉ DE BOUDDHA.

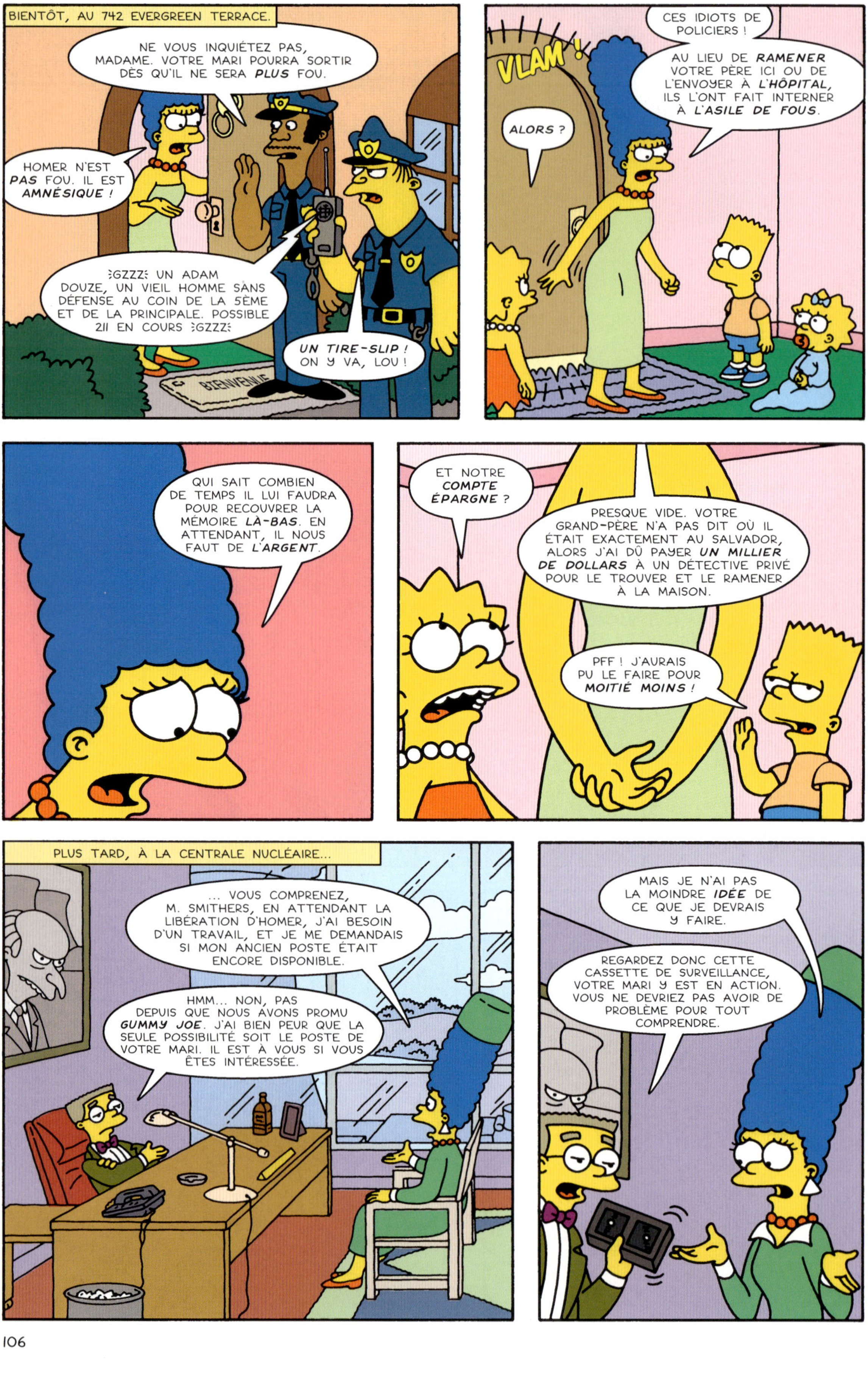
BIENTÔT, AU 742 EVERGREEN TERRACE.
NE VOUS INQUIÉTEZ PAS, MADAME. VOTRE MARI POURRA SORTIR DÈS QU'IL NE SERA *PLUS* FOU.
HOMER N'EST *PAS* FOU. IL EST *AMNÉSIQUE* !
GZZZ UN ADAM DOUZE, UN VIEIL HOMME SANS DÉFENSE AU COIN DE LA 5ÈME ET DE LA PRINCIPALE. POSSIBLE 211 EN COURS GZZZ
UN TIRE-SLIP ! ON Y VA, LOU !
BIENVENUE
VLAM !
ALORS ?
CES IDIOTS DE POLICIERS !
AU LIEU DE *RAMENER* VOTRE PÈRE ICI OU DE L'ENVOYER À *L'HÔPITAL*, ILS L'ONT FAIT INTERNER À *L'ASILE DE FOUS*.
QUI SAIT COMBIEN DE TEMPS IL LUI FAUDRA POUR RECOUVRER LA MÉMOIRE *LÀ-BAS*. EN ATTENDANT, IL NOUS FAUT DE *L'ARGENT*.
ET NOTRE *COMPTE ÉPARGNE* ?
PRESQUE VIDE. VOTRE GRAND-PÈRE N'A PAS DIT OÙ IL ÉTAIT EXACTEMENT AU SALVADOR, ALORS J'AI DÛ PAYER *UN MILLIER DE DOLLARS* À UN DÉTECTIVE PRIVÉ POUR LE TROUVER ET LE RAMENER À LA MAISON.
PFF ! J'AURAIS PU LE FAIRE POUR *MOITIÉ MOINS* !
PLUS TARD, À LA CENTRALE NUCLÉAIRE...
... VOUS COMPRENEZ, M. SMITHERS, EN ATTENDANT LA LIBÉRATION D'HOMER, J'AI BESOIN D'UN TRAVAIL, ET JE ME DEMANDAIS SI MON ANCIEN POSTE ÉTAIT ENCORE DISPONIBLE.
HMM... NON, PAS DEPUIS QUE NOUS AVONS PROMU *GUMMY JOE*. J'AI BIEN PEUR QUE LA SEULE POSSIBILITÉ SOIT LE POSTE DE VOTRE MARI. IL EST À VOUS SI VOUS ÊTES INTÉRESSÉE.
MAIS JE N'AI PAS LA MOINDRE *IDÉE* DE CE QUE JE DEVRAIS Y FAIRE.
REGARDEZ DONC CETTE CASSETTE DE SURVEILLANCE, VOTRE MARI Y EST EN ACTION. VOUS NE DEVRIEZ PAS AVOIR DE PROBLÈME POUR TOUT COMPRENDRE.

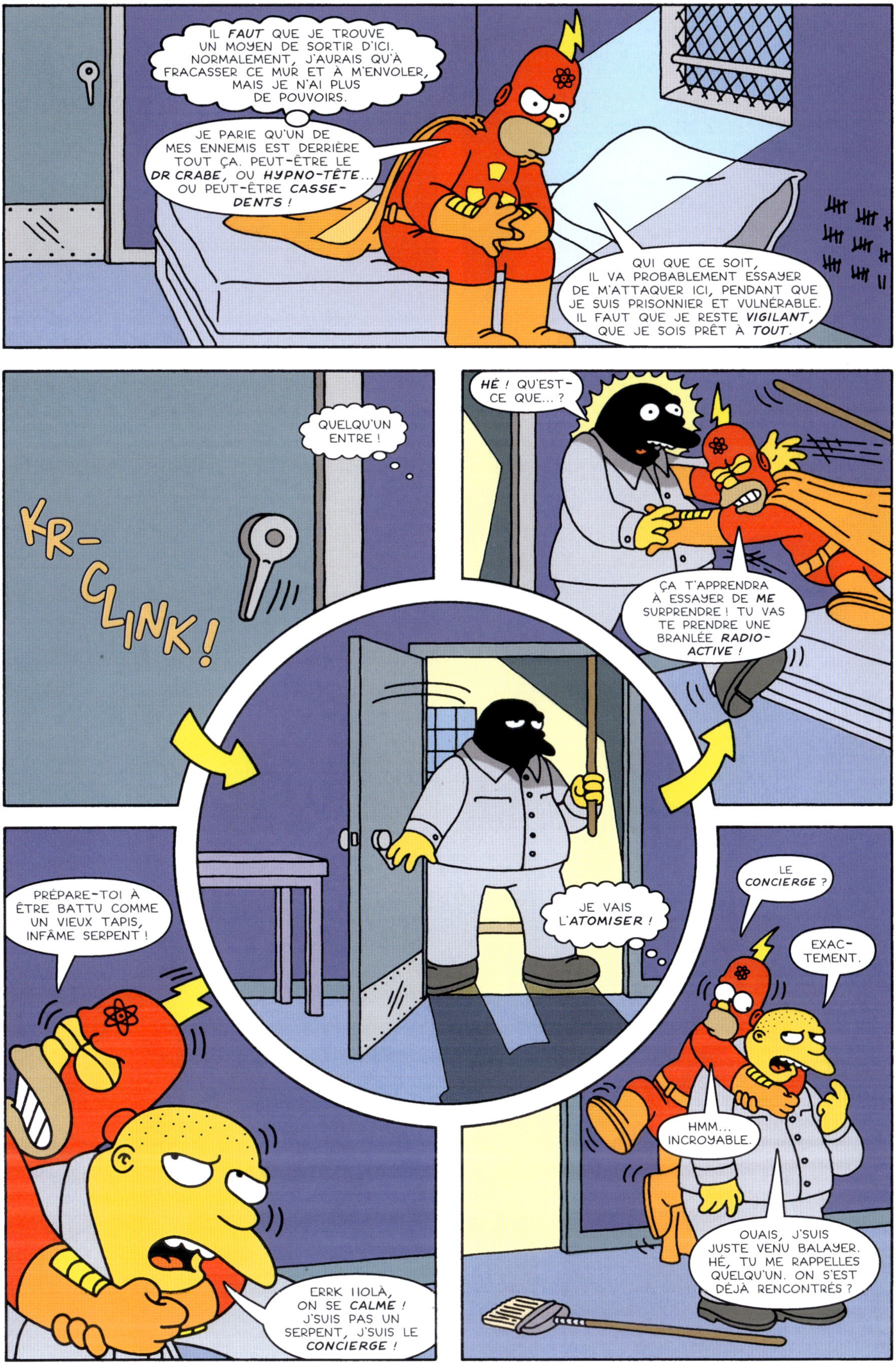
IL FAUT QUE JE TROUVE UN MOYEN DE SORTIR D'ICI. NORMALEMENT, J'AURAIS QU'À FRACASSER CE MUR ET À M'ENVOLER, MAIS JE N'AI PLUS DE POUVOIRS.
JE PARIE QU'UN DE MES ENNEMIS EST DERRIÈRE TOUT ÇA. PEUT-ÊTRE LE DR CRABE, OU HYPNO-TÊTE... OU PEUT-ÊTRE CASSE-DENTS !
QUI QUE CE SOIT, IL VA PROBABLEMENT ESSAYER DE M'ATTAQUER ICI, PENDANT QUE JE SUIS PRISONNIER ET VULNÉRABLE. IL FAUT QUE JE RESTE VIGILANT, QUE JE SOIS PRÊT À TOUT.
KR-CLINK !
QUELQU'UN ENTRE !
JE VAIS L'ATOMISER !
HÉ ! QU'EST-CE QUE... ?
ÇA T'APPRENDRA À ESSAYER DE ME SURPRENDRE ! TU VAS TE PRENDRE UNE BRANLÉE RADIO-ACTIVE !
PRÉPARE-TOI À ÊTRE BATTU COMME UN VIEUX TAPIS, INFÂME SERPENT !
ERRK HOLÀ, ON SE CALME ! J'SUIS PAS UN SERPENT, J'SUIS LE CONCIERGE !
LE CONCIERGE ?
EXAC-TEMENT.
HMM... INCROYABLE.
OUAIS, J'SUIS JUSTE VENU BALAYER. HÉ, TU ME RAPPELLES QUELQU'UN. ON S'EST DÉJÀ RENCONTRÉS ?

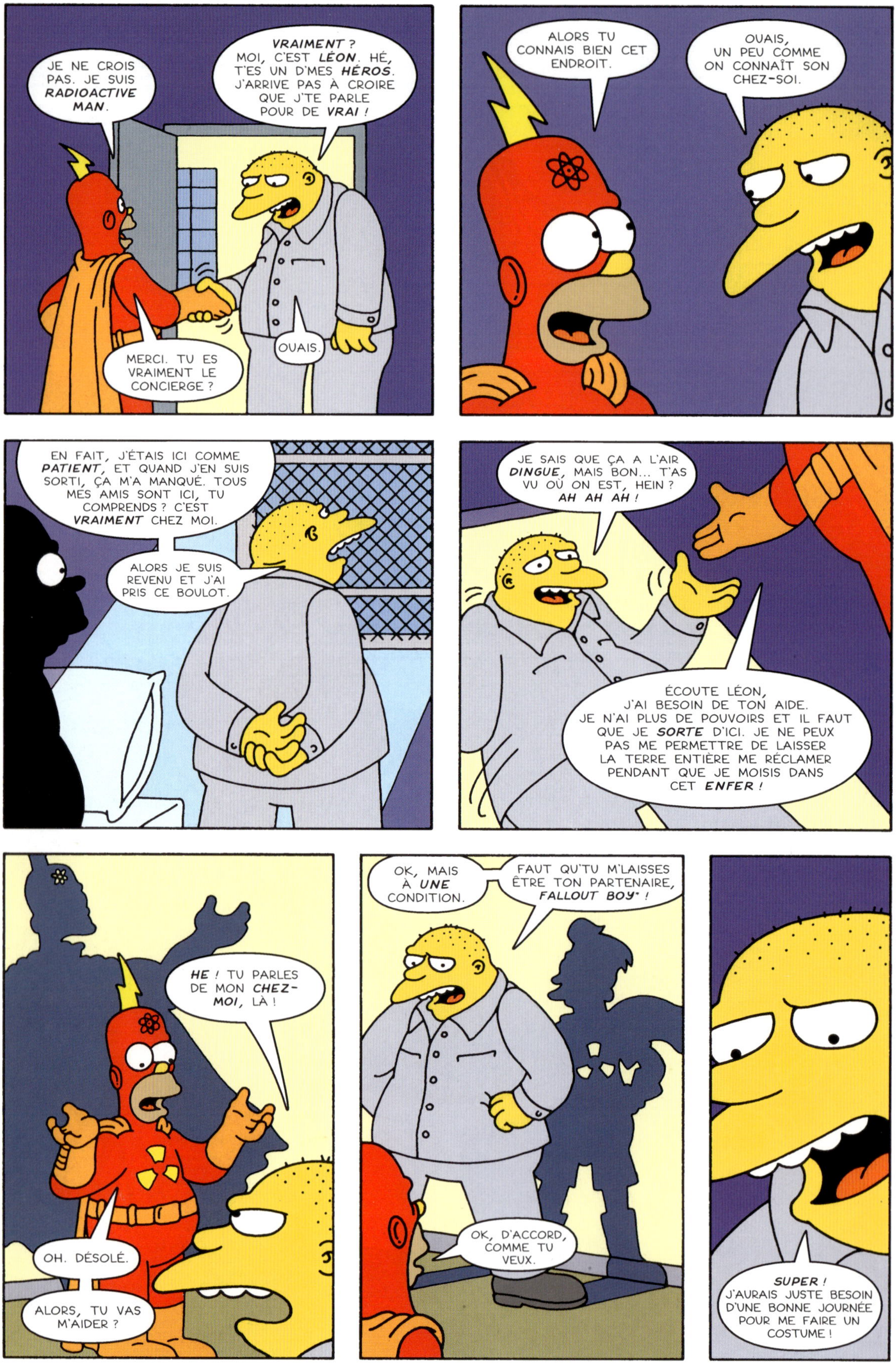

*"FALLOUT" = "RETOMBÉES RADIOACTIVES". CHARMANT, NON ? NDT

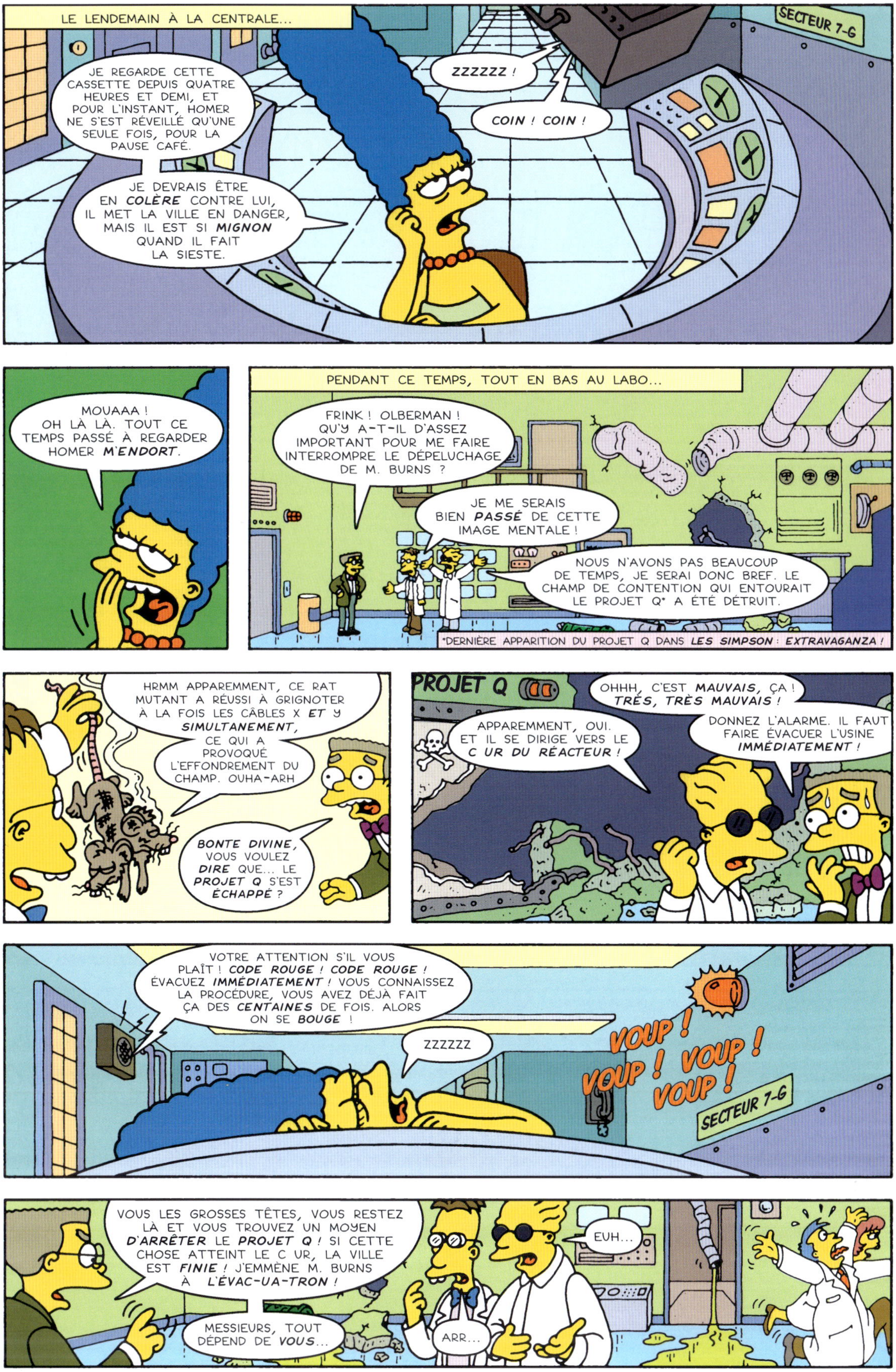
LE LENDEMAIN À LA CENTRALE...
JE REGARDE CETTE CASSETTE DEPUIS QUATRE HEURES ET DEMI, ET POUR L'INSTANT, HOMER NE S'EST RÉVEILLÉ QU'UNE SEULE FOIS, POUR LA PAUSE CAFÉ.
JE DEVRAIS ÊTRE EN COLÈRE CONTRE LUI, IL MET LA VILLE EN DANGER, MAIS IL EST SI MIGNON QUAND IL FAIT LA SIESTE.
ZZZZZZ !
COIN ! COIN !
SECTEUR 7-G
MOUAAA ! OH LÀ LÀ. TOUT CE TEMPS PASSÉ À REGARDER HOMER M'ENDORT.
PENDANT CE TEMPS, TOUT EN BAS AU LABO...
FRINK ! OLBERMAN ! QU'Y A-T-IL D'ASSEZ IMPORTANT POUR ME FAIRE INTERROMPRE LE DÉPELUCHAGE DE M. BURNS ?
JE ME SERAIS BIEN PASSÉ DE CETTE IMAGE MENTALE !
NOUS N'AVONS PAS BEAUCOUP DE TEMPS, JE SERAI DONC BREF. LE CHAMP DE CONTENTION QUI ENTOURAIT LE PROJET Q* A ÉTÉ DÉTRUIT.
*DERNIÈRE APPARITION DU PROJET Q DANS LES SIMPSON : EXTRAVAGANZA !
HRMM APPAREMMENT, CE RAT MUTANT A RÉUSSI À GRIGNOTER À LA FOIS LES CÂBLES X ET Y SIMULTANEMENT, CE QUI A PROVOQUÉ L'EFFONDREMENT DU CHAMP. OUHA-ARH
BONTE DIVINE, VOUS VOULEZ DIRE QUE... LE PROJET Q S'EST ÉCHAPPÉ ?
PROJET Q
APPAREMMENT, OUI. ET IL SE DIRIGE VERS LE C UR DU RÉACTEUR !
OHHH, C'EST MAUVAIS, ÇA ! TRÈS, TRÈS MAUVAIS !
DONNEZ L'ALARME. IL FAUT FAIRE ÉVACUER L'USINE IMMÉDIATEMENT !
VOTRE ATTENTION S'IL VOUS PLAÎT ! CODE ROUGE ! CODE ROUGE ! ÉVACUEZ IMMÉDIATEMENT ! VOUS CONNAISSEZ LA PROCÉDURE, VOUS AVEZ DÉJÀ FAIT ÇA DES CENTAINES DE FOIS. ALORS ON SE BOUGE !
ZZZZZZ
VOUP ! VOUP ! VOUP ! VOUP !
SECTEUR 7-G
VOUS LES GROSSES TÊTES, VOUS RESTEZ LÀ ET VOUS TROUVEZ UN MOYEN D'ARRÊTER LE PROJET Q ! SI CETTE CHOSE ATTEINT LE C UR, LA VILLE EST FINIE ! J'EMMÈNE M. BURNS À L'ÉVAC-UA-TRON !
MESSIEURS, TOUT DÉPEND DE VOUS...
EUH...
ARR...

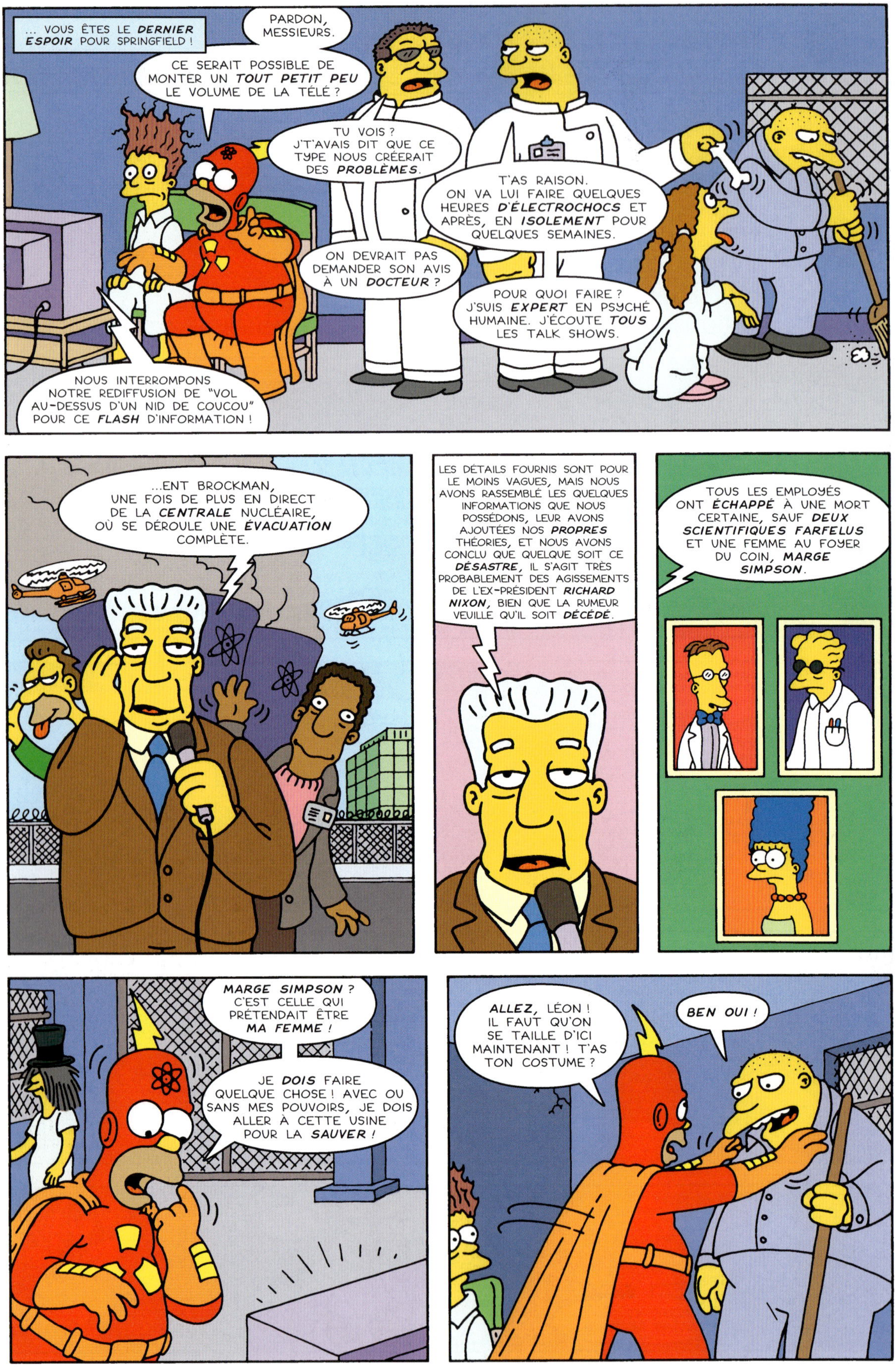
... VOUS ÊTES LE **DERNIER ESPOIR** POUR SPRINGFIELD !
PARDON, MESSIEURS.
CE SERAIT POSSIBLE DE MONTER UN **TOUT PETIT PEU** LE VOLUME DE LA TÉLÉ ?
TU VOIS ? J'T'AVAIS DIT QUE CE TYPE NOUS CRÉERAIT DES **PROBLÈMES**.
T'AS RAISON. ON VA LUI FAIRE QUELQUES HEURES **D'ÉLECTROCHOCS** ET APRÈS, EN **ISOLEMENT** POUR QUELQUES SEMAINES.
ON DEVRAIT PAS DEMANDER SON AVIS À UN **DOCTEUR** ?
POUR QUOI FAIRE ? J'SUIS **EXPERT** EN PSYCHÉ HUMAINE. J'ÉCOUTE **TOUS** LES TALK SHOWS.
NOUS INTERROMPONS NOTRE REDIFFUSION DE "VOL AU-DESSUS D'UN NID DE COUCOU" POUR CE **FLASH** D'INFORMATION !
...ENT BROCKMAN, UNE FOIS DE PLUS EN DIRECT DE LA **CENTRALE** NUCLÉAIRE, OÙ SE DÉROULE UNE **ÉVACUATION** COMPLÈTE.
LES DÉTAILS FOURNIS SONT POUR LE MOINS VAGUES, MAIS NOUS AVONS RASSEMBLÉ LES QUELQUES INFORMATIONS QUE NOUS POSSÉDONS, LEUR AVONS AJOUTÉES NOS **PROPRES** THÉORIES, ET NOUS AVONS CONCLU QUE QUELQUE SOIT CE **DÉSASTRE**, IL S'AGIT TRÈS PROBABLEMENT DES AGISSEMENTS DE L'EX-PRÉSIDENT **RICHARD NIXON**, BIEN QUE LA RUMEUR VEUILLE QU'IL SOIT **DÉCÉDÉ**.
TOUS LES EMPLOYÉS ONT **ÉCHAPPÉ** À UNE MORT CERTAINE, SAUF **DEUX SCIENTIFIQUES FARFELUS** ET UNE FEMME AU FOYER DU COIN, **MARGE SIMPSON**.
MARGE SIMPSON ? C'EST CELLE QUI PRÉTENDAIT ÊTRE **MA FEMME** !
JE **DOIS** FAIRE QUELQUE CHOSE ! AVEC OU SANS MES POUVOIRS, JE DOIS ALLER À CETTE USINE POUR LA **SAUVER** !
ALLEZ, LÉON ! IL FAUT QU'ON SE TAILLE D'ICI MAINTENANT ! T'AS TON COSTUME ?
BEN OUI !

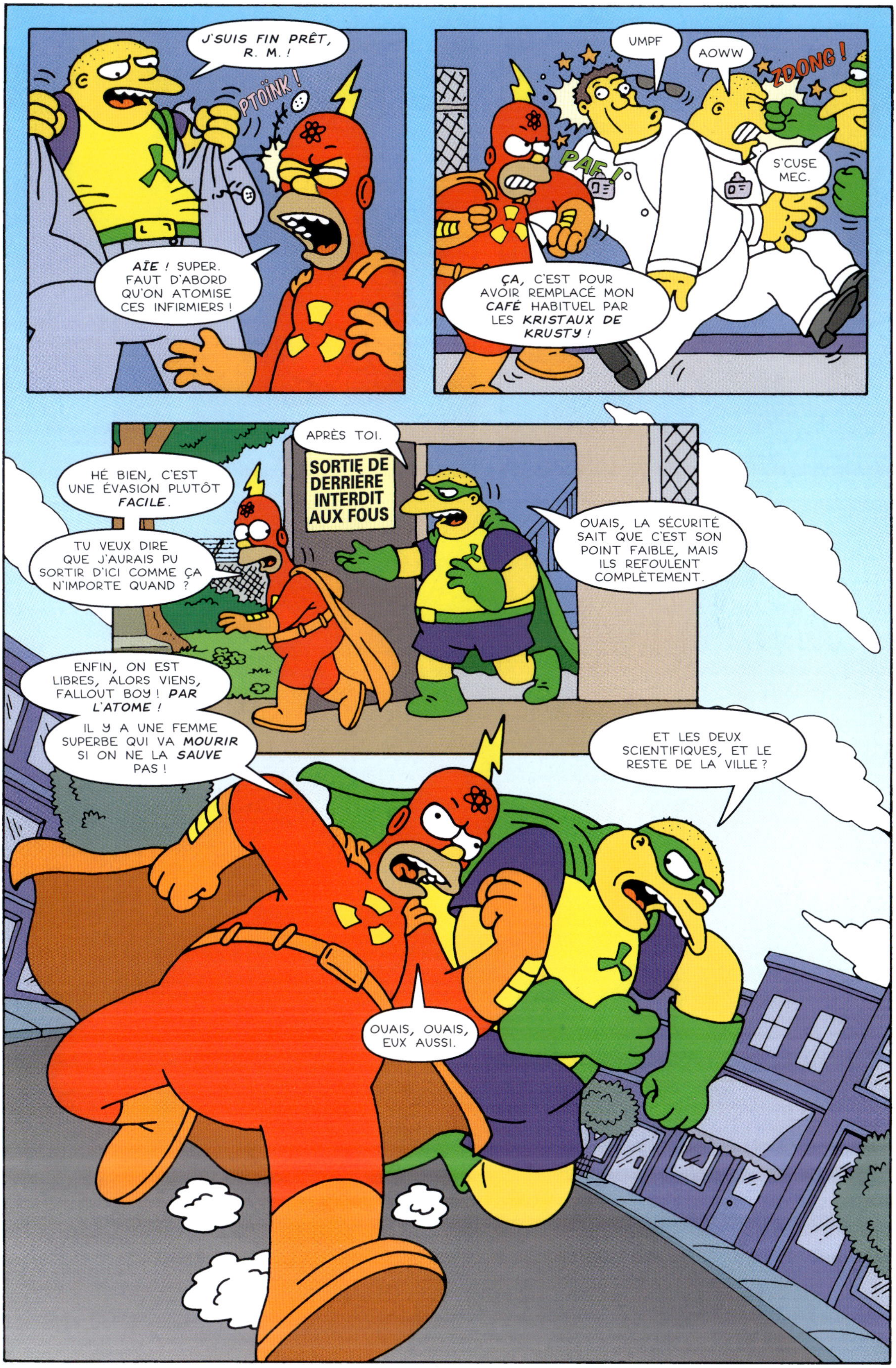
J'SUIS FIN PRÊT, R. M. !
PTOÏNK !
AÏE ! SUPER. FAUT D'ABORD QU'ON ATOMISE CES INFIRMIERS !
UMPF
AOWW
ZDONG !
PAF !
S'CUSE MEC.
ÇA, C'EST POUR AVOIR REMPLACÉ MON CAFÉ HABITUEL PAR LES KRISTAUX DE KRUSTY !
APRÈS TOI.
SORTIE DE DERRIÈRE INTERDIT AUX FOUS
HÉ BIEN, C'EST UNE ÉVASION PLUTÔT FACILE.
TU VEUX DIRE QUE J'AURAIS PU SORTIR D'ICI COMME ÇA N'IMPORTE QUAND ?
OUAIS, LA SÉCURITÉ SAIT QUE C'EST SON POINT FAIBLE, MAIS ILS REFOULENT COMPLÈTEMENT.
ENFIN, ON EST LIBRES, ALORS VIENS, FALLOUT BOY ! PAR L'ATOME !
IL Y A UNE FEMME SUPERBE QUI VA MOURIR SI ON NE LA SAUVE PAS !
ET LES DEUX SCIENTIFIQUES, ET LE RESTE DE LA VILLE ?
OUAIS, OUAIS, EUX AUSSI.

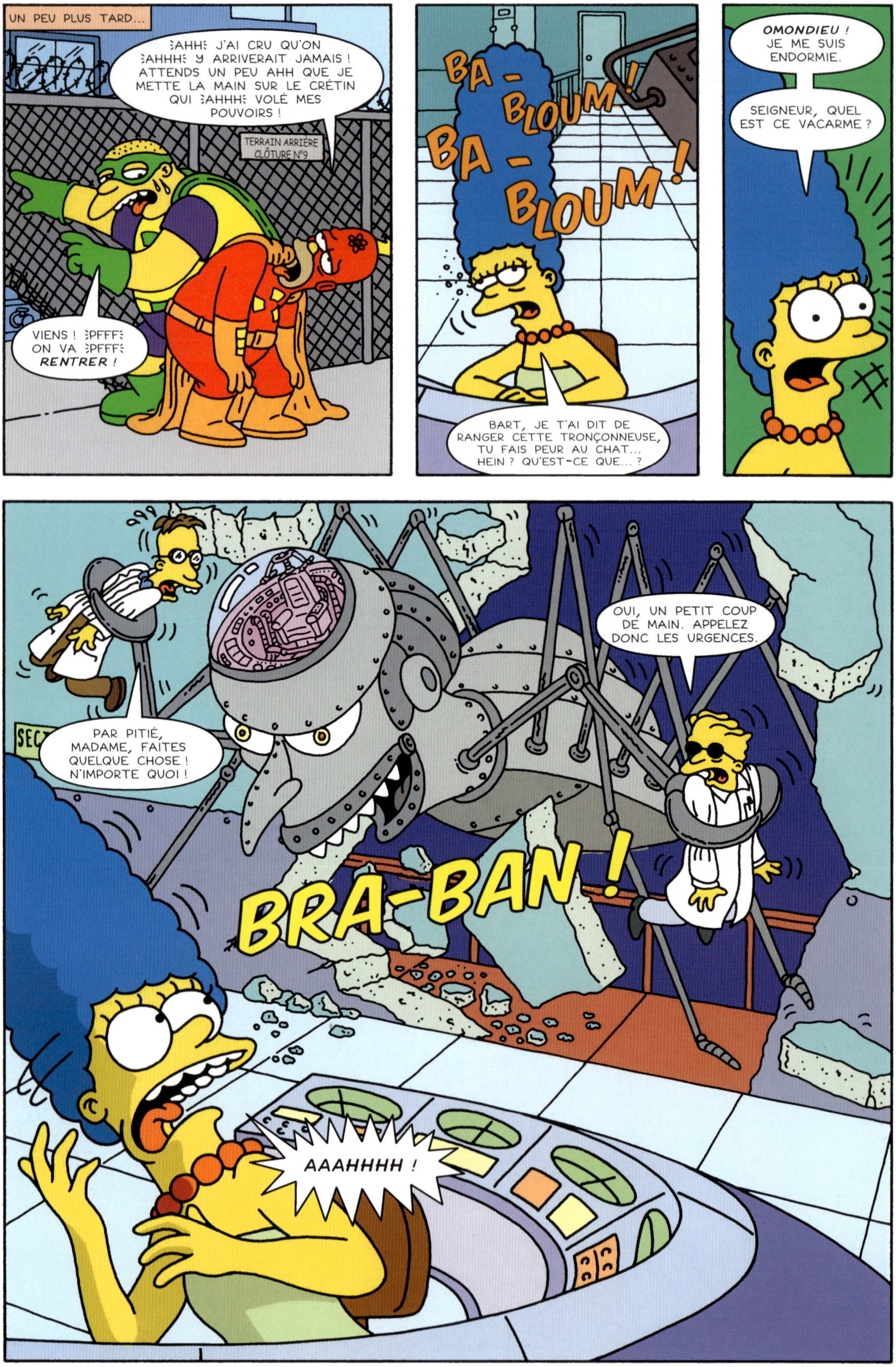
UN PEU PLUS TARD...
:AHH: J'AI CRU QU'ON :AHHH: Y ARRIVERAIT JAMAIS ! ATTENDS UN PEU AHH QUE JE METTE LA MAIN SUR LE CRÉTIN QUI :AHHH: VOLÉ MES POUVOIRS !
TERRAIN ARRIÈRE CLÔTURE N°9
VIENS ! :PFFF: ON VA :PFFF: *RENTRER !*
BA-BLOUM ! BA-BLOUM !
BART, JE T'AI DIT DE RANGER CETTE TRONÇONNEUSE, TU FAIS PEUR AU CHAT... HEIN ? QU'EST-CE QUE... ?
OMONDIEU ! JE ME SUIS ENDORMIE.
SEIGNEUR, QUEL EST CE VACARME ?
PAR PITIÉ, MADAME, FAITES QUELQUE CHOSE ! N'IMPORTE QUOI !
OUI, UN PETIT COUP DE MAIN. APPELEZ DONC LES URGENCES.
BRA-BAN !
AAAHHHH !

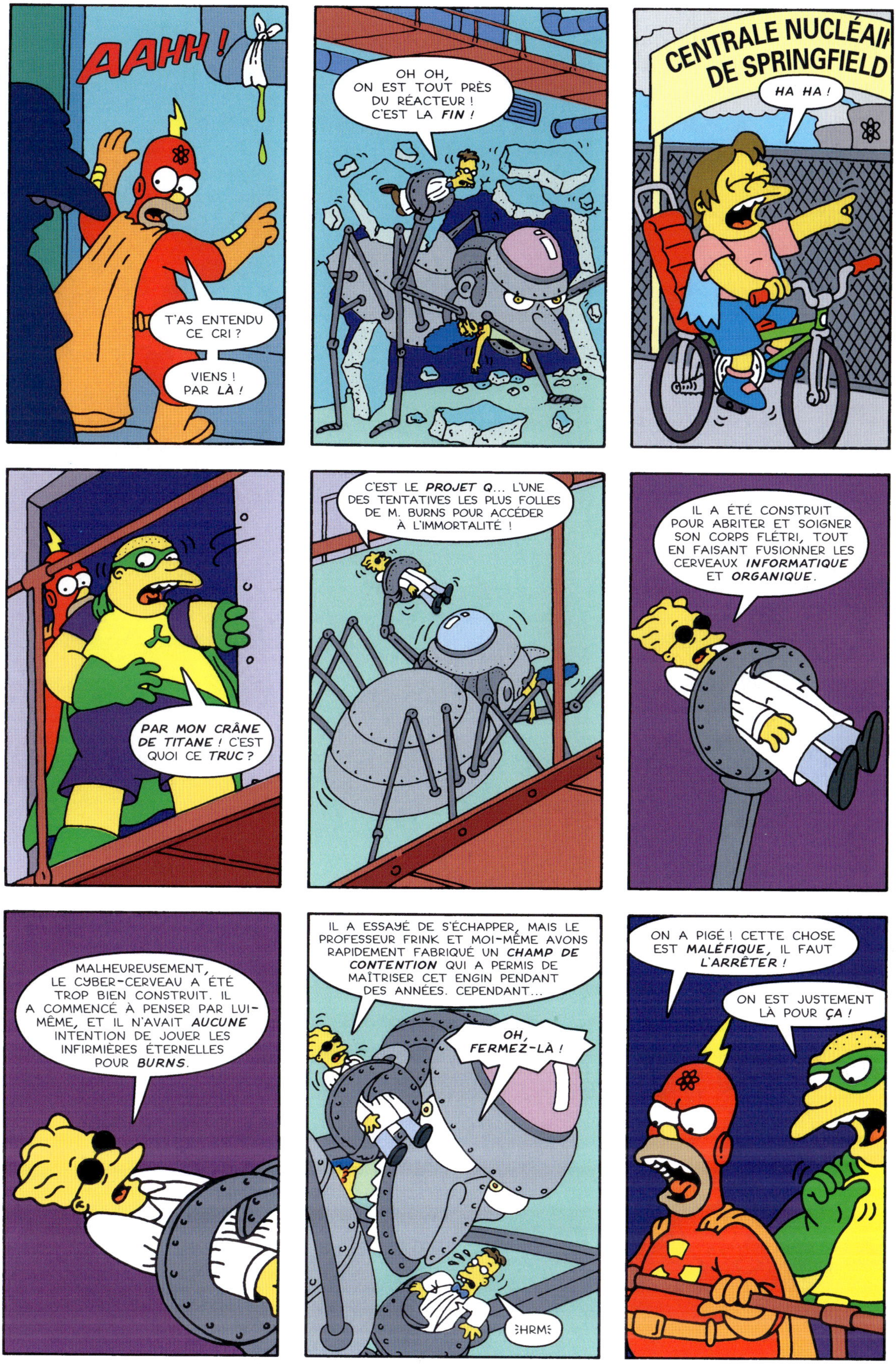
AAHH !
T'AS ENTENDU CE CRI ?
VIENS ! PAR LÀ !
OH OH, ON EST TOUT PRÈS DU RÉACTEUR ! C'EST LA FIN !
CENTRALE NUCLÉAI DE SPRINGFIELD
HA HA !
PAR MON CRÂNE DE TITANE ! C'EST QUOI CE TRUC ?
C'EST LE PROJET Q… L'UNE DES TENTATIVES LES PLUS FOLLES DE M. BURNS POUR ACCÉDER À L'IMMORTALITÉ !
IL A ÉTÉ CONSTRUIT POUR ABRITER ET SOIGNER SON CORPS FLÉTRI, TOUT EN FAISANT FUSIONNER LES CERVEAUX INFORMATIQUE ET ORGANIQUE.
MALHEUREUSEMENT, LE CYBER-CERVEAU A ÉTÉ TROP BIEN CONSTRUIT. IL A COMMENCÉ À PENSER PAR LUI-MÊME, ET IL N'AVAIT AUCUNE INTENTION DE JOUER LES INFIRMIÈRES ÉTERNELLES POUR BURNS.
IL A ESSAYÉ DE S'ÉCHAPPER, MAIS LE PROFESSEUR FRINK ET MOI-MÊME AVONS RAPIDEMENT FABRIQUÉ UN CHAMP DE CONTENTION QUI A PERMIS DE MAÎTRISER CET ENGIN PENDANT DES ANNÉES. CEPENDANT…
OH, FERMEZ-LÀ !
HRM
ON A PIGÉ ! CETTE CHOSE EST MALÉFIQUE, IL FAUT L'ARRÊTER !
ON EST JUSTEMENT LÀ POUR ÇA !

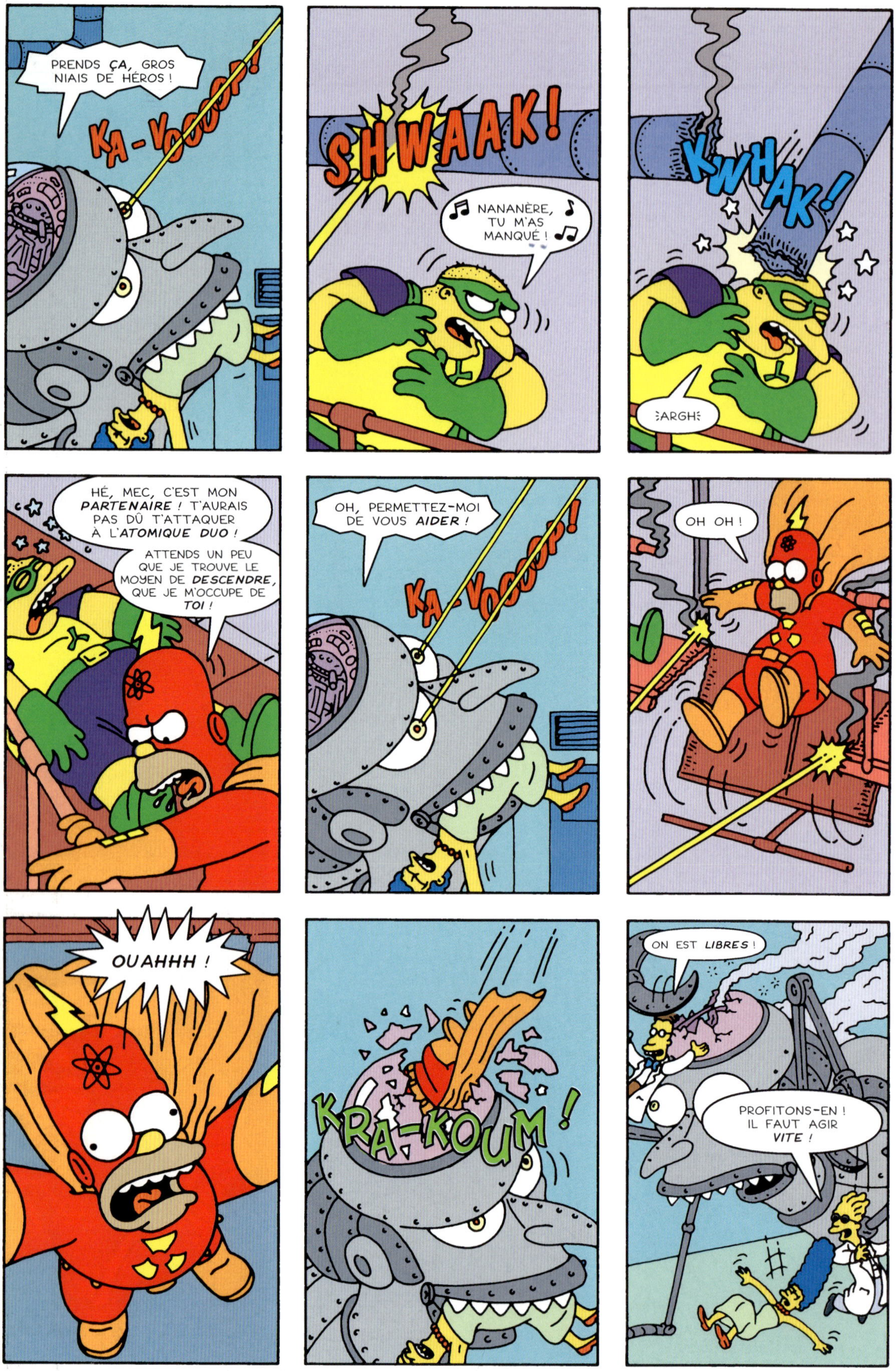
PRENDS ÇA, GROS NIAIS DE HÉROS !
KA-VOOOOP !
SHWAAK !
NANANÈRE, TU M'AS MANQUÉ !
KWHAK !
ARGH
HÉ, MEC, C'EST MON PARTENAIRE ! T'AURAIS PAS DÛ T'ATTAQUER À L'ATOMIQUE DUO !
ATTENDS UN PEU QUE JE TROUVE LE MOYEN DE DESCENDRE, QUE JE M'OCCUPE DE TOI !
OH, PERMETTEZ-MOI DE VOUS AIDER !
KA-VOOOOP !
OH OH !
OUAHHH !
KRA-KOUM !
ON EST LIBRES !
PROFITONS-EN ! IL FAUT AGIR VITE !

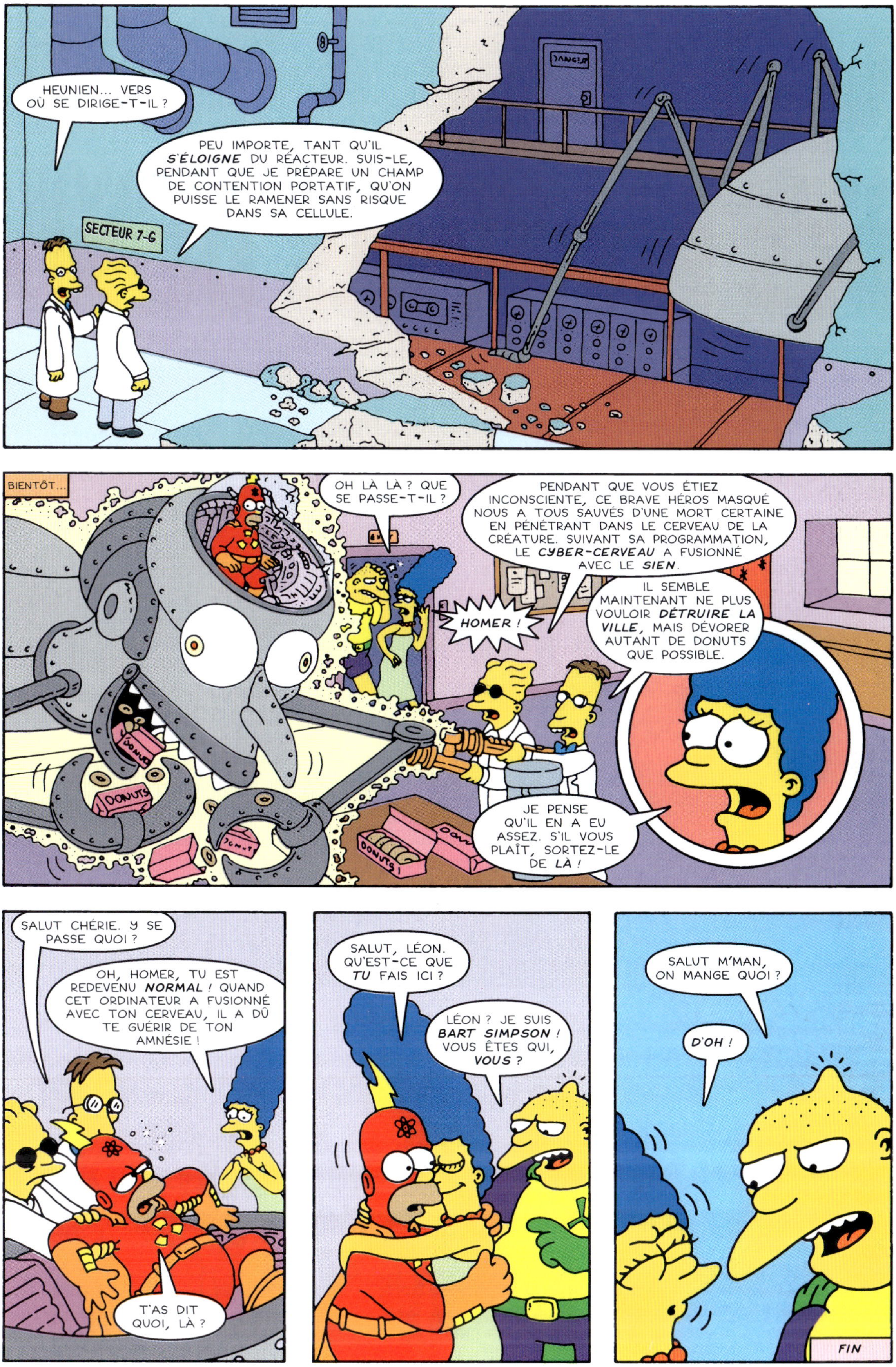
HEUNIEN... VERS OÙ SE DIRIGE-T-IL ?
PEU IMPORTE, TANT QU'IL S'ÉLOIGNE DU RÉACTEUR. SUIS-LE, PENDANT QUE JE PRÉPARE UN CHAMP DE CONTENTION PORTATIF, QU'ON PUISSE LE RAMENER SANS RISQUE DANS SA CELLULE.
SECTEUR 7-G
DANGER
BIENTÔT...
OH LÀ LÀ ? QUE SE PASSE-T-IL ?
PENDANT QUE VOUS ÉTIEZ INCONSCIENTE, CE BRAVE HÉROS MASQUÉ NOUS A TOUS SAUVÉS D'UNE MORT CERTAINE EN PÉNÉTRANT DANS LE CERVEAU DE LA CRÉATURE. SUIVANT SA PROGRAMMATION, LE CYBER-CERVEAU A FUSIONNÉ AVEC LE SIEN.
HOMER !
IL SEMBLE MAINTENANT NE PLUS VOULOIR DÉTRUIRE LA VILLE, MAIS DÉVORER AUTANT DE DONUTS QUE POSSIBLE.
DONUTS
JE PENSE QU'IL EN A EU ASSEZ. S'IL VOUS PLAÎT, SORTEZ-LE DE LÀ !
SALUT CHÉRIE. Y SE PASSE QUOI ?
OH, HOMER, TU EST REDEVENU NORMAL ! QUAND CET ORDINATEUR A FUSIONNÉ AVEC TON CERVEAU, IL A DÛ TE GUÉRIR DE TON AMNÉSIE !
T'AS DIT QUOI, LÀ ?
SALUT, LÉON. QU'EST-CE QUE TU FAIS ICI ?
LÉON ? JE SUIS BART SIMPSON ! VOUS ÊTES QUI, VOUS ?
SALUT M'MAN, ON MANGE QUOI ?
D'OH !
FIN

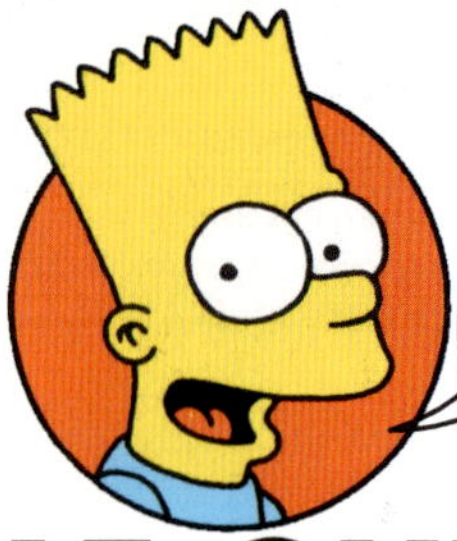

YO, AMIS LECTEURS DE BD... ICI BART SIMPSON ! VOUS AVEZ REMARQUÉ QUE LES BD SONT DE PLUS EN PLUS REMPLIES DE SOMBRES HISTOIRES SUR DES ANTI-HÉROS AUX COMPORTEMENTS ASSOCIAUX, CE QUI ENTRAÎNE GÉNÉRALEMENT DES DESCRIPTIONS TRÈS VIVANTES DE MEURTRES ET AUTRES MUTILATIONS ? C'EST COOL, HEIN ? MAIS COMME LE SAVENT LA PLUPART DES MEMBRES DE NOTRE GÉNÉRATION, ÊTRE COOL, ÇA PEUT DEVENIR DÉPRIMANT. J'AI DONC DÉCIDÉ QU'IL ÉTAIT DE MON DEVOIR DE PARTAGER AVEC VOUS MES IDÉES SUR LA FAÇON DE RENDRE ENCORE PLUS DIVERTISSANT CE PASSE-TEMPS. PREMIER CONSEIL... ACHETEZ PLUS DE BD SIMPSON ! ENSUITE, ALLEZ AUX FESTIVALS DE BD. MAIS AVANT DE PARTIR, ASSUREZ-VOUS D'AVOIR BIEN LU...

LE GUIDE OFFICIEL DE SURVIE DES FESTIVALS DE BD

PAR BONGO COMICS

LES DIFFÉRENTS TYPES DE FANS

Les rencontres avec les autres fans font partie des plaisirs d'un festival. Étudiez ces portraits des catégories habituelles afin de mieux les comprendre et communiquer.

LE ZOMBIE

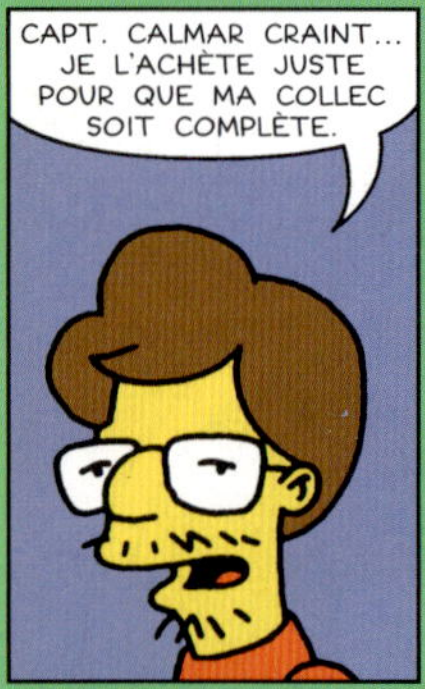

SA COLLECTION COMPREND : Toute la série des ***Zembla***

À QUOI PENSE-T-IL ? Devrais-je louer un autre appartement juste pour ranger mes bd ?

LE ROCKER

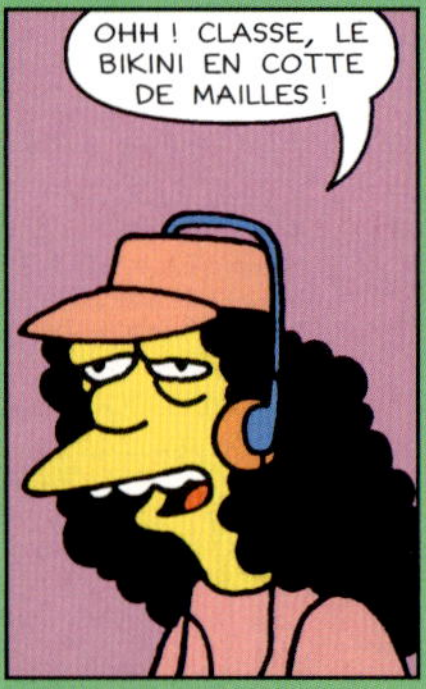

SA COLLECTION COMPREND : Des bd écornées de barbares sauvant des princesses, et des undergrounds tachés de bière.

À QUOI PENSE-T-IL ? Quand Conan coupe la tête d'un type, pourquoi ils ne montrent pas plus de sang ?

LE FAN DE S-F

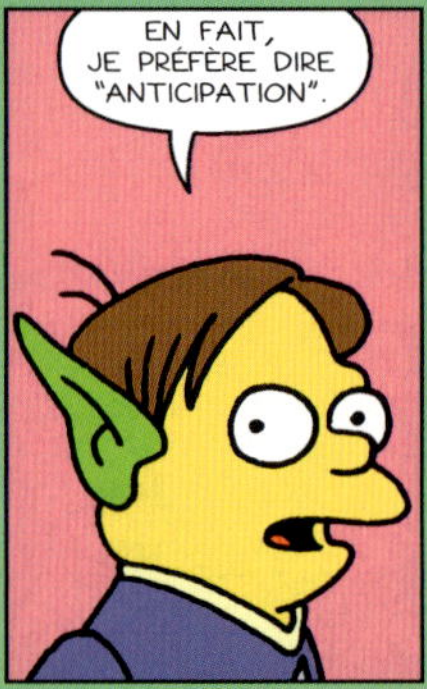

SA COLLECTION COMPREND : Un coton-tige jadis utilisé par Léonard Nimoy.

À QUOI PENSE-T-IL ? Quels sont donc les fondements théoriques du voyage en hyper-espace ?

LE RÔLISTE

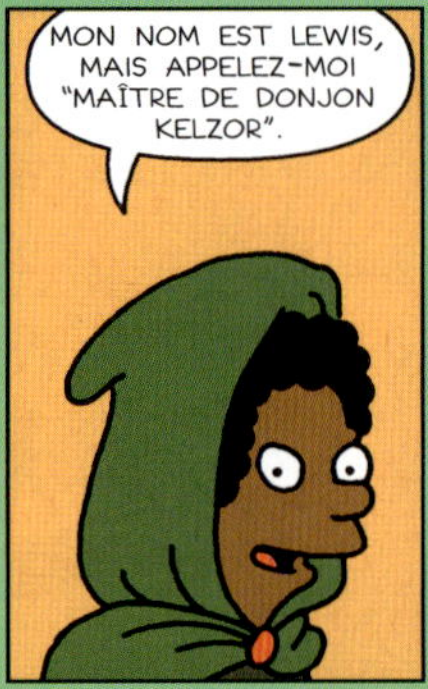

SA COLLECTION COMPREND : Une étagère débordant de romans de fantasy et de bd de ***Dr Strange.***

À QUOI PENSE-T-IL ? Est-ce que porter cette cape me donne l'air encore plus crétin que d'habitude ?

LE SPÉCULATEUR

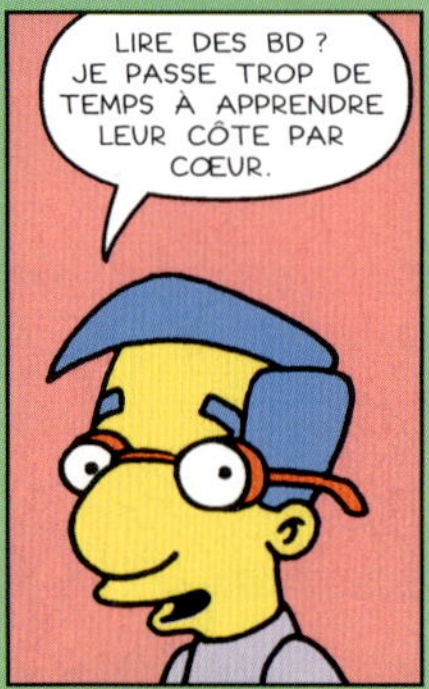

SA COLLECTION COMPREND : Dix exemplaires du nouveau ***Dauphin Vert n°1*** – avec couverture dorée, encore sous plastique.

À QUOI PENSE-T-IL ? Est-ce que je devrais en acheter dix exemplaires de plus ?

HÉ, LES FANS !

REGARDEZ TOUS CES DÉBATS PROVOCANTS :

Lionel Hutz, avocat, explique "Comment Poursuivre En Justice Votre Mère Qui A Jeté Toutes Vos Vieilles BD"

•

Qui est le plus fort, Radioactive Man, Radiation Mec, ou le nouveau personnage mélangé, le Canard Radioactif des Nouveaux Fantastiques Francs-Maçons Subatomiques ?

•

Couvertures Spéciales : Maintenant que tout le monde a compris que ce n'était que des coups de pubs sans aucune valeur, doivent-elles être recyclées, ou tout simplement jetées dans la première poubelle disponible ?

(une bd à couverture argentée pour les 250 premiers spectateurs !)

NE MANQUEZ PAS LE TRÈS POPULAIRE CONCOURS DE COSTUMES

Où les fans ont l'occasion de faire preuve de créativité, d'originalité et de capacité à coudre, entre autres choses.*

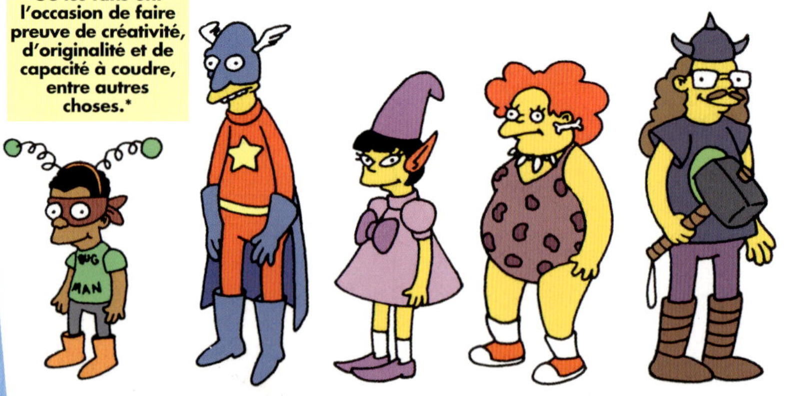

*Remarque pour les nouveaux candidats : les costumes moulants ne vous iront probablement pas aussi bien qu'à votre personnage préféré.

DES PROS EN GROS

PENDANT LE FESTIVAL, VOUS CHERCHEREZ À RENCONTRER LES NOMBREUX PROFESSIONNELS PRÉSENTS. VOICI QUELQUES INDICES POUR VOUS AIDER À LES IDENTIFIER.

LE BLEU
A DESSINÉ SANS ÊTRE NOMMÉ LES DÉCORS DE TROIS BD TOTALEMENT INCONNUES

LE VIEUX PRO
A RESPECTÉ 2 361 DÉLAIS CONSÉCUTIFS

LA VEDETTE
SON ASCENSION MÉTÉORIQUE NOUS A TOUS STUPÉFAITS

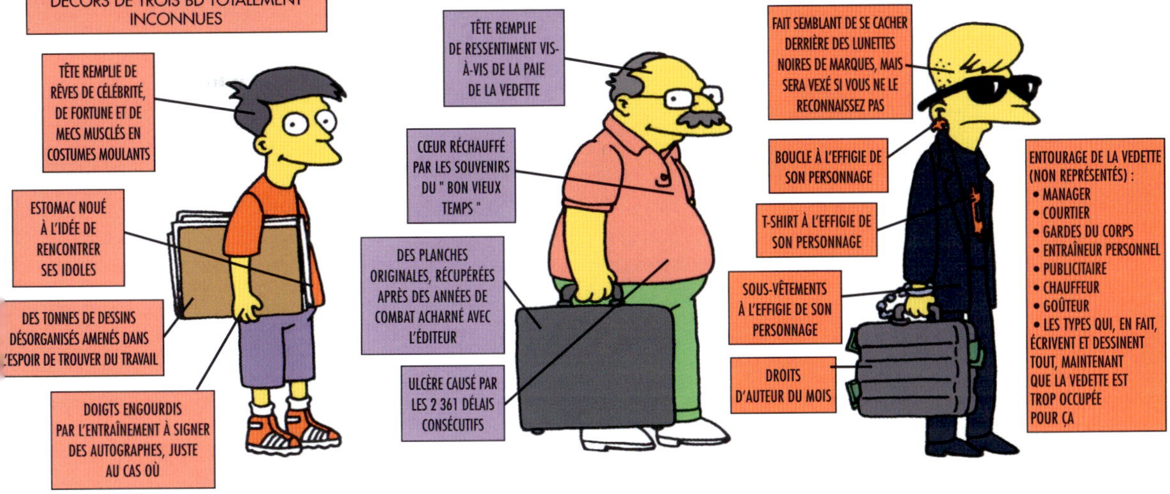

CONNAISSEZ-VOUS LES 4 CATÉGORIES DE BASES DE L'ALIMENTATION DU FESTIVALIER ?

CHIPS • COLA • FRITES • PIZZA

ASSUREZ-VOUS D'EN PRENDRE AU MOINS DEUX PORTIONS PAR JOUR

ALORS VOUS VOULEZ ÊTRE DESSINATEUR ?

De nombreux artistes en herbe amènent leurs dessins aux festivals dans l'espoir de recevoir de précieuses critiques de la part des professionnels. Malheureusement, ces vétérans aguerris parlent souvent un vrai jargon, ce qui rend leurs commentaires difficiles à comprendre. Afin de clarifier la situation, nous vous proposons une traduction de quelques phrases souvent utilisées.

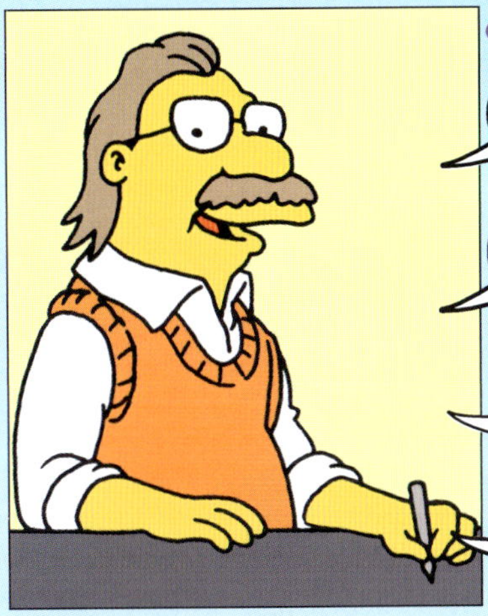

QUAND IL DIT :	IL VEUT DIRE :
IL FAUT QUE TU TRAVAILLES TA NARRATION.	ON LA FAIT QUAND, LA PAUSE DÉJEUNER ?
FAIS ATTENTION AU PLACEMENT DES OMBRES.	OÙ SONT LES TOILETTES DES HOMMES ?
TU AS TRAVERSÉ LA LIGNE ET VIOLÉ LA RÈGLE DES 180°.	C'EST QUAND, LA SOIRÉE COCKTAIL DU DISTRIBUTEUR ?
ANATOMIE INTÉRESSANTE.	T'AS VU LA NANA EN COSTUME DE VAMPIRELLA ?

N'OUBLIEZ PAS DE FAIRE VOS COURSES !

Ce modèle économique bien utile vous aidera à décider du moment le plus opportun pour obtenir la meilleure affaire.

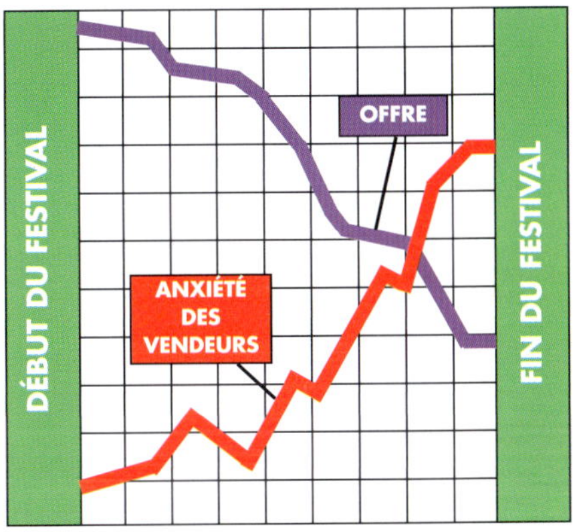

$$\frac{\text{TEMPS RESTANT}}{\text{OFFRE}} \times \frac{1}{\text{ANXIÉTÉ DES VENDEURS}} = \text{PRIX}$$

ATTENTION LES FILLES !

LORS D'UN FESTIVAL DE BD, LE RAPPORT GARÇONS/FILLES EST DE 99 POUR 1. LA PLUPART SONT CÉLIBATAIRES, ADOLESCENTS ET DÉPOURVUS DE TOUTE CAPACITÉ SOCIALE. VOUS FERIEZ PEUT-ÊTRE BIEN DE MÉMORISER L'EMPLACEMENT DE LA PLUS PROCHE SORTIE DE SECOURS.

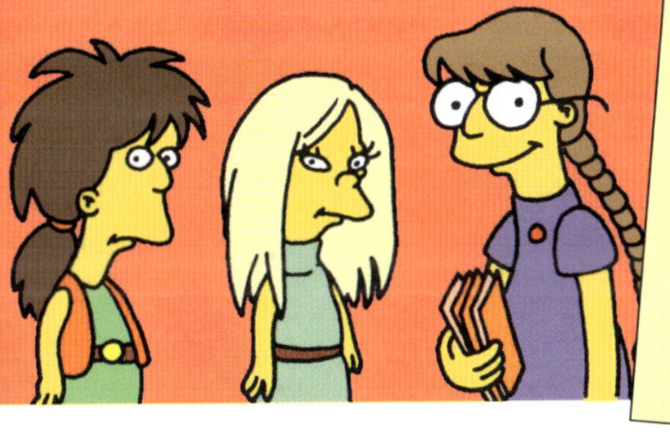

LISTE DE PRÉPARATIC POUR LE FESTIVAL

NE PAS OUBLIER :

- ☐ LISTE DE RECHERCHE
- ☐ ARGENT LIQUIDE
- ☐ CHÈQUES
- ☐ CARTE BLEUE
- ☐ CAHIER D'AUTOGRAPHE
- ☐ PRENDRE UNE DOUCHE